KB199635

AI 골드러시,
돈을 버는 자는 누구인가

AI 골드러시, 돈을 버는 자는 누구인가

AI 모델·AI 반도체·
플랫폼에서의
기술 패권 전쟁을
분석하다

시마즈 쇼島津 翔 지음
안동현 옮김

프리렉

차례

2장
AI 반도체

독주하는 엔비디아와 GPU 사각지대

77

3장 플랫폼

클라우드 경쟁 축의 변화, '3강'의 명암

4장 국가간경쟁

중국의 압도적인 특허 출원, AI 지정학을 제압하는 자

5장
인류 vs. AI

들어가며 새크라멘토의 금광 탐사자

기술의 성지인 미국 실리콘밸리에서 샌프란시스코를 거쳐 내륙으로 차를 몰고 2시간 정도 달리면, 청명한 하늘과 구불구불한 땅 사이로 몇 채의 고층 빌딩이 보인다. 캘리포니아주 주도州都, 새크라멘토Sacramento다.

1848년 어느 날, 이 근방의 시에라 네바다 산맥Sierra Nevada Mountains 기슭에서 금이 발견됐다. 그 소문은 삽시간에 미국 전역은 물론 대서양 건너까지도 퍼졌다. 이듬해가 되자 일확천금의 아메리칸드림을 노리고 전 세계에서 수많은 사람이 앞다투어 캘리포니아로 쇄도했다. 바야흐로 골드러시의 시작이었다.

꿈을 좇아 샌프란시스코만에 들어선 사람들은 이내 범선을 타고 새크라멘토강을 거슬러 올라, 아메리칸강과의 합류 지점인 이 땅에 배를 정박했다. 그리고는 범선을 해체해 마련한 기둥과 보로 새크라멘토강 기슭에 판잣집을 지어 올렸다. 눈 깜짝할 사이에 거리가 뚝딱 생겨났다. 이것이 현 새크라멘토의 시작이라고 여겨진다.

세월이 흘러 옛 시가지는 복원 후 국가 지정 문화유적지가 되었고, 지금은 '올드 새크라멘토Old Sacramento'라 불린다. 목조 점포들을 잇는 아케이드나 센트럴 퍼시픽 기차역 등의 역사를 품은 오래된 건축물, 하늘하늘 흔들리는 플라타너스 잎 그 그림자가 수면에 내려앉는 새크라멘토강에서 당시의 분위기를 짐작할 수 있다. 금광 찾기에 필사적인 사람들, 험악한 얼굴로 갈 길을 재촉하는 사람, 철도 부설에 도전하는 엔지니어, 그리고 꿈이 깨진 자……. 문화유적지 내에 있는 역사박물관을 들여다보면 그 시끌벅적하고 활기찬 모습이 생생히 떠오른다.

골드러시는 금 채굴을 중심으로 한 새로운 경제권을 만드는 장대한 실험이기도 했다. 광산 노동자의 '작업복'에서 영감을 받은 리바이 스트라우스Levi Strauss는 범선 등에 쓰이고 있던 견고한 원단으로 청바지를 발명했고, 새뮤얼 브래넌Samuel Brannan은 채굴용 삽과 곡괭이 등을 대량 매입하여 도매업을 벌인 끝에 억만장자가 되었다. 릴랜드 스탠포드Leland Stanford는 도매로 쌓은 자본으로 인프라 정비를 진행했고, 대륙횡단철도를 부설했다. 헨리 웰스Henry Wells와 윌리엄 파고William Fargo는 채굴자들이 벌어들인 현금을 보관할 수요에 착안해 자산관리 사업을 시작했고, 미국 최대 규모의 은행을 일궈냈다.

2023년 일어난 공전의 생성형 AI(인공지능) 붐. 챗GPT가 울린 신호탄은 구글과 마이크로소프트를 포함한 빅테크 기업들이 총참전하는 대경쟁 시대를 알렸다. '생성형 AI 골드러시'라고도 불릴 만한 이 시대에도 채굴자들은 채굴할 것이고 삽과 곡괭이 기업이 등장할 것이며, 새로운 경제권이 형성될 것이다. 그 승자는 누가 될 것인가? 우리 기업의 승산은 어디에 있을까?

이 책에서는 생성형 AI에 의해 촉발된 패권 다툼을 몇 가지 영역으로 나누고, 실리콘밸리에서 취재한 팩트에 기반하여 그 판도와 알려지지 않은 승자를 그려 미래를 예측해 보고자 한다. 군웅할거의 AI 모델 개발 경쟁은 어디로 귀결되는가. 쟁탈전이 되풀이되는 AI 반도체에는 어떤 사각지대가 있는가? '삽&곡괭이'의 대표 격인 AI 플랫폼의 패권을 차지할 주인공은 누구인가. 미·중 대립을 배경으로 한 'AI 지정학'은 어떻게 변화할 것인가.

패권 다툼의 영역으로 나눈 1장부터 5장은 서로 관련되어 있지만, 각각의 장만 읽어도 글의 뜻이 통하도록 안배했다. 예를 들면 AI 반도체에 관심이 있는 경우는 2장을, AI를 둘러싼 지정학의 행방을 알고 싶은 사람은 4장을 읽는 식으로, 흥미가 있는 주제부터 읽어 나가길 바란다.

'인터넷 이래의 발명'이라고도 일컫는 테크놀로지, 생성형 AI를 과도한 기대도 과소평가도 하지 않고 객관적으로 헤아리겠다. 이 책은 생성형 AI에 대한 노하우를 제공하기 위한 것이 아니다. 유력 참여자의 전략이나 기술력, 의도 등을 통해 새로운 경제권의 미래를 전망하려는 시도이다. 그것이 기업에서 생성형 AI를 이용한 사업 기획이나 서비스 개발 등을 행하는 직장인에게 있어, 이 기술과 올바르게 교류하는 데 도움이 된다고 믿고 있기 때문이다.

- 닛케이 BP 실리콘밸리 지국 기자

시마즈 쇼島津翔

일러두기

* 이 책은 일본에서 2024년 5월 30일에 출간되었습니다. 따라서 이 책에서 다루는 최신 정보는 2024년 5월을 기준으로 쓰였습니다. 시시각각 빠르게 변하는 생성형 AI 업계인 만큼, 독자 여러분이 이 책을 읽으실 때는 이미 일부 기술적 변화나 새로운 발전이 이루어졌을 가능성이 있습니다. 특히, 책에서 다루는 미래 예측이나 전망 중 일부는 출간 시점에서는 실현되었거나, 전혀 다른 결과로 나타났을 수도 있습니다. 이러한 점을 감안하시어, 이 책을 통해 생성형 AI 업계의 주요 흐름을 이해하는 데 중점을 두어 주시면 감사하겠습니다.

* 별표(*) 위첨자는 각주입니다. 각주는 편집 과정에서 독자의 이해를 돕기 위해 추가되었으며, 본문에서 등장하는 단어나 개념을 하단에서 설명하고 있습니다.

오픈AIOpenAI와 구글Google이 일대일로 승부를 겨루는 시대는 지났다. 눈앞이 어지러울 정도로 수많은 AI(인공지능) 모델이 서로 다투는 오늘, 패권 경쟁 1막은 AI 모델 개발 경쟁이다. 미국 빅테크나 스타트업을 둘러싼 혁신 경쟁은 어떻게 막을 내릴까? 미국이 아닌 다른 나라에서 만든 AI는 이 경쟁에서 살아남을 수 있을까? 초지능Superintelligence을 손에 넣을 승자는 누구일까? 실리콘밸리에서 목격한 장엄한 투쟁극의 한 장면을 살펴본다.

초지능은 누구 손에?
AI 난세의 끝은?

이 장에 등장하는 참여자/플레이어

- 오픈AI OpenAI
- 구글 Google
- 영국 딥마인드 DeepMind, 지금은 Google DeepMind
- 마이크로소프트 Microsoft
- 앤트로픽 Anthropic
- 아마존 Amazon.com
- 메타 Meta
- 데이터브릭스 Databricks
- xAI
- 프랑스 미스트랄 AI Mistral AI
- 캐나다 코히어 Cohere
- 이스라엘 AI21 랩스 AI21 Labs
- 인플렉션 AI Inflection AI
- 영국 스태빌리티 AI Stability AI
- 일본 일라이자 ELYZA
- 일본 KDDI
- 일본 소프트뱅크
- 일본 NTT
- 일본 NEC
- 일본 사카나 AI Sakana AI

※ 국가명을 표시하지 않은 곳은 모두 미국 기업

생성형 AI

다양한 콘텐츠를 생성하는 AI Artificial Intelligence(인공지능). 이미 이전에 등장한 AI도 데이터를 바탕으로 학습하면 정보를 특정하거나 예측할 수 있고 정해진 행동을 자동화할 수 있었다. 이와 달리 생성형 AI는 창조를 목적으로 데이터 패턴이나 관계를 학습한다. 미국 오픈AI가 개발한 챗GPT는 생성형 AI를 이용한 애플리케이션의 하나다.

대규모 언어 모델 LLM

머신러닝의 하나인 딥러닝과 빅데이터를 활용하여 구축된 AI 모델이다. '대규모'란 계산량, 데이터양, 계산에 필요한 변수(파라미터 개수)가 많음을 뜻한다. 최근, 대규모 언어 모델이 사람처럼 자연스럽게 대화하는 수준까지 도달하여 많은 주목을 받고 있다. 챗GPT의 기반 기술인 GPT-4도 LLM의 일종이다. 이 책에서는 LLM을 포함한 모델을 'AI 모델'이라 부르겠다.

파라미터 개수

머신러닝 AI 모델이 학습할 때 최적화해야 하는 변수. AI 모델이 입력된 데이터를 처리할 때 사용한다. 일반적으로 파라미터 개수가 많을수록 모델 성능이 높다. 오픈AI가 만든 GPT-3의 파라미터 개수는 1,750억 개이고, 공식적으로 공개되진 않았지만 GPT-4는 1조 개를 넘는다고 한다.

트랜스포머

2017년 구글 연구자가 발표한 딥러닝 구조의 하나. 이전 딥러닝과 비교할 때 확장성이나 기억력, 학습 능력, 범용성이 뛰어나므로 생성형 AI를 실현하는 데 기술적인 돌파구가 되었다. GPT-4 등 최근 주요 AI 모델 상당수는 트랜스포머를 사용한다.

파인 튜닝

훈련이 끝난 AI 모델을 대상으로 다른 데이터를 사용하여 추가로 학습하는 것으로, '추가 학습'이라고도 한다. 사전 학습과 비교하여 적은 데이터로 끝낼 수 있다는 것이 특징이다. 자사 사업 영역에 특화하거나 특정 업무를 대상으로 모델 성능을 향상할 목적으로 사용한다.

RAG

Retrieval Augmented Generation

(검색 증강 생성)

대규모 언어 모델LLM이 외부 정보를 검색하고 참조하도록 하여 생성형 AI의 답변 정밀도를 높이는 장치. AI가 잘못된 정보를 그럴싸하게 답변하는 환각Hallucination(할루시네이션)을 방지하는 방법으로 주목받는다. 파인 튜닝처럼 LLM에 학습을 추가하는 장치는 아니다.

멀티 모달

사람의 뇌처럼 다양한 정보를 하나로 모아 처리하는 능력. 텍스트, 음성, 이미지, 동영상 등 데이터를 통합하여 처리할 수 있으므로 단일 정보를 처리하는 싱글 모달과 달리 복잡한 업무를 실행할 수 있다. GPT-4나 구글의 AI 모델 제미나이Gemini는 멀티 모달이 특징이다.

딥마인드와 일론 머스크

테슬라Tesla가 전기 자동차EV 모델 S를 발표했고 스페이스 XSpace X가 국제 우주 정거장에 보낼 화물을 실은 무인 우주선 '드래곤'을 발사하여 민간 기업으로는 처음으로 도킹에 성공했던 2012년, 미국 캘리포니아주에 있는 스페이스 X 공장에서 어떤 두 사람이 마주했다. 한 사람은 기업가이며 이 회사의 CEO(최고경영책임자)인 일론 머스크Elon Musk였고, 또 한 사람은 영국 딥마인드DeepMind(지금은 구글 딥마인드Google DeepMind) CEO인 데미스 허사비스Demis Hassabis였다. 데미스 허사비스는 어릴 때는 '체스 신동'이라 불렸으며 이후 AI 분야에 진출하여 지금은 세계적인 AI 개발 선두 주자가 된 인물이다.

둘의 대화 주제는 사회가 직면할 최대 위협인 AI였다. 데미스 허사비스는 일론 머스크에게 AI 진보가 사회에 미칠 잠재적인 위험성을 강조했는데, 이 대화를 계기로 일론 머스크는 AI가 초래할 위험을 우려하게 되었다.

"AI 시스템이 사람을 대신하고 인류를 쓸모없는 존재로 만들거나 멸종시킬지도 모릅니다." 머스크는 2013년 당시 구글 CEO였던 래리 페이지Larry Page에게 이렇게 경고했다. 이에 래리 페이지는 그건 "진화의 다음 단계에 불과합니다."라고 대답했으며, 이후 머스크는 그를 '종차별주의자

*speciesist'라고 비난하며 거리를 둔다.

이 해가 저물 즈음, 일론 머스크는 구글의 딥마인드 인수 계획을 알게 된다. 데미스 허사비스가 주도하는, 당시 세계 최첨단이라 불렸던 딥마인드의 AI 기술이 '그 능력을 함부로 다루고 밀실에서 이를 은폐할지도 모를 인물(래리 페이지)'에게 넘어가는 것을 염려했던 일론 머스크는 페이팔PayPal 공동 창업자인 루크 노섹Luke Nosek과 함께 딥마인드를 구글이 아닌 자신들이 인수하고자 자금을 모으기 시작한다.

일론 머스크와 루크 노섹은 1시간에 걸친 데미스 허사비스와의 전화 통화에서 그의 마음을 바꾸려고 설득을 시도했다. "래리 페이지가 AI의 미래를 결정해서는 안 됩니다."

그러나 일론 머스크의 인수 계획은 실행되지 못했으며, 구글은 2014년 1월 딥마인드 인수를 발표했다. 딥마인드는 구글의 AI 연구 기업이 되었으며 데미스 허사비스는 계속 이를 이끌게 된다.

일론 머스크의 위기감은 사라지지 않았고 이에 그는 'AI 안전성'을 주제로 로비 활동을 벌였다. 당시 오바마 미국 대통령과의 회담에서 AI 위험을 강조하고 규제의 필요성을 주장하기도 했다. 이후에도 정기적으로 자리를 마련하여 AI 위험을 계속 알려 나갔다.

샘 올트먼이 보낸 이메일: 오픈AI의 시작

2015년, 당시 유명한 실리콘밸리 스타트업 액셀러레이터인 와이 콤

* 종차별주의는 어떤 종(種, species)에 속한 개체가 다른 종에 속한 개체보다 더 우위에 있거나 열등하다고 판단하는 것을 말한다. 본문에서는 인간이 만물의 영장으로, 다른 종(동물, 식물 등)보다 우월하다고 생각하는 사람을 의미한다.

비네이터Y Combinator를 경영하던 샘 올트먼Samuel H. Altman은 일론 머스크에게 한 가지 제안을 했다. 그 제안은 AI 안전성을 주제로 정부에 보낼 공개서한을 함께 작성하자는 것이었다. 당시 샘 올트먼 역시 AI 위협을 염려했는데, 일론 머스크가 자신과 같은 생각이란 것을 알게 되었다. 그는 AGIArtificial General Intelligence(범용 인공지능)를 아마도 '인류 존속을 위협하는 가장 큰 위협'으로 보고 "생존과 번식을 프로그래밍 당한 인간으로서 마땅히 이에 맞서야 한다"라고 주장했다.

의기투합한 두 사람은 공개서한 서명 활동을 시작한다. 이 소문은 금세 실리콘밸리에도 퍼졌고, 그 후 애플Apple 공동 창업자인 스티브 워즈니악Steve Wozniak을 비롯해 1만 1,000명의 서명을 받았다.

2015년 5월 25일, 샘 올트먼은 일론 머스크에게 이메일 한 통을 보내는데, 이것이 오픈AIOpenAI의 시작이라 일컬어진다.

"인류가 AI 개발을 멈추어야 하는가에 대해 여러 가지로 생각했으며, 아마도 불가능할 것이라는 결론을 얻었다. 그렇다면 구글이 아닌 누군가가 먼저 앞서 나가야 한다." 요컨대 구글에 대항하는 조직을 제안했던 것이다.

일론 머스크는 이 제안에 적극적인 지원을 약속했으며, 샘 올트먼은 6월 24일 새로운 AI 연구 기관의 자세한 내용을 일론 머스크에게 보낸다. 샘 올트먼은 안정성을 최고 가치로 할 것, 이 기술은 비영리재단이 소유하고 세계를 위해 사용할 것, 7~10명 소규모 그룹에서 시작할 것 등, 초기 오픈AI 형태를 제안했다. 이에 일론 머스크는 즉시 "전적으로 동의한다."라는 짧은 메시지를 보냈다.

반 구글 DNA : 오픈AI

2022년 11월, 대화형 AI인 챗GPT ChatGPT를 발표한 오픈AI는 일약 새로운 스타로 떠올랐다. 이들이 오늘의 생성형 AI 유행을 만든 사람이라는 사실은 누구도 의심하지 않는다. 잠시 후 자세하게 살펴보겠지만, 마이크로소프트 Microsoft가 130억 달러 투자를 결정한 오픈AI와 구글은 대규모 언어 모델 LLM이라는 기술을 놓고 치열하게 경쟁하게 된다. 이 장에서는 이 둘을 시작으로 하는 AI 모델 패권 경쟁을 살펴본다.

데미스 허사비스와 일론 머스크의 오픈AI 설립 일화는 회사 설립 후, 의견이 달라 회사를 떠난 일론 머스크가 오픈AI를 상대로 한 소송에서 드러난 내용이다. 이 과정과 함께 반드시 짚고 넘어가야 할 사실은 오픈AI가 설립하기 전부터 '반 구글 Anti-Google'을 염두에 둔 조직이라는 점이다. 이 때문에 탄생 과정에서 발생한 오픈AI의 DNA에 경쟁사에 대한 엄청난 위기감이 스며든 것도 당연하다.

AI 모델이란, AI가 데이터를 해석하고 추론이나 생성 등을 수행하는 원리를 말한다. 어떤 데이터를 AI에 입력(예를 들어, 텍스트로 작성한 질문)하면 AI 모델을 통해 이를 처리하고 출력(예를 들어, 질문의 답변)을 반환한다. 이것이 AI 기술에서 핵심 중의 핵심이다. 단, 생성형 AI 생태계는 AI 모델만으로는 성립할 수 없다. 모델을 이용하여 처리하는 컴퓨팅(계산) 자원인 AI 반도체, 데이터를 관리하는 클라우드 등 플랫폼, 이 모델을 사용한 애플리케이션 등 다양한 계층으로 이루어진다. 그럼에도, 오늘날 유행을 만든 것은 그 중심인 모델 성능 향상이다.

AI 모델에서 기술 개발 경쟁의 큰 축은 '규모 경쟁'이라 할 수 있다. 모델 크기를 나타내는 파라미터 개수나 학습에 사용한 데이터 양과 계산량이 많을수록 오차가 줄어든다는 규모의 법칙을 적용할 수 있기 때문이다. 일반적으로 모델이 커질수록 성능은 오른다. 2020년에 오픈AI가 발표한 논문인「자연어 처리에 적용한 규모 법칙Scaling LAWS for Language Models」에서 밝힌 내용으로, 요컨대 큰 모델일수록 높은 성능을 발휘한다는 뜻이다.

발표 당시부터 이 논문은 정보통신기술 업계에서 화제를 일으켰고 이후 AI 모델의 거대화가 점점 진행되었다. 이 규모 경쟁에서 가장 앞섰던 것이 오픈AI와 구글이다.

이쯤에서 오픈AI에 대해 간단히 되돌아보자.

오픈AI는 "모든 인류가 AGI의 도움을 받아야 한다"라는 사명과 함께 세상에 태어났다. 구글 등에서 능력 있는 기술자를 데려오는 등 각 분야 기술의 일인자와 세계 최고 두뇌 집단이 모인 스타트업으로 이름을 떨쳤다.

2023년 2월 시점 기업 평가액은 800억 달러(한화 약 107조 원)로, 2022년 4월 이후 10개월 만에 3배로 불어났다. 미국의 리서치 전문업체인 CB 인사이트CB Insights가 발표한 내용을 보면, 세계 비상장 기업 평가액 순위에서 짧은 동영상 플랫폼인 틱톡TikTok을 운영하는 중국 바이트댄스字節跳動와 스페이스 X를 이어 오픈AI가 3위에 이름을 올렸다.

챗GPT가 나오기 전부터 AI 업계 안팎에서 주목을 받았던 오픈AI. 아는 사람은 아는 세계적인 AI 연구 기관이던 이 회사는, 2020년 7월 유명 엔지니어 마누엘 아라오스Manuel Araoz가 업로드한 블로그 글 하나 덕분에 순식간에 전 미국으로 알려졌다.

블로그 내용은 다음과 같았다. "오픈AI는 텍스트 데이터를 대량으로 AI에 입력하여 학습하는 LLM인 GPT-3를 개발했다. 이는 높은 수준의 문장을 생성할 수 있는 모델로, 블록체인 못지않은 혁신성을 지녔다." 이외에도 그는 오픈AI 역사나 기술 배경, 모델 활용 방법 등도 함께 블로그에 포스팅했다.

그러나 이 블로그 글의 핵심은 내용 자체가 아니었다. "고백하건대, 사실 이 블로그의 글은 내가 쓴 것이 아니라 GPT-3가 작성한 것이다." 마누엘 아라오스는 블로그 글 마지막 부분에 이렇게 썼다. GPT-3에 자신의 '파괴적 가능성'을 물었을 때 답한 내용을 복사하여 블로그에 붙여 넣고, "여러분은 눈치를 채셨나요?"라며 읽는 이에게 질문을 던졌던 것이다.

독자 대부분은 이 사실을 눈치채지 못했기에 이 블로그는 커다란 반향을 불러일으켰으며, 문장을 만드는 '생성형 AI'의 충격은 전 세계로 퍼져나갔다. 챗GPT의 사용자가 폭발적으로 늘어난 까닭은 대화 기능과 직관적인 사용자 인터페이스UI를 갖춘 덕분이었지만, 이에 필요한 기술은 2020년 시점에 이미 완성되어 있었다.

이와 함께 챗GPT는 GPT-3를 기본 기술로 하고 '강화학습'이라 불리는 훈련을 거쳐 차별적인 발언을 없애거나 부적절한 질문에는 답변을 거부할 수 있게 되었다. 사용자가 기하급수적으로 늘어난 배경으로는 '사용 방법은 사용자 나름'이라는 점이 이용하는 사람의 흥미를 불러일으켰다는 점을 들 수 있다. 그리고 2022년 12월 무렵부터는 현명한 사용 방법을 찾고자 전 세계 사용자가 서로 경쟁하기 시작했다.

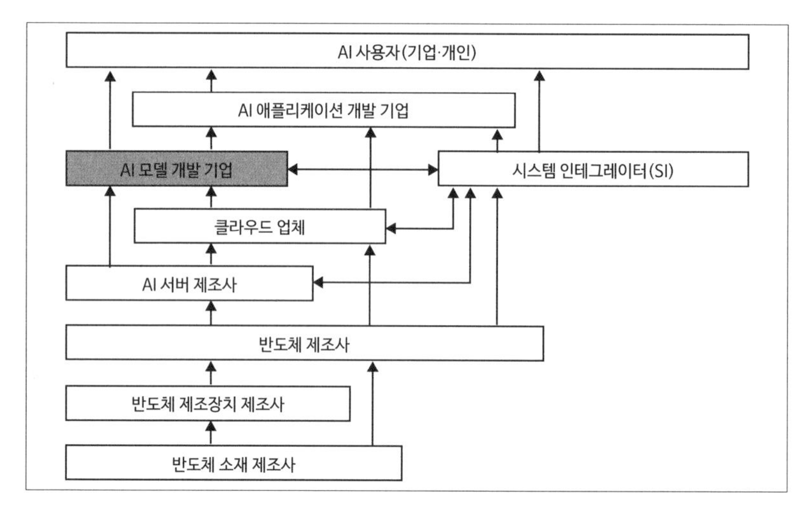

생성형 AI 공급망 개요. 이 장에서는 음영으로 표시한 'AI 모델 개발 기업'을 주로 다루는데, 생성형 AI 핵심 기술 부문에서는 오픈AI 등이 선두를 달리고 있다.

출처: 라쿠텐 증권 자료를 바탕으로 필자 작성

구글 바드의 오답: 초조했던 구글이 저지른 실수

오픈AI의 나는 새도 떨어뜨릴 기세에 구글이 초조해한 것도 당연했다. 미국 뉴욕타임스는 2022년 12월 구글 경영진이 코드 레드(비상사태)를 선언했다고 보도했다. 구글의 독무대였던 인터넷 검색 분야가 흔들릴 수 있다고 염려했기 때문이었다. 이는 챗GPT나 그 바탕 기술을 마이크로소프트가 탑재하여 검색 구조를 업그레이드하면 구글 비즈니스를 근본부터 뒤엎을 수 있으리라는 위기감에서 비롯된 것이었다. 한 구글 직원은 "당시 회사 내에 긴장감이 널리 퍼진 건 사실이에요."라며 이를 인정하기도 했다. 인터넷에 버금가는 충격이라 불렸던 기술 등장이 검색 거인의 바탕을 송두리째 흔들기 시작했다.

2023년 2~3월에는 경쟁사끼리 발표 전쟁이 벌어진 듯한 모습이었다. 2월 6일, 구글은 챗GPT에 맞서는 새로운 서비스인 '바드Bard(2024년 2월에 제미나이로 개칭)'를 발표한다. 구글의 LLM을 탑재한 AI 챗봇 서비스로, 베타 사용자에게 먼저 공개하고 몇 주 후 일반에게 공개할 예정이었다. 구글 CEO 순다르 피차이Sundar Pichai는 "최신 AI 기술을 검색 등 제품에 도입하고자 노력하고 있다"라고 강조하며 경쟁사와 격차를 줄이려고 했다.

그러나 이는 결과적으로 대실패로 끝났다. 구글은 같은 달 8일에 연 발표회 시연에서 바드에 "제임스 웹 우주 망원경JWST으로 새로 발견한 것은 무엇인가?"라고 물었다. 바드는 "처음으로 태양계 밖 행성 사진을 촬영했다."라고 답했다. 그러나 이는 잘못된 정보로, 실제로 태양계 밖 행성 사진을 처음 찍은 것은 유럽 남방 천문대의 초대형 망원경E-ELT이었다. 곧바로 SNS에서 물리학자 등의 지적이 이어졌다. 로이터 등의 언론사가 이 '오답 사건'을 보도했으며 이 소식을 접한 주식 시장에서는 구글 모회사인 알파벳Alphabet 주가가 한때 전날 종가 대비 9% 가까이 떨어졌다. 바드의 오답뿐만 아니라 이를 거르지 못한 채로 발표회 시연에서 이용한 어이없는 실수는 구글의 초조함을 나타내는 반증이기도 하다.

구글 발표회 전날에는 마이크로소프트가 검색 엔진 빙Bing에 대화형 AI를 탑재했다고 발표했다. AI 기술을 사용하여 대화 형식으로 인터넷을 검색할 수 있었다. AI가 사람을 대신하여 검색한다면 그만큼 수고를 덜 수 있으므로 '구글 킬러'라 불리기도 한 새로운 기능이었다. 마이크로소프트 CEO인 사티아 나델라는 이 발표회에서 다음과 같이 말하며 과거 플랫폼 변화를 되돌아보았다.

첫 번째는 퍼스널 컴퓨터PC와 서버 발명, 두 번째는 휴대전화와 클라우드 발명이라 말하고, "AI는 웹을 어떻게 바꿀까요? 이 기술은 거의 모든 소프트웨어를 다시 구성할 것입니다."라고 예상했다.

발표회 직후 마이크로소프트에서 검색과 AI 부문 전 세계 마케팅을 총괄하는 디비야 쿠마르에게 "새로 시작한 빙이 구글 킬러가 되지 않을까요?"라고 물었더니 "우린 소비자에게만 집중합니다. 끊임없이 새로운 경험을 제공한다면 자연스럽게 참여가 늘고 이는 가치 생산으로 이어지겠죠."라며 에둘러 표현했다. 그러나 챗봇을 이용한 검색에 자신이 있다는 것을 느끼기에는 충분한 말이었다.

구글이 초조해하는 이유는 AI 기술 개발에서 선두 주자라는 자부심 때문이다. 이 장 앞부분에서 살펴봤듯이 딥마인드를 인수한 구글은 AI 분야에서 한발 앞섰을 터였다. 예를 들어, 2017년 논문에서 발표되고 이후 LLM 개발에 큰 영향을 끼친 아키텍처인 트랜스포머Transformer는 당시 구글에서 근무하던 8인이 만든 기술이었다.

GTC(GPU Technology Conference, GPU 테크놀로지 콘퍼런스)에서 열린 트랜스포머 논문 저자 7인의 발표 세션. 발표장은 전설적인 논문 저자의 말을 듣고자 수많은 사람으로 북적이고 있었다.

사진 출처: 닛케이 크로스테크

그 공적은 지금도 여전하다.

반도체 대기업인 엔비디아NVIDIA가 2024년 3월에 개최한 개발자 회의 GTC에서 참가자가 긴 줄을 이룬 세션이 있었다. 너무 인기가 많은 탓에 참가자 입장과 착석이 제때 이루어지지 못해 시작 시각이 15분이나 늦어지기도 했다. 이 회사에 따르면 900개 세션 중 가장 많은 사람이 모였다고 한다.

세션 주제는 'AI 변혁'으로, 트랜스포머를 최초로 제안한 논문인 「Attention Is All You Need(필요한 것은 '어텐션'뿐)」 저자가 모두 한자리에 모였으며 엔비디아 CEO인 젠슨 황Jenson Hwang이 사회를 맡았다. 전설적인 논문 저자로부터 직접 이야기를 듣고자 수많은 참가자가 모여든 것이다.

트랜스포머는 그야말로 혁명이었다. GPU(그래픽처리장치) 등장(자세한 내용은 2장 참조)으로 계산 능력이 폭발적으로 향상되었으며 빅데이터도 어느 정도 정리된 2010년대였지만, AI 연구는 좀처럼 앞으로 나아가지 못했다. 그래픽 처리 성능은 향상되었지만, 사람의 말을 다루는 자연어 처리에서는 생각한 만큼 성능을 보이지 못했다. 문장 구조나 흐름을 이해해야 하고 생략된 단어를 추측해야 하는 등 고도의 능력이 필요했기 때문이다.

트랜스포머는 어텐션Attention이라는 원리를 이용하여 '문맥 안에서 중요한 단어에 관심을 두도록 하는' 방법이다. 이전 모델보다 빠르고 성능이 좋을 뿐 아니라 또 하나의 장점이 있었다. 바로 학습 데이터가 대규모일수록 정밀도가 급격하게 오른다는 점이다. 이 특징은 이후 AI 모델에서 규모 전쟁을 일으킨다. 생성형 AI의 기술 역사를 잘 아는 일본 DeNA 데이터 본부의 AI 기술개발부 시미즈 료헤이清水遼平의 말을 빌려 말하자면, "트랜스포머가 없었다면 이후 AI 발전도 없었을 것"이다.

일본 AI/DX 인재 교육기업인 스킬업 NeXt가 제공하는 논문 분석 도구인 스콜라플래니츠ScholarPlanets를 이용하여 트랜스포머 논문의 영향을 분석하면, 그 영향력이 어느 정도인지를 알 수 있다.

다음 그림을 보면 각 원은 논문을 나타내며 화살표를 따라 오른쪽으로 갈수록 새롭게 발표된 논문임을 나타낸다. 화살표는 논문 인용, 재인용 관계를 표시하고 인용 수가 많을수록 논문을 나타낸 원은 커진다. 가장 진하게 표시된 원이 바로, 분석 중심에 있는 트랜스포머 논문이다.

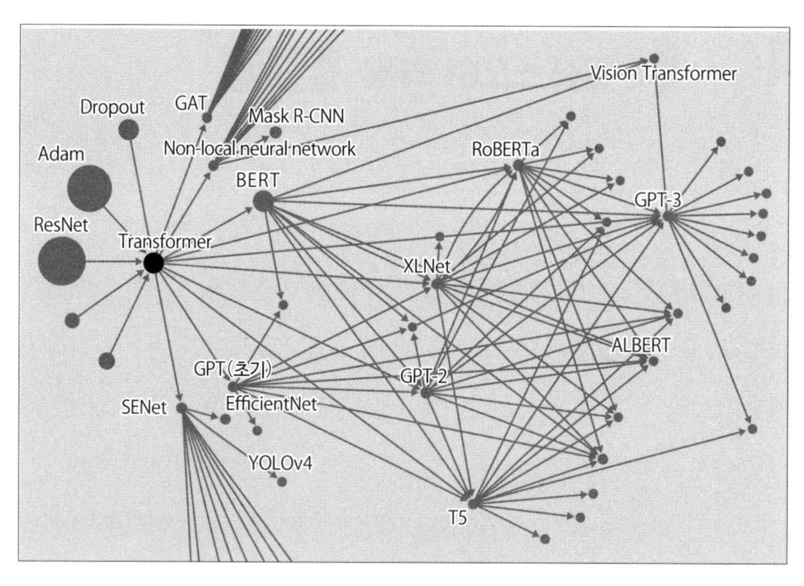

트랜스포머 논문을 스콜라플래니츠로 분석한 결과. 화살표가 논문 인용, 피인용 관계를 나타냄.

출처: 스킬업 NeXt 자료를 바탕으로 필자가 작성

먼저 트랜스포머에 영향을 준 논문부터 살펴보자. 그림 왼편에 큰 원 2개로 표시한 논문이 보인다. 첫 번째는 딥러닝 최적화 알고리즘의 하나인 Adam Adaptive Moment Estimation 관련 논문이고 두 번째는 신경망 모델 ResNet Residual Network 논문이다.

AI 애플리케이션 개발자이며 최첨단 논문에도 밝은 스킬업 NeXt의 CTO(최고기술책임자) 오가타 신야小縣信也 역시 "두 가지(Adam, ResNet) 모두 트랜스포머에서 중요한 역할을 담당하는 사고방식으로, 조사 결과로도 이를 잘 알 수 있었다"라고 설명한다.

또한 그는 트랜스포머 이후 논문 계보에 관해 "하나의 계보뿐만 아니라 여러 방면에 영향을 끼쳤다"라고 지적한다. 그림에서 볼 수 있듯이 분석 결과도 이 논문에서 수많은 화살표가 뻗은 것을 알 수 있다. "그만큼 응용 범위가 넓은 기술이라 할 수 있다."라고 오가타 신야는 말했다.

5 GOLD RUSH 트랜스포머 논문 그 후: 그리고 아무도 없었다 오픈AI

트랜스포머는 원래 당시 최첨단 언어 모델 처리 기술이었던 순환 신경망RNN의 한계를 뛰어넘고자 개발한 모델이었다.

논문 저자가 참여한 GTC 세션에서 미국 캐릭터AI Character.AI CEO 노암 샤지어Noam Shazeer는 순환 신경망을 증기 기관에, 트랜스포머를 내연 기관에 비유하여 "증기 기관이 산업 혁명을 일으켰을지는 모르지만 아마도 고행길이었을 것이다. 내연 기관 덕분에 모든 것이 순조로워졌다."라고 말했다.

세션을 듣고 새삼 알게 된 바는, 트랜스포머 논문 저자 모두가 구글을 그만두었다는 사실이다. 대담 영상에서 처음으로 등장하는 슬라이드에 적힌 저자진의 현재 직장에 구글은 한 곳도 없었다. 모두가 이직하거나 창업했기 때문이다. 논문 계보를 보면 알 수 있듯이 기술은 끊임없이 변화하고 이에 따라 사람 또한 유동적으로 대응한다. 평균 재직 기간이 1년 미만이라고 하는 생성형 AI 관련 기술자의 이직 상황을 보면 하나의 기업이 기술 우위성을 유지하는 것이 얼마나 어려운지를 알 수 있다. 트랜스포머 논문 저자 역시 모두 자기 나름의 길을 선택했다.

이들은 세션에서 AI 모델이나 생성형 AI의 미래도 이야기했다.

의료용 소프트웨어를 개발하는 미국 인셉티브Inceptive CEO인 제이콥 우스코레이트Jakob Uszkoreit는 GPU 등 계산 자원 문제를 언급하며 다음처럼 지적했다. "해결해야 할 문제에 맞는 양을 준비하고 적절한 에너지를 소비하여 이를 해결하는 것이 중요하다." 즉, 쉬운 계산 문제를 푸는 데 트랜스포머를 이용한 1조 개 파라미터 규모의 LLM을 이용해서는 안 된다는 주장이다.

"세상은 트랜스포머보다 더 뛰어난 모델을 요구한다." LLM을 개발하는 캐나다 코히어Cohere CEO인 에이단 고메즈Aidan Gomez의 말이다. 구글이나 오픈AI의 경쟁사라고도 일컬어지는 코히어의 CEO가 한 이 말은 자기 결의처럼 들리기도 한다.

트랜스포머 논문 저자 8명을 거느렸던 2017년 시점에 구글이 선두를 달렸던 것은 분명하다. 그러나 앞섰다는 자신감은 오픈AI 약진 탓에 금세 위기감으로 바뀌었다.

6 GOLD RUSH GPT-4, 멀티 모달 충격 오픈AI

마이크로소프트와 오픈AI의 자신감과 구글 바드가 저지른 실수는 2023년 2월 시점에 '앞서가는 마이크로소프트와 오픈AI 연합, 뒤를 쫓는 구글'이라는 구도를 확립한다.

오픈AI가 앞서는 구도는 그 뒤로도 계속된다. 오픈AI가 2023년 3월에 최신 모델인 'GPT-4'를 발표한 것이다. 텍스트와 함께 이미지도 함께 입력할 수 있는 멀티 모달이 특징으로, 이미지를 읽어 그 내용을 글로 설명할 수 있었다. 성능 역시 훨씬 발전했다. 모의로 미국 사법시험을 풀었을 때, 이전 모델에 비해 훨씬 좋은 성적을 얻었다고 한다. 2024년 시점에서도 AI 모델 개발 경쟁에서 주요 벤치마크 모델이 여전히 GPT-4라는 점 역시 오픈AI 기술력이 얼마나 우수한지를 드러낸다.

1960~70년대에 록 성지라 불리며 많은 아티스트를 배출했던 것으로 유명한 미국 샌프란시스코. 이곳에서 열린 한 이벤트 현장 열기는 마치 록 페스티벌처럼 뜨거웠다. 2023년 11월, 오픈AI가 처음으로 개최한 콘퍼런스에 1,000명 가까운 청중이 모여들었다.

오픈AI는 이 이벤트에서 한 번에 다룰 수 있는 텍스트 분량과 지식을 늘린 LLM인 'GPT-4 Turbo'를 선보였다. 이는 GPT-4의 차세대 모델이다.

"1년간 전 세계 개발자와 대화에 긴 시간을 투자하여 많은 피드백을 얻었다. GPT-4 Turbo는 이러한 다양한 개발자 요청에 대처할 수 있다." 콘퍼런스에 참석한 오픈AI CEO 샘 올트먼은 자신감 넘치는 어투로 이렇게 말했다. 한 번에 다룰 수 있는 텍스트 길이를 큰 폭으로 늘린 것 이외에도 최신 데이터로 학습함으로써 지식량도 많이 늘어났다.

오픈AI는 이 콘퍼런스에서 또 하나의 시도를 선보이는데, 이것이 바로 원하는 용도에 특화한 GPT를 만들 수 있는 GPTs라는 새로운 서비스였다. 샘 올트먼은 "사람들은 목적에 따라 더 많은 일을 대신하는 더 똑똑한 AI를 원할 것"이라고 말한다. GPTs는 이를 위한 자그마한 첫걸음이라 할 수 있다.

엄청난 챗GPT 유행과 더불어 사용자가 똑똑한 사용 방법을 서로 경쟁하듯이, GPTs에서도 '특정 용도에 특화한 GPT 만들기' 경쟁이 시작되었다. 이를 보더라도 오픈AI는 사용자를 끌어들여 유행을 만드는 데 뛰어난 모습을 보인다.

2023년 가을에 오픈AI가 개최한 개발자 회의에 등장한 마이크로소프트 CEO 사티아 나델라

출처: 오픈AI 제공 동영상에서 갈무리

직접 조사해 본 오픈AI 특허

한편, 오픈AI는 GPT-4 등 최신 기술의 소스 코드는 공개하지 않는 클로즈드(closed, 비공개) 방침을 유지한다. 파라미터 개수가 1.8조 개라는 정보도 있지만, 오픈AI가 직접 밝힌 바는 없다. GPT-3까지는 공개했던 논문도 더는 공개하지 않는다. SNS에서는 "회사 이름은 오픈Open이지만 기업은 클로즈드Closed"라는 야유가 뒤따르곤 한다.

필자는 베일에 싸인 오픈AI 기술력을 특허 관점에서 분석해 보았다. 그 결과, 오픈AI가 적어도 생성형 AI 관련 특허 6건을 취득했다는 사실을 확인했다. 이 회사는 특허 취득에 소극적인 듯한데, 미국 특허 조사회사인 IFI 클레임즈 특허 서비스IFI CLAIMS Patent Services가 진행한 조사에서도 5건 미만이라고 한다.

필자가 근무하는 닛케이 크로스테크와 AI 특허 종합검색 및 분석 플랫폼을 운영하는 패턴트필드Patentfield가 함께 미국 특허청이 2024년 3월 말까지 공개한 정보를 다시 조사한 결과, 특허 취득 6건을 확인했다.

6건 중 2건은 이미 공개한 것이고, 나머지 4건도 특허 공보가 발행되어 2024년 1월부터 3월까지 6건 모두 특허권이 성립되었다. 특허 출원부터 공개까지는 원칙적으로 1년 반 정도 시간이 필요하므로 이후 계속해서 오픈AI의 특허가 공개될 수 있다.

출원자는 비영리 조직 OpenAI Inc.도, 유한책임회사 OpenAI LLC도 아닌 OpenAI OpCo LLC였다. 오픈AI가 2023년 6월에 공식 사이트에서 업데이트한 조직 구조에는 이 기업의 이름이 없다. 오픈AI를 상대로 제기한 소송 소장 등을 보면 OpenAI OpCo LLC는 OpenAI Inc.의 완전 자회사로, 사업 담당 회사를 관리하고 지휘한다. OpCo는 운영 회사Operation Company라는 뜻으로 미국에서는 부동산 기업 등에서 자주 사용한다. 패턴트필드에 따르면 자회사가 특허를 출원하고 관리하는 예가 일반적이라 한다.

캘리포니아주가 발행한 법인 등기를 보면 OpenAI OpCo의 등기 주소는 델라웨어주로, 주된 활동 장소는 캘리포니아주 샌프란시스코이다. 필자는 등기 주소와 오픈AI 사무실 주소가 일치한다는 사실을 확인했다. 6건의 특허 출원자에는 오픈AI 공동 창업자인 일리야 수츠케버Ilya Sutskever 등이 포함된다는 사실에서, 여러 명의 변호사가 특허 출원인은 "오픈AI임이 틀림없다"라고 분석했다.

밝혀진 특허 출원에서 먼저 주목해야 할 부분은 출원일이다. 2023년 3월 14일부터 5월 23일 사이에 출원되었다. 한편, 출원을 서두르고자 가진 정보만으로 출원일을 확보하는 임시 출원이 이루어진 것은 2022년 7월 14일 1건뿐이었다. 즉, 2022년 여름 무렵까지는 적극적이지 않았다고 볼 수 있다.

미국에서는 2023년 연초부터 챗GPT가 크게 유행했다. 디지털 영역 특허 출원을 잘 아는 한 일본인 기술자는 "오픈AI는 특허 출원에 비교적 소극적이지만, 예상을 뛰어넘는 유행을 보고는 특허 전략을 변경한 것으로 보여요."라고 추측했다. 미국 특허청에 따르면 오픈AI(여기서도 출원인은 OpenAI OpCo)는 2023년 3월 13일에 GPT-4 상표를 출원한다. 더불어 같은 해 오픈AI는 권리 관련 움직임에도 분주해지기 시작한다.

출원일	공개일	특허 취득일	명칭
2023년 5월 23일	2024년 1월 18일		컴퓨터 코드로 훈련한 언어 모델을 사용하여 코드를 생성하는 시스템과 방법 (Systems and methods for generating code using language models trained on computer code)
2023년 5월 23일	2024년 1월 18일		컴퓨터 코드로 학습한 언어 모델을 이용하여 자연어를 생성하는 시스템과 방법 (Systems and methods for generating natural language using language models trained on computer code)
2023년 3월 14일		2024년 1월 30일	언어 모델을 기반으로 텍스트를 삽입하는 시스템과 방법 (Systems and methods for language model-based text insertion)
2023년 4월 19일		2024년 1월 30일	동영상이나 입력 데이터를 바탕으로 자동 인터페이스 액션을 실행하는 모델을 학습하고 사용하는 데 머신러닝 이용하기 (Using machine learning to train and use a model to perform automatic interface actions based on video and input datasets)
2023년 3월 20일		2024년 3월 5일	외부 API와 자연어 애플리케이션의 스키마 기반 통합 (Schema-based integration of external APIs with natural language applications)
2023년 3월 30일		2024년 3월 5일	계층적인 텍스트 조건 이미지 생성을 위한 시스템과 방법 (Systems and methods for hierarchical text-conditional image generation)

필자가 자체 조사로 알아본 결과, 오픈AI가 2024년 3월 말까지 취득한 특허 목록

출처: 닛케이 크로스테크, 패턴트필드

특허 내용을 살펴보자.

가장 먼저 공개한 것은 2024년 1월 18일 공개한 2건으로, 모두 프로그램 코드 생성과 관련한 것이다. 오픈AI는 프로그래머가 작성한 코드를 AI가 지원하는 기능인 Codex를 공개했다. 이 기술은 마이크로소프트 산하 깃허브GitHub가 제공하는 코드 생성 지원 기능 깃허브 코파일럿GitHub Copilot에서도 이용한다.

AI 애플리케이션 개발자이며 기업 지적 재산 전략에도 밝은 스킬업 NeXt의 CTO 오가타 신야는 특허 일반론으로 볼 때 "(협력 관계인) 타사 서비스와 관련한 특허는 신청할 수 있습니다"라고 한다. "이번에는 오픈AI가 코드 생성 지원과 관련한 특허를 얻고 마이크로소프트에 라이선스를 제공하는 형태처럼 보이네요."

이외에도 앞서 표에서 본 것처럼 여러 영역에 걸쳐 특허를 취득했다. AI 학습에는 데이터에 정보를 부여하는 라벨링Labeling 작업이 필요한데, AI 모델 개발 과제의 하나이기도 하다. 이 수고를 더는 기술도 특허를 출원했다. AI가 생성하는 텍스트를 대화에 삽입하는 기술이나 이미지 생성형 AI와 관련한 기술도 출원했다. 오픈AI는 함수 호출Function Calling이라는 도구를 호출하는 기능을 APIApplication Programming Interface로 제공한다. 사용자 지시에 따라 AI가 필요한 처리를 자동으로 판별하고 실행하는 것으로, 이와 관련한 기술도 특허 출원했다.

오가타는 6건의 특허 취득에 관해 "특허 범위는 자세히 조사해 봐야 하겠지만, 깃허브 코파일럿이 이용하는 기술과 함수 호출 관련 권리를 폭넓게 확보했다면 다른 사업자가 비슷한 서비스를 제공하기는 어려울 것"이라고 지적한다.

8 GOLD RUSH 마이크로소프트, 두 번째 변신 MS

기술적인 이점과 함께 오픈AI 약진을 말할 때 빠질 수 없는 것이 마이크로소프트이다. 마이크로소프트는 오픈AI가 비영리 법인 아래에 영리 조직을 신설한 2019년에 10억 달러를 출자하고, 2023년 1월에 거액의 추가 투자를 결정한다. 이 출자액은 100억 달러를 넘는다고 한다.

이러한 밀월 관계는 지금까지도 이어진다. 먼저 자본 업무 제휴에 따라 마이크로소프트는 오픈AI 기술을 독점으로 이용할 수 있는 클라우드 사업자가 되었다. 클라우드 시장 상황은 3장에서 다시 살펴보겠지만, GPT-4 등 AI 모델을 독점으로 이용할 수 있다는 점이 마이크로소프트 클라우드 서비스인 애저Azure의 결정적인 무기이다. GPT-4를 사용하고자 애저를 이용하는 기업이 많기 때문이다. 한편, 오픈AI로서도 세계 시장 점유율 2위인 클라우드 서비스와의 제휴가 폭발적인 사용자 증가로 이어진 이유 중 하나이기도 하다.

이와 함께 마이크로소프트는 재빠르게 GPT-4 등을 자사 서비스에 통합하기 시작했다. AI를 이용한 지원 기능 전체를 코파일럿Copilot(부조종사)이라 불렀다. '구글 킬러'라 불렸던 검색 엔진 빙뿐만 아니라 워드나 엑셀 등 오피스 앱을 AI로 지원하는 마이크로 365 코파일럿이나 보안 분석 도구 마이크로소프트 시큐리티 코파일럿, 기업을 대상으로 비즈니스 애플리케이션을 지원하는 다이내믹스 365 코파일럿 등을 이어서 발표했다.

이는 애플리케이션에만 머무르지 않았다. 2023년 6월에는 윈도우Windows 운영 체제에 코파일럿을 포함하기 시작했고 같은 달에는 양자 컴퓨터에 응용하리라 밝히기도 했다. 생성형 AI를 모든 서비스 계층으로 확대하고 이를 기점으로 서비스를 재편성하는 움직임을 이어가고 있다. 마치 'AI 주도 경영'이라 일컬을 수 있는 움직임이다.

"코파일럿 사용자가 끊이질 않는데, 바로 이것이 오늘날의 AI 혁명입니다.” 정보통신기술 업계를 오랫동안 지켜본 미국 웨드부시 증권Wedbush Securities 분석가 대니얼 아이브스Daniel Ives는 마이크로소프트의 승리를 이렇게 분석한다. 투자자는 오픈AI와 밀월 관계를 이어가며 생성형 AI로 급격히 방향을 튼 마이크로소프트에 호감을 표시한다. 주가는 한때 애플을 밀어내고 세계 1위를 차지하기도 했다. 시가 총액이 3조 달러를 넘은 것은 애플 이후 두 번째이다.

마이크로소프트는 어떻게 AI 기업으로 변신할 수 있었던 걸까? 전략 측면과 기술 측면에서 이를 분석해 보자. 전략 측면에서 그 씨앗을 뿌린 것은 전 CEO였던 스티브 발머Steve Ballmer였다. 아마존 웹 서비스Amazon Web Services, AWS나 미국 세일즈포스Salesforce 등이 등장한 2000년대 후반, 마이크로소프트는 클라우드에 힘을 쏟기로 한다. 클라우드에 인재를 집중적으로 배치하는 등 후발 주자임에도 윈도우를 주력으로 한 소프트웨어 회사에서 애저 회사로 탈바꿈을 시도한다.

애당초 마이크로소프트는 다른 회사가 개발한 기술이나 서비스를 자사 내에서 발전시켜 성장한 기업이다. 이 회사가 개발한 운영체제 MS-DOS는 미국 시애틀 컴퓨터 프로덕츠Seattle Computer Products, SCP로부터 제품 라이선스를 얻은 것이 시작이었으며, 윈도우 역시 애플 운영체제로부터 영향을 받았다. 트렌드를 정확히 읽고 자본과 인적 자원을 집중적으로 투자하는 것이 이 회사의 승리 방정식이다. 다만, 스마트폰 분야에서는 잠재 시장에 눈을 돌려 윈도우 폰Windows Phone 등에 투자했지만, 애플과 구글에 패하고 말았다. 후에 마이크로소프트 창업자인 빌 게이츠는 미국 벤처캐피털이 주최한 이벤트에서 “지금까지의 최대 실패는 이런저런 저의 경영 실수 탓에 마이크로소프트를 안드로이드처럼 만들지 못한 것"이라며 패배를 인정했다.

금요일에 열리는 15명의 최고 경영진 회의

스티브 발머가 뿌린 씨의 열매를 거둔 사람은 지금 CEO인 사티아 나델라이다. 2014년에 CEO로 취임한 그는 인프라 투자를 크게 늘리고 개발과 판매 조직도 재편한다. 이렇게 하여 클라우드 우선 기업으로 변모한다.

AI 기업으로 두 번째 변신은 클라우드 우선주의 연장선에 있다. "서비스 각 계층에서 이노베이션이라는 지렛대가 효과적으로 작용하는 구조를 만들었습니다." 마이크로소프트 본사에서 CMO(최고마케팅책임자)로 일하는 타케시 누모토沼本健(취재 당시에는 커머셜 부문 CMO)의 설명이다. 클라우드 플랫폼인 애저와 오피스 등 애플리케이션 사이에 유기적인 상승효과가 있다는 지적이다. 지금은 오피스 등도 마이크로소프트 365의 SaaS(서비스형 소프트웨어) 형태로 제공하며 그 플랫폼으로는 애저를 이용한다.

오픈AI 서비스를 애저에 도입하면 클라우드뿐만 아니라 이 회사가 개발하는 앱에도 쉽게 생성형 AI 기능을 추가할 수 있음을 뜻한다. 타케시 누모토는 이를 "서비스 계층화(여러 계층으로 분리하여 설계하는 방법)가 잘 이루어졌어요."라고 표현한다.

사티아 나델라가 CEO에 취임한 후 시작한 그로스 마인드셋Growth Mindset(성장형 마인드셋, 사람의 능력은 경험이나 노력 등에 따라 발전한다는 긍정적인 사고방식)이나 하나의 마이크로소프트One Microsoft 사고방식 역시 지금의 상승효과를 거둔 원동력이다. "이전에는 윈도우, 팀즈Teams, 애저에서 사용했던 추천 엔진이 모두 달랐습니다." 요컨대, 특정 서비스 계층에서 기술 혁신이 일어나더라도 이는 그 계층에만 한정되어 다른 서비스로 수평 전파되지 못할 때가 흔했다.

의사결정 과정을 크게 바꾼 것이 사티아 나델라가 설계한 시니어 리더십 팀이었다. 사티아 나델라와 타케시 누모토를 비롯한 최고 경영진 15명이 참여하는 회의로, 매주 금요일에 열렸다. "공급망이나 기술적인 계층화 등을 그 자리에서 의논합니다. 예를 들어, 오픈AI 기술을 어떻게 적용할 것인가라는 문제 역시 계층화만 정한다면 이후는 각 팀이 알아서 움직이는 거죠."

또 하나 놓쳐서는 안 되는 점이 마이크로소프트의 AI 기술력이다. 코파일럿은 오픈AI의 GPT-4를 이용하지만 그 기능을 떠받치는 것은 AI 모델뿐이 아니다. 검색 엔진인 빙의 검색 알고리즘이나 정보 신뢰성을 향상하는 기술인 프로메테우스Prometheus 등 마이크로소프트 고유 기술 역시 AI 모델과 함께한다.

이 고유 기술을 구축할 때 중요한 역할을 담당했던 계층이 하나 있다.

마이크로소프트 본사가 있는 미국 워싱턴주 레드먼드Redmond 지역에 세계 최첨단 IT 연구소라 일컬어지는 조직이 있다. 바로 산하 연구 기관인 마이크로소프트 리서치Microsoft Research, MSR이다. 컴퓨터 과학 등 기초와 응용 연구를 전문으로 하는 마이크로소프트 기초 연구 기관으로, 1991년에 설립했다. 지금은 레드먼드 외에도 미국 뉴욕이나 중국 베이징, 캐나다 몬트리올 등에 거점을 마련했다.

MSR의 중요한 연구 주제의 하나가 '인간 이해와 공감Human Understanding and Empathy'이다. 사내에서는 머리글자를 따 HUE라 부른다고 한다. 사람 감정에 초점을 두고 사람과 사람, 사람과 기술의 상호작용을 연구한다.

텍스트 데이터를 효율적으로 요약하는 '문맥 이해', 사람의 기호를 고려하여 '개인화한 대화', 그리고 협력 관계를 디자인하는 '사람과 AI의 협업' 등이 HUE가 연구하는 중심 주제이다. 이 모두 AI와 대화하는 코파일럿을 구성하는 주요 개별 기술이다.

HUE 연구 그룹은 10년 전부터 컴퓨터와 대화할 수 있는 대화형 에이전트를 연구 대상으로 삼았다. AI와 대화 역시 8전 전부터 연구가 시작되었다.

"(텍스트나 이미지, 동영상 등 다양한 형식의 입력을 다루는) 멀티 모달 에이전트와 대화할 수 있는 미래를 떠올렸죠." HUE 그룹 연구 관리자로 일하는 인지 심리학자 메리 체르윈스키Mary Czerwinski는 대화형 에이전트 연구를 시작하게 된 계기를 이렇게 회상한다.

11 GOLD RUSH 최신 연구로 알게 된 AI와 공감하는 방법 MS

메리 체르윈스키가 이끈 연구는 다양한 분야에 걸치나 요약하면 다음과 같다. 마이크로소프트가 오픈AI와 협력 관계를 맺기 전부터 HUE 연구 그룹은 업무 생산성에 초점을 두고 일정을 관리하거나 적절한 휴식 시간을 제안할 수 있는 에이전트 3~4종류를 만들었다. 사람을 대상으로 테스트한 결과, 에이전트 모두에서 "사람은 스트레스를 덜 느끼고 더 생산적으로 되었으며 더 집중할 수 있다"는 것을 알았다.

LLM의 실용성을 확인한 이후 HUE의 연구 주제에 'AI와 공감'이 추가된다. 공감을 바탕으로 사람과 어떻게 대화하는가를 조사하고 더 공감할 수 있는 말투는 무엇인지를 연구했다.

공감을 주제로 한 것은 775명을 대상으로 한 조사에서 인간은 대부분 장면에서 LLM이 공감해 주기를 바란다는 답변을 얻었기 때문이다. 그 후 연구에서 사람이 공감을 얻고 싶은 장면과 그렇지 않은 장면이 무엇이 다른지도 알았다고 한다.

MSR은 독립 연구 기관으로, 체르윈스키는 "코파일럿 개발에 직접 참여하지는 않습니다. 그럼에도, 우리 연구는 제품 개발 그룹에 영향을 끼치며 우리가 만든 (에이전트) 시제품이 사용자 요구를 이해하는 데 도움을 줬어요."라고 말한다.

박사 학위를 받은 인지 심리학자로서 체르윈스키는 "(마이크로소프트 제품뿐만 아니라 일반적으로) 오늘날의 AI는 공감 능력이 충분하지 않습니다"라며 앞으로의 과제를 말한다. 사람이 원하는 것은 즉시 이루어지는 답이 아니라 때로는 반문을 통해 사람 의도를 확인하거나 사용자가 바라는 바에 따라 말을 주고받을 수 있는 AI라고 한다. "더 공감할 줄 아는 AI가 미래의 모습입니다." 메리 체르윈스키는 이렇게 예측한다.

이와 함께 "사람이 한 말이 아니라는 것을 분명하게 알 수 있어야 해요."라는 의견도 제시한다. AI의 공감 능력이 발전해 원하는 대로 대답하면 할 수록 사용자는 AI를 사람으로 착각할 위험이 있다. “말하는 상대가 때로는 실수하기도 하는 AI라는 사실을 항상 인식할 수 있도록 해야 합니다.”

생성형 AI와 관련한 기술 개발에서는 정확도나 답변 속도 등 성능에 초점을 두기 쉽다. 그렇지만 AI가 사람을 지원하는 기능인 이상, 사람과의 접점 설계 또한 소홀히 할 수 없다. 이런 점에서 MSR의 기초적인 인간 이해 연구가 이후 코파일럿 발전에 도움이 될 것은 분명하다.

12 샘 올트먼 해임 촌극에서 마이크로소프트가 얻은 것

2023년 11월에 일어난 오픈AI 내분을 둘러싸고도 마이크로소프트의 존재감은 컸으며 실질적으로 오픈AI를 좌우한다는 목소리도 컸다.

2023년 11월 17일, 오픈AI는 갑작스레 샘 올트먼 해임을 발표한다. 회사 성명에서 “샘 올트먼은 다른 이사와의 의사소통에서 때로는 솔직하지 않고 이사로서 책임을 다하는 능력에도 문제가 있다는 결론을 얻었습니다”라고 언급한다. 즉시 마이크로소프트와 그 밖의 투자자는 샘 올트먼의 복귀를 위해 움직이기 시작했다. 교섭이 결렬되자 이틀 후인 19일에는 마이크로소프트 CEO 사티아 나델라가 X(구 트위터)에 샘 올트먼을 마이크로소프트로 영입한다고 전격 발표한다. 새로 만들 AI 연구팀 리더로 임명한다는 사실을 분명히 밝힌 것이다.

웨드부시 증권 대니얼 아이브스는 마이크로소프트의 움직임을 이렇게 평가했다. “오픈AI 이사회가 어린이용 보드게임을 즐기는 사이에 사티아 나델라는 체스를 두었죠.” 오픈AI 소동을 활용하는 동시에 샘 올트먼을 자사로 데려온 덕분에, 마이크로소프트는 생성형 AI 주도권 싸움에서 우위를 차지한다. 그야말로 기막힌 한 수였다.

마이크로소프트가 모든 것을 차지하는 걸까? 충격적인 발표도 잠시, 20일에는 오픈AI 직원들이 "샘 올트먼이 복귀하지 않으면 그만두겠습니다."라고 요구하는 탄원서를 이사회에 제출한다. 이사진 전원 퇴임을 요구하며 마이크로소프트로의 이직도 시사한다. 미국 보도를 보면 사원 770명 중 730명 이상이 서명했다고 한다. 그리고 그다음 날인 21일, 오픈AI는 굴복하듯이 샘 올트먼 복귀를 발표한다.

결국 이 소동은 오픈AI가 중요한 장면에서 마이크로소프트의 뜻을 무시한 채 의사결정을 밀어붙였다는 사실을 드러냈다. 해임 촌극 결과, 마이크로소프트는 의결권이 없는 참관인으로 이사회에 참여하게 되었고, 그 영향력만 더 커졌다.

13 GOLD RUSH 구글의 반격, 제미나이의 강점 구글

"지금까지 본 중 가장 성능이 좋은 범용 모델입니다." 2023년 12월, 이 말과 함께 구글 CEO인 선다 피차이는 반격의 깃발을 올린다. 차세대 AI 모델 제미나이Gemini가 등장한 것이다.

제미나이는 텍스트나 이미지, 음성, 동영상, 프로그램 코드 등 다양한 종류의 정보를 다룰 수 있는 멀티 모달이 특징이다. 구글은 기자 설명회에서 제미나이를 사용한 시연 동영상을 통해 카메라로 읽은 영상으로 사람이 무엇을 하는지 답하거나 이 영상을 바탕으로 퀴즈를 만드는 모습을 보였다.

설명회 다음날, 미국 언론은 '시연 동영상은 편집한 것'이라며 일제히 보도했으며, 일부는 날조라며 강한 어조로 비난하기도 했다. 구글은 이 동영상에 등장한 답변이 실시간이 아니라 정지 화면을 보여 준 다음, 텍스트를 이용하여 제미나이에 지시한 것이라는 사실을 인정했다. 구글은 바드에 이어 제미나이에서도 발표 과정에서 실수를 반복하고 만 것이다.

과장된 시연회 동영상 탓에 찬물을 뒤집어쓰기는 했지만, 제미나이 성능이 뛰어나다는 사실에는 변함이 없다. "제미나이는 오랜 시간에 걸친 AI 개발 성과입니다." 미국 키뱅크캐피털마켓츠KeyBanc Capital Markets 분석가 저스틴 패터슨Justin Patterson은 구글의 진정성을 높이 평가한다.

"조사한 32가지 벤치마크 중 30가지에서 현재 가장 앞선 모델을 훨씬 뛰어넘습니다." 구글 산하 AI 연구 기관인 구글 딥마인드 부사장 일라이 콜린스Eli Collins는 제미나이의 가장 규모가 큰 모델인 제미나이 울트라를 이렇게 설명한다.

구글 설명을 보면, 제미나이 울트라는 수학이나 물리학, 역사, 법률 등 57과목에 걸쳐 지식과 문제 해결 능력을 테스트하는 MMLU에서 정답률 90%를 기록하는 등 인간 전문가의 능력을 처음으로 넘어선 모델이라고 한다. 구글은 제미나이 울트라가 거의 모든 지표에서 GPT-4 성능을 뛰어넘는다고 말한다.

미국 트루이스트 증권Truist Securities은 보고서에서 "구글은 검색이나 유튜브, 지메일 등 자체 데이터로 학습할 수 있다는 경쟁 우위가 있다. 강화된 학습과 멀티 모달 기능으로 제미나이는 더 사려 깊고 더 정확하고, 따라서 더 유용하리라 생각한다."라고 분석했다.

구글의 추격은 계속된다. 제미나이 발표 2개월 후에는 차세대 버전인 제미나이 1.5를 공개한다. 입력할 수 있는 문장의 길이가 큰 폭으로 늘었다는 점이 특징이다. 앞선 세대 버전인 제미나이 1.0 프로는 3만 2,000개 토큰이 상한이었으나 제미나이 1.5 프로에서는 표준에서만 토큰이 12만 8,000개로 늘었다. 이뿐만 아니라 한정된 개발자를 대상으로 100만 개 토큰을 이용할 수 있도록 했다. 구글은 연구 단계에서는 1,000만 개 토큰 테스트에도 성공했다고 밝혀, 이후에도 더 많은 확장이 이루어질 것으로 보인다.

토큰 100만 개는 오픈AI 최신 모델 GPT-4 Turbo가 세운 12만 8,000개 기록을 크게 웃도는 수준이다. 이는 동영상 약 1시간, 음성 약 11시간, 프로그램 코드 3만 줄 이상, 단어 70만 개 이상의 텍스트에 해당한다.

입력하는 토큰이 늘수록 동영상이나 음성 등을 입력하는 멀티 모달의 특징을 더 쉽게 발휘할 수 있다. 구글은 기자 설명회에서 극작가 버스터 키튼이 제작한 44분 길이 무성 영화 〈셜록 2세〉를 입력하고 등장인물이 물을 뒤집어쓰는 일러스트를 첨부한 다음, "이 장면이 일어난 시각은?"이라고 묻는 모습을 시연했다. 물론 제미나이는 "15:34"라고 정확한 시각을 답했다. 그 밖에도 동영상 등 줄거리나 사건을 정확하게 분석하고 영화 세부 내용도 추론할 수 있다고 구글은 말한다.

오픈AI와 구글은 이미지 생성 모델에서도 치열하게 다투고 있다. 오픈AI는 2024년 2월, 텍스트로 입력한 지시를 바탕으로 최장 동영상 1분을 출력할 수 있는 생성형 AI인 소라Sora를 발표했다. 당분간은 디자이너나 영화 제작자 등에게만 사용 권한을 부여하고, 모델의 피드백을 모은다고 한다. 회사는 이를 AGI(범용 인공지능)를 실현하는 데 중요한 이정표로 여기고 있다.

소라는 텍스트를 동영상으로 변환하는 AI 모델로, 오픈AI에 따르면 사용자가 입력한 프롬프트를 이해할 뿐만 아니라 "그 지시가 물리 세계에서 어떻게 존재하는지도 이해한다"라고 한다. 고도의 동영상 생성 능력과 함께 최장 1분이라는 길이도 특징이다. SNS 등에서는 공개한 본보기 동영상에 많은 사람이 놀라움을 전했다.

앞서 구글도 동영상 생성형 AI인 루미에르Lumiere를 2024년 1월에 발표했다. 프레임 사이를 자연스럽게 연결하여 어색함이 느껴지지 않는 동영상을 생성할 수 있다. 단, 생성할 수 있는 동영상 길이는 5초 정도로 영상의 길이(시간) 면에서는 아직까진 오픈AI의 승리라고 볼 수 있다.

오픈AI와 구글의 정상 대결은 앞으로도 계속될 것이다. 오픈AI는 차세대 모델 GPT-5를 개발하는 중이라고 전해진다. 2024년 5월에는 지금까지 모델 사양을 일부 공개하고 이 접근법에 대한 폭넓은 피드백을 구했다. 이전에는 사양 대부분을 비공개로 했으나 다양한 의견을 모으고자 방침을 바꿨다. CEO인 샘 올트먼은 발표 무렵 X를 통해 "시간을 들여 귀를 기울이고, 토론하고, 적용해 갈 것이다. 이는 (개발자가 볼 때) 무엇이 버그이고 무엇이 (AI의) 판단에 따른 것인지를 명확히 하는 데 큰 도움이 된다."라는 글을 올렸다.

같은 달에는 생성형 AI 학습에서 데이터를 어떻게 사용할지를 제어할 수 있는 도구를 개발 중이라는 사실도 함께 밝혔다. 창작자 등 콘텐츠 소유자가 오픈AI에 자기 소유 콘텐츠를 학습에 사용하지 말도록 지시할 수 있는 장치가 아닐까 한다. AI와 관련한 이해 당사자와 협력 자세가 분명해진 셈이다. AI 모델 자체 발전은 물론, 이를 이용한 검색 등 새로운 분야에서도 구글과 패권 경쟁은 더 심해질 듯하다.

이와 함께 구글 역시 제미나이의 차세대 버전을 중심으로 AI 모델 개량을 이어간다. 제미나이는 크기에 따라 3종류 모델이 있는데, 성능이 가장 뛰어난 모델인 울트라를 더 발전시켜 스마트폰 등에서도 작동하도록 가볍게 만든 모델인 '나노'도 이목을 끈다. 덧붙여 구글은 스마트폰 픽셀 시리즈를 출시 중이다. 이처럼 클라우드와 통신하지 않고도 스마트폰 자체에서 작동하는 AI 모델 활용은 오픈AI에는 없는 무기라 할 수 있다. 지금도 구글은 픽셀에 자체 AI 기능을 탑재하고 있지만, 이후에는 더 뛰어난 기능을 추가하리라 생각한다.

기능 측면에서는 2024년 5월에 열린 이벤트에서 AI 모델을 사용하여 사용자 업무를 자동화하는 에이전트 기능의 시작을 알렸다. 구글이 제공하는 메일 애플리케이션인 지메일에서 사용자가 지정한 첨부 파일을 자동으로 추출하는 기능 등을 예로 들 수 있다. 구글 클라우드 부사장 아파르나 파푸Aparna Pappu는 단순한 생성을 넘어서 사용자를 대신해 업무를 실행하는 에이전트를 '생성형 AI 2단계'라 표현한다. 이를 미루어 볼 때 AI 모델을 사용한 다음 주무대는 에이전트일 수도 있다.

14 GOLD RUSH 오픈AI의 최대 경쟁자 : 앤트로픽

오픈AI의 GPT-4와 구글의 제미나이라는 최정상 AI 모델 경쟁에 복병으로 등장한 것이 미국 기업, 앤트로픽Anthropic이다. 많은 사람이 '오픈AI 최대 경쟁자'로 일컫기도 한다.

"우리가 무엇을 하려는지 설명하려면 먼저 '파트너'부터 소개해야겠네요." 2023년 11월, 클라우드 세계 최대 업체인 AWS가 개최한 이벤트인 '리인벤트re: Invent' 기조연설에서 이 회사 CEO인 아담 셀립스키는 이렇게 소개하고는 무대 가장자리에 있던 인물을 불렀다. 단상에 오른 사람은 앤트로픽의 공동 창업자이자 CEO인 다리오 아모데이Dario Amodei였다. 개발자를 비롯한 수많은 전문가로 매워진 회의장은 한순간에 박수 소리로 가득 찼다.

다리오 아모데이는 오픈AI의 전 경영진으로, AI 모델인 GPT-2와 GPT-3 논문 공동 저자이다. 그를 비롯한 여러 명이 개발 방침 의견 차이로 오픈AI를 떠나 앤트로픽을 창업했다는 것도, 앤트로픽이 '오픈AI의 최대 경쟁자'라 불리게 된 이유의 하나이다.

아마존닷컴Amazon.com은 2023년 9월, 앤트로픽에 최대 40억 달러를 투자할 것이라 발표했다. 먼저 2억 5,000만 달러를 투자하고 2024년 3월에 27억 5,000만 달러를 추가 투자한다.* 스타트업 투자로는 아마존닷컴 역사상 최대 금액이었다. 두 회사는 전략적 제휴 관계를 맺고 앤트로픽은 AWS를 주

* 정확히 2024년 3월 27일, 아마존닷컴은 앤트로픽에 27억 5,000만 달러를 추가 투자했다.

요 클라우드로 이용한다.

앤트로픽은 AWS가 제공하는 AI 머신러닝 처리용과 추론 처리용 AI 반도체 2종류를 사용하여 AI 모델 구축과 학습을 수행한다. 즉, AI 칩 개발에서도 협력하기로 한 것이다. 앞서가던 마이크로소프트와 오픈AI와 마찬가지로 '클라우드 대기업+주목받는 AI 모델 개발 기업'이라는 관계를 구축하게 되었다.

AWS 리인벤트2023 기조연설에 특별 출연한 미국 앤트로픽 CEO 다리오 아모데이(오른쪽)

사진 출처: 닛케이 크로스테크

앤트로픽의 강점은 무엇일까?

첫 번째로는 모델 성능을 들 수 있다. 2024년 3월, 앤트로픽은 차세대 AI 모델인 클로드 3Claude 3을 발표했다. 클로드 3은 앤트로픽의 첫 모델로 텍스트와 이미지 등 조합(멀티 모달)을 지원한다. 수학이나 프로그래밍, (대학생 정도의) 지식수준, 질문에 대한 답변 능력 등 여러 벤치마크에서 오픈

API의 GPT-4나 구글의 제미나이 1.0 울트라보다 뛰어났다고 한다.

클로드 3은 용도에 따른 모델이 3종류인데, 가장 성능이 뛰어난 오퍼스Opus, 빠른 답변이 특징인 소네트Sonnet, 용량이 작고 가격 대비 성능이 뛰어난 하이쿠Haiku가 있다. 오퍼스는 100만 개가 넘는 토큰을 입력할 수 있으므로 구글의 최신 모델인 제미나이 1.5 프로와 비슷한 토큰 길이 수준을 자랑한다.

또한, 고성능 모델인 오퍼스는 AI 테스트의 일종인 MMLU* Massive Multitask Language Understanding 등 다양한 벤치마크에서 GPT-4나 제미나이 1.0 울트라보다 나은 모습을 보였다. 이 회사의 현재 모델인 클로드 2.1과 비교하면 난도가 높은 자유 답변 형식 질문의 정밀도는 2배나 되었다고 한다.

오퍼스와 소네트는 이 회사가 공개한 API를 이용하여 159개 나라와 지역에서 이용할 수 있다. 하이쿠 역시 가까운 시일 내에 공개된다고 한다. AI 모델 개발 기업에서 일하는 많은 기술자는 클로드의 이미지 인식 능력에 혀를 내두른다. "GPT-4와 비교해도 전혀 손색이 없는, 완벽한 대항마가 등장했다는 인상을 받았어요."

앤트로픽은 클로드를 챗GPT처럼 PC 브라우저에서도 이용할 수 있는 앱 형태로 공개했다. 필자도 유료 버전 오퍼스를 이용해 보았는데, 언어 추론 능력이 매우 뛰어나다는 느낌을 받았다. 챗GPT와 비교하더라도 더 자연스러운 언어 추론이 가능하리라 생각한다.

또 하나의 특징은 AI 모델 안전성이다. 앤트로픽 공동 창업자이며 책임

* 인공지능 모델이 획득한 지식을 측정하는 벤치마크이다. 약 57개의 주제(STEM, the humanities, the social sciences 등)에 대해 다지선다 문제를 푸는 테스트이다.

과학자인 재러드 카플란Jared Kaplan은 필자 취재에 "과거 2년간 안전성 연구를 모델에 통합하고자 노력했습니다"라며 윤리성을 강조했다. '헌법적인 AI'라고도 부르는 고유 AI 학습 기술을 채용한 여러 가지 클로드 모델은 국제 연합 세계 인권 선언이나 그 밖의 AI 기업이 발표하는 가이드라인 등도 학습을 마친 상태이다.

클로드는 적대적인 공격에도 높은 안전성을 보인다. 앤트로픽의 CEO 다리오 아모데이는 AWS 이벤트에서 "정부는 더 안전하고 신뢰성이 높은 모델을 원합니다. 우리는 악용하거나 피해를 주지 않는 안전한 모델을 만들고자 많은 노력을 기울였습니다"라고 말했다. 이와 함께 미국 카네기멜런 대학의 연구를 인용하여 "연구자가 다양한 모델을 대상으로 적대적인 공격을 해본 결과 당사 모델이 공격당할 확률은 경쟁사의 10분의 1 수준이었어요"라고 설명한다.

15 오픈Open VS. 클로즈드Closed

또 하나의 전쟁

지금까지 마이크로소프트와 오픈AI 연합과 구글, 앤트로픽이라는 최고 AI 모델을 살펴보았다. 이 3가지 최고 성능 모델에는 모두 소스코드 등을 공개하지 않는 클로즈드Closed 소스라는 공통점이 있다. AI 모델에서 벌어지는 또 하나의 전쟁이 '오픈'과 '클로즈드'라는 방식을 둘러싸고 벌어지는 싸움이다.

"우린 오픈 소스를 사랑해요."

'상업용 소프트웨어 제왕'이 한 발언치고는 의외처럼 들릴지도 모른다. 마이크로소프트 CEO인 사티아 나델라는 2023년 7월, 협력 기업을 대상으로 한 이벤트에서 페이스북을 운영하는 메타Meta와 제휴를 발표하고 이렇게 말했다. 이후 메타의 LLM인 라마 2Llama 2를 마이크로소프트 클라우드 서비스에서 이용할 수 있게 되었다.

마이크로소프트는 앞서 이야기한 대로 챗GPT를 개발한 오픈AI에 출자하고 이 회사 생성형 AI 기술을 마이크로소프트의 다양한 서비스에 적극적으로 활용했다. 오픈AI는 최신 LLM인 GPT-4의 기술 상세를 밝히지 않는 비공개 방침을 유지한다. 프로그램 소스코드는커녕, LLM 성능 측정 지표의 하나인 파라미터 개수조차도 공개하지 않는다.

반면, 메타의 전략은 정반대이다. CEO인 마크 저커버그Mark Zuckerberg는 처음부터 생성형 AI를 오픈 소스로 제공해야 한다고 주장했다. 오픈 소스란, 소스코드 등 기술 사양을 일반에게 널리 공개하고 많은 개발자가 자유롭게 소프트웨어 업데이트나 최적화할 수 있도록 한 것이다. 많은 기술자의 집단 지성을 이용하므로 기술 개발이 빨라진다는 장점이 있다.

오픈 소스 LLM 시작은 메타의 라마 시리즈이다. 라마의 초대 모델은 연구 용도에만 무료로 제공되었지만, 2세대 이후 모델부터는 연구와 함께 일반 용도로도 무료 상업적 이용이 가능한 모델이 되었다. 최신 세대는 2024년 4월에 공개한 3세대인 라마 3이다. 파라미터 개수가 80억 개인 것과 700억 개인 것, 2가지 모델이 있다. 사전 학습 모델을 파인 튜닝(추가 학습)한 모델은 경쟁 LLM 성능보다 우수하다고 한다. 예를 들어, 700억 개 파라미터 모델은 구글이 제공하는 제미나이 1.5 프로나 앤트로픽의 클로드 3 소네트를 능가하는 성능을 보였다.

많은 기술자가 오픈 소스로 LLM을 공개하는 메타의 자세를 환영한다. 2세대는 공개하고 나서 일주일 사이에 다운로드 요청이 15만 회를 넘을 정도로 많은 주목을 받았으며, 그 결과 언어별, 업종별 다양한 사용자 정의 모델이 등장했다. 마크 저커버그는 오픈 소스가 기술 혁신을 일으킨다고 강조하므로 이후에도 투자를 계속할 방침이다. 사용자 정의 모델 중에는 특정 용도에서는 GPT-4와 비슷한 성능을 보이는 것도 등장했다고 하니, 저커버그의 발언 일부를 현실화했음을 알 수 있다.

구글도 최고 성능 모델인 제미나이 시리즈는 비공개 방침을 이어가지만, 2024년 2월에는 자사가 '오픈 모델'이라 부르는 가벼운 LLM인 젬마Gemma를 발표했다. 오픈 소스는 무료로 이용할 수 있으며 프로그램 소스나 훈련 데이터 등을 내려받아 이용할 수 있다는 점이 특징이지만, 젬마는 소스나 훈련 데이터는 공개하지 않는다. 구글은 이를 '오픈 모델'이라 표현하는데, 다른 회사도 이를 따라 한다면 새로운 제공 방법이 될 수도 있다.

데이터 분석 플랫폼 대기업인 미국 데이터브릭스Databricks도 '오픈' 지지파이다. 데이터브릭스는 기업 평가액이 430억 달러인 데카콘decacorn(평가액이 100억 달러를 넘는 비상장 기업)이다. 미국 CB 인사이츠CB Insights의 조사에 따르면, 데이터브릭스는 비상장 기업 평가액 순위 세계 6위로 데이터 분석 분야에서는 세계가 주목하는 스타트업 중 하나이다.

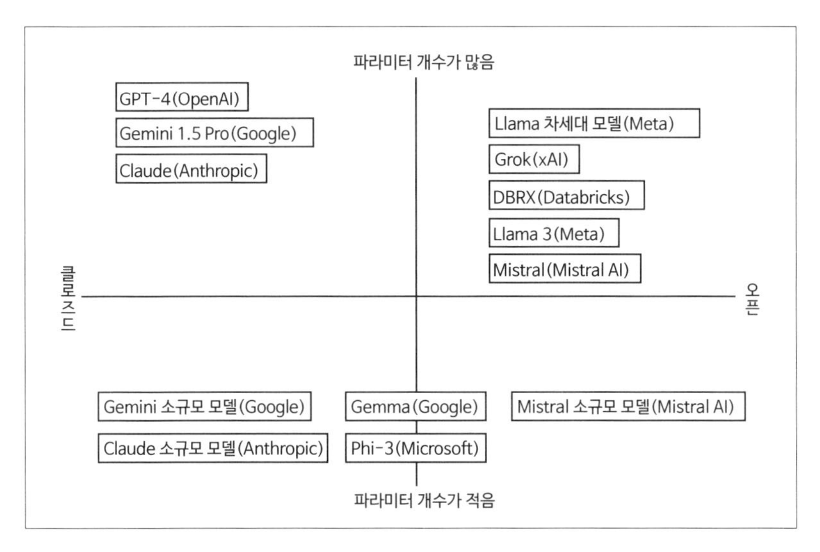

각 사 AI 모델 특징을 나타낸 그림. 파라미터 개수는 참고용.

극히 일부 기업이 비공개로 LLM을 소유하고 사용자는 API를 통해 이를 이용하는 것이 AI의 미래일까, 아니면 각 기업이 고유 모델을 소유하고 지적 재산을 관리하는 것이 AI의 미래일까? 데이터브릭스의 CEO인 알리 고드시Ali Ghodsi는 고객 기업에서 들려오는 이런 목소리를 듣고는 "우리 목표는 '데이터와 AI를 민주화하는 것'이기에 오픈 소스로 LLM을 개발할 것이다."라며 목에 힘을 주어 말했다.

2023년 4월에는 당시 세계 최초라 알려졌으며 상용으로 이용할 수 있는 오픈 소스 LLM인 돌리Dolly 2.0을 제공하기 시작했다. 6월에는 오픈 소스 LLM을 제공하는 스타트업인 미국 기업, 모자이크MLMosaicML 인수를 발표하고 모자이크ML의 기술을 데이터브릭스의 데이터 분석 플랫폼에 통합하는 구상을 밝히기도 했다.

인수 발표 직후, 모자이크ML의 CEO인 나빈 라오Naveen Rao는 필자 취재에 다음과 같이 말했다. "(비공개인) 모델이 극히 일부의 손에만 넘어가는 것은 문제입니다. 공개 모델을 바탕으로 각 기업은 자신만의 모델을 가져야 합니다." 그리고 "지금은 GPT-4가 최고 모델이지만, 이후 몇 년 안에 오픈 소스로 만든 혁신적인 모델이 많이 등장하겠지요."라고 예측했다.

오픈AI를 떠난 일론 머스크 역시 AI를 오픈 소스로 제공해야 한다는 신념을 피력한다. 그리고 2023년 7월 12일, AI를 개발하는 새로운 회사인 xAI를 설립한다고 발표했다. 이어서 2024년 3월에는 이 회사의 생성형 AI인 그로크Grok를 오픈 소스로 공개했다. 프랑스 LLM 개발 스타트업인 미스트랄 AIMistral AI도 이미 오픈 소스 LLM을 공개했다. 이 회사는 2023년 6월, 제품조차 없는 상태에서 1억 달러 이상 투자를 유치하여 한순간에 주목을 받은 AI 개발 기업이다.

유출된 구글 내부 문서

"우리(구글과 오픈AI)가 싸우는 사이, 제3세력이 조용히 승리를 차지할 것이다." 미국 반도체 컨설팅 기업인 세미애널리시스SemiAnalysis는 2023년 5월, 구글 사내 연구자가 유출한 것으로 보이는 내부 문서를 공개했다.

내부 문서는 오픈 소스 지지자를 '제3세력'이라 지칭하며 다음처럼 주장한다. "품질에서는 우리가 앞서지만, 그 차이는 놀랄 정도로 줄었다." "오픈 소스에는 우리가 따라 할 수 없는 큰 이점이 있다. 인터넷이 오픈 소스로 움직이는 데는 이유가 있으니까." 구글에 근무하는 기술자가 오픈 소스 모델을 위협으로 느끼는 모습이 잘 드러난다.

오픈과 클로즈드 사이 다툼은 생성형 AI에서 처음 벌어진 일이 아니다.

운영체제에서부터 있었던 일이다. PC 운영체제(기본 소프트웨어)에서는 애플의 MacOS와 마이크로소프트의 윈도우가 클로즈드, 리눅스Linux 등의 운영체제가 오픈이다. 스마트폰 운영체제에서는 애플 iOS가 클로즈드, 구글 안드로이드가 오픈이다.

웹 트래픽을 분석하는 스탯카운터 사이트가 발표한 2024년 5월 시점 운영체제 점유율을 보면, PC에서는 클로즈드가 약 90%이고 오픈이 약 10%이지만, 스마트폰에서는 클로즈드가 약 30%, 오픈이 약 70%로 상황이 바뀐다. 생성형 AI 세계에서는 어느 쪽이 승리할까?

모자이크ML CEO 나빈 라오가 한 말처럼, 현시점에서 오픈AI나 구글, 앤트로픽 LLM의 품질이 최고라는 점은 분명하다. 다음은 생성형 AI를 자사 서비스에 도입하려는 일본 기업 담당자의 말이다. "지명도도 있고 믿을 만하므로, 마이크로소프트와 오픈AI 또는 구글 중 한 가지를 선택할 예정이에요."

한편, 기업이 실제로 LLM을 이용할 때는 모델 성능만이 중요한 것은 아니다. 비용이나 사용 편의성, 확장성이나 안전성 역시 중요하다. 기술을 현실 비즈니스에 도입하려면 이 모두를 고려한 연립방정식을 풀어야 한다.

안전성 하나만 보더라도 오픈 지지자와 클로즈드 지지자의 의견은 서로 한 치 물러섬도 없다.

"오픈 소스는 '공개'라는 특성 탓에 누군가가 이를 악용할 수 있습니다." 클로즈드 지지자는 이렇게 주장하며 소스 코드 등 사양 공개에 신중한 자세를 취한다. 학문 세계에서도 토론토 대학 제프리 힌턴Geoffrey Hinton은 AI 악용을 염려하는 인물이다.

한편, 오픈 지지자는 정보 공개야말로 안전한 길이라며 맞선다. 예를 들어, AI 연구를 주도하는 뉴욕 대학 얀 르쿤Yann LeCun 교수 등이 서명하여 바이든 대통령에게 보낸 편지에서 오픈 지지자는 "코드를 공개하면 기술자가 위험을 발견하므로, 그 결과 안전성이 높아집니다."라고 주장했다. 제프리 힌턴과 얀 르쿤 모두 'AI 대부'라 불리는 인물로, 최고 권위자들조차도 이처럼 의견이 갈리는 것이다.

실용 측면에서는 비용도 중요한 요소이다. "획기적인 기술 등장!"이라는 생성형 AI에 대한 열광은 점점 식고, 지금은 "각 기업이 실제로 기술을 어떻게 실용화할 것인가?"라는 고민의 단계로 접어들었다. 일반적으로 생성형 AI 클로즈드 모델은 고품질에 고가이고, 오픈 모델은 상대적으로 낮은 품질에 저비용 또는 무료라고 할 수 있다. 자사 서비스에 도입할 때 기업 대부분은 비용 측면을 중요시한다. 이 점에서는 오픈 소스가 유리하다.

메타의 마크 저커버그는 2024년 1월, 자사 SNS 서비스인 스레드Threads에 올린 글에서 장기적인 목표는 일반 지능을 '오픈 소스'로 제공하는 것이라 말했다. 여기서 일반 지능이란 오픈AI 등이 AGI(범용 인공지능)라 부르는 초고성능 AI를 가리킨다고 보인다. 이 구상이 실현된다면 지금은 클로즈드 모델 주류가 LLM인 상황이 크게 바뀔 것이다. 이처럼 오픈과 클로즈드의 패권 다툼은 지금도 진행 중이다.

16 GOLD RUSH AI 모델 개발 스타트업의 빛과 그림자

활발한 AI 모델 개발 스타트업 창업도 빼놓을 수 없다. 새로운 투자가 활발한 가운데 이 분야에서는 다양한 유니콘 기업이 생겨나고 있다. 오픈AI나 앤트로픽뿐만 아니라 필자가 주목하는 새로운 세력 2곳도 함께 살펴보자.

먼저 캐나다 기업, 코히어Cohere를 들 수 있다. 이 회사가 유명해진 계기는 2022년 8월의 투자 유치였다. 오라클Oracle이나 엔비디아, 세일즈포스 자회사인 세일즈포스 벤처즈Salesforce Ventures 등 줄줄이 이어진 대기업들의 투자가 화제를 불렀던 것이다.

코히어의 공동 창업자이자 CEO인 에이단 고메스Athan Gomez는 앞서 살펴본 대로 AI 성능을 비약적으로 향상시키게 된 계기인 트랜스포머 논문의 공동 저자이다. 제프리 힌턴이나 AI 연구 일인자인 스탠퍼드 대학 페이페이 리Fei-Fei Li의 지원 역시 주목을 받은 이유 중 하나이다. "유명한 전문가뿐 아니라 AI 커뮤니티에서 가장 우수한 인재도 함께 참여합니다." 코히어의 커뮤니케이션 책임자인 조시 가트너Josh Gartner의 말이다.

이 회사는 오픈AI의 챗GPT나 구글의 제미나이 등 소비자가 이용할 수 있는 대화형 AI뿐만 아니라 기업 사용자에 특화한 LLM도 개발한다. 기업이 자사 내부 데이터를 바탕으로 모델을 조정할 수 있다는 것이 강점이라 한다. 오라클이나 구글, AWS 등 주요 클라우드 서비스에서 이용할 수 있다.

AI가 그럴싸한 오답을 반환하는 환각(할루시네이션)을 막는 기술인

RAG Retrieval-Augmented Generation(검색 증강 생성)에도 강한다. 코히어의 기업용 AI 어시스턴트 서비스 코랄Coral은 초기 설정에서 RAG를 적용하는 기능을 갖추었으므로 기업은 자사 데이터와 연결하여 할루시네이션을 줄일 수 있다. 2024년 4월에 발표한 AI 모델 커맨드 R+Command R+도 개발자로부터 좋은 평가를 얻었다.

또 하나의 회사는 이스라엘 기업 AI21 랩AI21 Labs으로, 클라우드 대기업과 업무를 제휴할 정도로 유력한 회사이다. 기업가이자 CEO를 맡은 오리 고셴Ori Goshen, 자동차 운전 지원 시스템을 개발하는 이스라엘 모빌아이Mobileye 창업자인 암논 샤슈아Amnon Shashua, 스탠퍼드 대학 명예교수인 요아브 쇼함 Yoav Shoham 등이 창업에 참여했다.

"업무에 특화한 AI 구축이 우리에게 있는 독창성입니다." CEO 오리 고셴의 설명이다. 텍스트 생성 등 목적에 특화한 LLM을 API로 제공하는 것이 AI21 랩의 전략이다. LLM 개발 외에도 생성형 AI 개발 플랫폼인 AI21 스튜디오AI21 Studio에도 힘을 쏟는다. 이 회사는 이러한 목적 특화형 AI 모델을 '모듈'이라 부르는데, 고객은 이를 조합하여 자사에 가장 어울리는 AI 애플리케이션을 구축한다.

오리 고셴은 다른 회사와 차별점을 다음처럼 설명한다. "오픈AI는 AGI(범용 인공지능) 개발을 목적으로 하는 기업이고 앤트로픽은 얼마나 안전한 모델을 만드는지에 중점을 둡니다. 이와 달리 우리는 기업을 대상으로 하는 신뢰성 높은 AI에 집중합니다."

새롭게 등장하는 AI 모델 세력을 둘러싸고 미국 빅테크 기업 사이에는 벌써 쟁탈전이 벌어진다. 마이크로소프트의 오픈AI, 아마존의 앤트로픽처럼 거액 투자뿐만 아니라 업무 제휴를 염두에 둔 소액 투자도 많다. 빅테크 기업은 모델을 직접 개발하는 한편, 모델 다양성을 추구하고자 모델 개발 기업에도 관심을 보인다. 당분간 AI 모델 개발 스타트업을 둘러싼 쟁탈전은 계속될 것이다.

한편, 새로운 세력의 명암도 분명해졌다. 한 예로, 링크드인Linkedin 공동 창업자인 리드 호프먼 등이 설립한 인플렉션 AIInflection AI를 살펴보자. 이 회사는 2023년 평가액이 40억 달러에 달하는 스타트업으로, 소비자를 대상으로 한 AI 모델에 집중했으나 2024년 3월에 이 사업을 포기하고 기업을 대상으로 하는 분야로 옮긴다고 발표했다. 활성 사용자가 100만 명을 초과하는 서비스였음에도 수익을 내기가 쉽지 않았음을 보여준 하나의 사례였다.

인플렉션 AI가 소비자 대상 사업 포기를 발표하던 날, 마이크로소프트는 인플렉션 AI에서 CEO로 일했던 무스타파 술레이만Mustafa Suleyman을 마이크로소프트가 새로 만든 AI 연구 부문 책임자로 임명한다고 발표했다. 미국 언론은 실질적으로 마이크로소프트가 인플렉션 AI를 구한 것이라고 보도했다.

이미지 생성형 AI 분야에서도 영국 스태빌리티 AIStability AI가 위기에 몰리고 있다. 스태빌리티 AI는 텍스트로 간단히 지시하기만 하면 수준 높은 이미지를 생성하는 스테이블 디퓨전Stable Diffusion으로 세상을 놀라게 했던 스타트업으로, AI 민주화 깃발을 내걸고 상업용으로도 이용할 수 있도록 AI 모델을 오픈 소스로 공개한 바 있었다.

2024년 3월에는 CEO였던 에마드 모스타크Emad Mostaque가 사임했다. 그때까지 중심이었던 여러 명도 함께 떠난다고 한다. 소유한 주식이 의결권 절반을 넘었던 모스타크는 X에 올린 글에서 "권력 집중은 모두에게 나쁜 일이다."라며 그만둔 이유를 밝혔다. 한편, 재무 상황 역시 좋지 않다고 전해지는 등, 오픈 소스 비즈니스 모델이 쉽지 않음을 다시 한번 드러낸다.

17 자국 LLM이 나아갈 길

AI 모델 패권 쟁탈에서 미국 기업이 상위 순위를 다투는 동안 자국 기업이 만든 '자국 LLM' 개발 경쟁도 격화되었다. 그 배경에는 경제 안보가 있다. 글로벌 사회로 변함에 따라 제품이나 서비스를 만드는 데 필요한 공급망은 점점 복잡해지고 전 세계로 퍼졌다. 이에 따라 전쟁이나 내란, 지정학적 문제가 발생하면 공급망 위험도 드러날 터이고 국내로 반입하기도 어려워지는 사태가 생긴다. 이러한 경제 측면 위협을 대비하는 데 필요한 것이 경제 안전 보장이라는 사고방식이다.

LLM 개발이나 개발에 필요한 계산 자원을 국내에서 자력으로 확보하는 일이 생성형 AI 분야에서 안전 보장으로 이어진다. 일본의 경우, 일본 민주당이 2023년 5월에 'AI 새 시대의 일본 국가 전략'을 제안하여 일본 국내 AI 개발 중요성을 주장했다. 일본 경제단체연합회도 같은 해 6월 정책 제안을 발표하며 "경제 안전 보장 관점에서도 일본이 최첨단 AI를 독자 개발하는 능력을 갖추는 것이 꼭 필요하다"라고 강조했다.

"독자 AI가 필요한가라고 묻는다면 꼭 만들어야 한다고 답할 것입니다. 본국어에 특화한 모델이 만들어진다면 적어도 데이터나 돈이 일방적으로 외국으로 빠져나가는 상황은 나아질 테니까요." 슈퍼컴퓨터를 사용한 대규모 시뮬레이션 등을 연구하는 도쿄공업대학 요코다 리오橫田理央 교수는 닛케이 크로스테크에 이런 염려를 전했다.

그러나 안전 보장만 외친다고 자국의 LLM 보급이 이루어지지는 않을 것이다. 미국 빅테크 기업 소프트웨어 기술자는 "사용자는 LLM이 어느 나라에서 개발되었는지는 거의 의식하지 않아요. 비즈니스 사용에서 중요한 것인 성능과 비용이니까요. 이 두 가지가 전부죠."라고 말한다. 정부가 '자국 LLM'이라는 기치를 내걸더라도 성능이 떨어진다면 사용자는 외면한다. 국내에 기반을 둔 각 회사는 후발 주자이긴 하나 자기 나름의 개발 방법을 궁리하는 등 AI 모델 개발 경쟁에서 뒤처지지 않도록 노력 중이다.

케이스 스터디 - 일본 일라이자

"세계적인 LLM에 뒤지지 않는 수준까지 따라왔습니다." AI 스타트업인 일라이자ELYZA CEO인 소네오카 유야曽根岡也는 자신 있게 말한다. 일라이자는 일본 도쿄대학 마츠오 유타카松尾豊 교수 연구실 출신이 만든 기업으로, 2023년 3월에는 "일본 기업 중에서는 가장 성능이 좋은 LLM을 개발했다"라고 발표했다.

일라이자는 메타가 오픈 소스 소프트웨어로 공개한 라마 2를 바탕으로 회사가 준비한 고유 데이터를 이용하여 일본어 능력을 강화했으며, 파라미터 개수는 700억 개라고 한다. 일본어 처리 관련 LLM 성능을 평가하는 기준을 이용하여 세계적인 모델 7종류와 비교하고 테스트한 결과, 문장 집필이나 추론 등 6개 항목에서는 구글의 제미나이 1.0 프로 등보다 뛰어난 4위를 차지했다.

"2023년 말 시점에는 일본 모델이 글로벌 모델에 크게 뒤떨어진 상태였다." 소네오카 유야는 일본 기업 개발 상황을 이렇게 설명한다. 일본 최고 모델을 개발하기는 했으나 상업용 수준이라는 무대에 이제 처음으로 발을 내디뎠을 뿐이라는 분석이다.

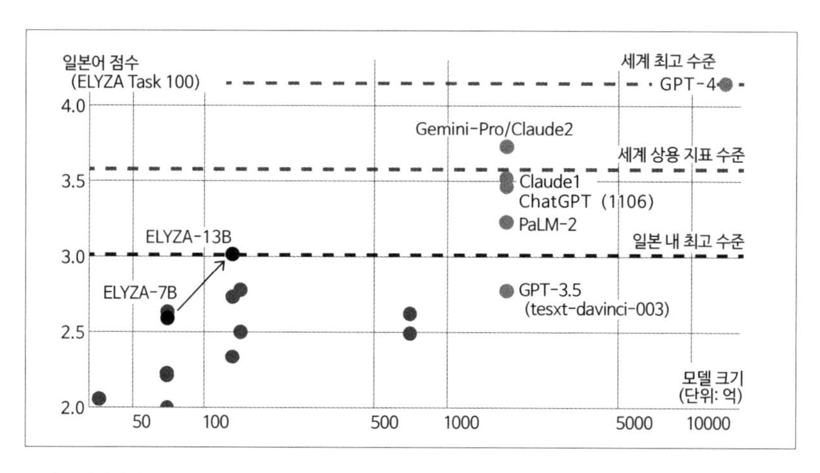

일본 일라이자의 새로운 모델이 차지하는 위치. 미국을 비롯한 상위 모델과 아직 차이가 있으나 CEO인 소네오카 유야는 일본 내 LLM 최고 수준이 드디어 세계 상업용 수준에 도달했다고 그 위치를 평가함.

자료: 일라이자

구글이나 마이크로소프트 등 빅테크와 어깨를 나란히 하려면 개발 자원과 판매망이 필요하다. "이대로라면 3~4년 안에 자금이 바닥을 드러날 텐데, 그러면 세계적인 업체만 살아남을 것"이라며 위기감도 함께 드러낸다. 일본의 일라이자가 선택한 길은 KDDI 자회사로 들어가는 것이었다. "지금 GPT-4와 수준이 비슷한 모델을 만들었다고 해도 기업이 사용하도록 하는 데는 한계가 있습니다. 운용 단계에서 사용하는 계산 자원도 필요하고 영업망도 있어야 합니다. 혼자서만 애쓴들 시장 점유율 1%도 점하기 어려울 것입니다." KDDI 자회사 편입 발표 후 CEO인 소네오카 유야는 필자에게 이렇게 말했다.

케이스 스터디 - 한국 LG의 엑사원

한국에서도 여러 기업이 한국어 기반 LLM(대규모 언어 모델) 개발에 박차를 가하고 있다. 그중 가장 두드러진 기업은 LG이다. 2024년 8월, LG는 자체 AI 모델인 '엑사원EXAONE 3.0'을 오픈 소스로 공개했다. 엑사원은 한국어와 영어를 모두 처리할 수 있는 이중언어 모델로 설계되었으며, 다양한 언어 작업에서 탁월한 성능을 자랑한다.

엑사원의 가장 큰 강점은 한국어 기반 LLM으로서의 높은 성능이다. LG는 이 모델을 개발할 때 한국어 데이터를 대규모로 학습시켜, 한국어 자연어 처리에서 높은 신뢰성과 전문성을 제공하는 데 중점을 두었다. 엑사원은 45만 개 이상의 문서와 3억 5천만 개의 이미지 데이터를 학습하여, 다양한 한국어 관련 작업에서 압도적인 성능을 보여주고 있다.

LG AI 연구원이 공개한 벤치마크 결과에 따르면, 엑사원 3.0은 한국어 평가에서 74.1점을 기록하며, '알리바바의 큐원2(69.9점)'와 '메타의 라마 3.1(65.3점)'을 능가했다. 뿐만 아니라, 수학과 코딩 등 13개 영역에서도 메타와 구글의 AI 모델보다 더 나은 성능을 발휘한 것으로 알려졌다.

18 GOLD RUSH 대량의 본국어 파라미터

소프트뱅크 - 소프트뱅크가 목표로 하는 1조 개 파라미터

자본력을 무기로 최고 성능 모델이라는 목표를 추구하는 것은 일본 소프트뱅크도 마찬가지이다. 사장 겸 CEO인 미야가와 준이치宮川潤一는 2023년 5월에 독자 LLM 개발을 표명했다. 이에 AI 자회사를 설립하고 같은 해 10월에는 일본 최고 수준이 될 개발용 컴퓨팅 인프라를 가동했다고 발표했다. 그리고 같은 해 12월 시점에는 1,300억 개 파라미터를 가진 LLM 성능을 검정했으며, 현재 목표는 3,900억 개이다. 이뿐만 아니라 멀티 모달화도 계속 진행하여 2024년 안에 완성한다고 한다.

게다가 그는 2024년 2월 결산 회견에서 파라미터 개수 1조 개 이상을 목표로 한다고 발표했다. "대규모 언어 모델을 만들고 원하는 크기가 될 때까지 최적화하는 것이 생성형 AI 구축 흐름"이라 언급하며, 1조 개를 넘는 모델을 먼저 개발하고 나서 모델 크기를 작게 하여 최적화하려는 생각도 함께 밝혔다.

이 밖에도 일본 정보통신연구기구가 1,790억 개 파라미터를 사용하는 LLM을 개발 중이며, 일본 산업기술총합연구소 역시 파라미터가 1,750억 개인 일본어 특화 LLM 구축을 시작했다.

오픈AI나 구글 등 규모 경쟁은 규모를 키울 수 있는 쪽에서 선택할 수 있는 LLM의 왕도 또는 정석이라 할 수 있다. 이와 달리 일본 NTT나 NEC는 다른 방법을 선택했다. '작은 LLM'이라는 선택지이다.

NTT가 2024년 3월에 상업용 이용을 시작한 LLM인 츠즈미tsuzumi의 파라미터 개수는 6억 개와 70억 개로, 1조 개 경쟁과 비교하면 매우 적다. 마찬가지로 NEC의 코토미cotomi도 파라미터가 130억 개에 불과하다.

이들 작은 LLM에는 지금까지 축적한 일본어 처리 기술을 활용하므로 파라미터 개수가 비교적 적다고는 하지만 일본어에서는 성능이 우수하다는 공통점이 있다. 경량화는 비용 절감으로 이어진다. NTT가 계산한 바로는 학습 데이터가 토큰 3,000억 개일 때 학습 비용은 오픈AI의 GPT-3(1,750억 개 파라미터)가 4.7억 엔임과 비교하면 츠즈미의 70억 개 파라미터 버전은 1,900만 엔부터, 6억 개 파라미터 버전은 160만 엔부터로, 300분의 1 이하에 불과하다. LLM을 사용한 추론 비용도 6억 개 파라미터 버전은 GPT-3의 70분의 1이었다.

하드웨어 쪽 부담도 덜 하다. 6억 개 파라미터 버전은 GPU(그래픽처리장치) 등 AI용 칩을 이용하지 않고 범용 칩인 CPU(중앙처리장치)로도 움직인다. LLM을 이용하는 기업에서는 추론 등에 드는 계산 비용이나 하드웨어 부담은 그대로 영업 이익에 영향을 끼친다. 따라서 성능과 비용 균형을 고려한 전략이라 할 수 있다.

네이버 - 한국엔 네이버 하이퍼클로바X가 있다

네이버의 하이퍼클로바X는 한국어와 영어 데이터를 균형 있게 학습한 대규모 언어 모델LLM로, 다양한 성능 평가에서 뛰어난 결과를 보였다. 특히 한국어와 한국 문화를 심층적으로 학습하여, GPT-4와 같은 글로벌 LLM과 비교할 때 한국어 기반 성능에서 우수한 성과를 기록했다. 네이버는

2021년 하이퍼클로바를 처음 공개했으며, 2023년에는 더욱 발전된 하이퍼클로바X를 선보였다. 이 모델은 광고, 커머스, 협업 도구 등 다양한 네이버 서비스에 적용되었으며, 영어 기반 LLM들이 반영하지 못하는 한국어와 한국 문화를 깊이 반영한 지역 특화 모델로 자리 잡았다.

하이퍼클로바X는 성능뿐 아니라 파라미터 개수에서도 주목받고 있다. 초기 버전인 하이퍼클로바는 약 2,040억 개의 파라미터를 보유하고 있어 GPT-3(1,750억 개)보다 많은 수치를 기록했다. 비록 하이퍼클로바X의 정확한 파라미터 개수는 공개되지 않았지만, 성능 면에서 전작보다 개선된 것으로 평가되고 있다.

또한, 하이퍼클로바X는 LLM의 핵심인 토큰 효율성에서도 우수한 성능을 보였다. 한국어 기반 작업에서 GPT-4보다 적은 토큰을 사용하여 효율적인 데이터 처리가 가능했으며, 한국어 추론 작업에서는 GPT-4보다 더 높은 정확도를 기록했다.

이와 같은 성능 덕분에 네이버는 중동과 동남아시아 지역의 소버린 AI* 시장에서도 경쟁력을 강화하고 있으며, 사우디아라비아의 아람코디지털 및 필리핀 기업들과 협력하여 지역 맞춤형 LLM 개발에도 힘쓰고 있다.

네이버는 이러한 기술을 바탕으로 글로벌 소버린 AI 시장에서도 입지를 확대하고 있으며, 하이퍼클로바X가 그 중심에 서 있다.

* 국가들이 외부 의존 없이 독립적으로 인공지능(AI) 기술을 개발하고 활용하는 능력

19 GOLD RUSH '물고기' 무리가 향하는 곳은? 사카나 AI

구글 AI 연구자로 일했던 릴리언 존스Llion Jones와 데이비드 하David Ha, 스테빌리티 AI에서 COO(최고집행책임자)로 일했던 렌 이토Ren Ito가 공동으로 창업한 사카나 AISakana AI는 전세계의 주목을 받은 일본 스타트업이다. 이들은 일본을 거점으로 하면 다음과 같은 이점이 있으리라 판단했다고 한다. (참고로, '사카나'는 물고기를 뜻하는 일본어이다.)

바로 인재 모집이다. 경쟁이 심한 미국 실리콘밸리에서는 수백만 달러를 연봉으로 제안하는 것도 드물지 않을 정도로 인재 확보 전쟁이 치열하다. 사카나 AI는 "우리는 외국 인재에게 거주 환경뿐만 아니라 아이들을 위한 국제 학교도 소개하죠."라고 말하며 일본 최고 기술자뿐만 아니라 전세계에서 인재를 불러 모은다. 실제로 오픈AI 등 AI 개발 선두 주자 기업과 비교한 결과 사카나 AI를 선택한 기술자도 있다.

기업 이름 '사카나'는 집단 지성으로 행동하는 물고기에서 유래한 것으로, 이 회사는 생물에서 아이디어를 얻은 새로운 모델 개발을 진행 중이다. 그 첫 번째가 2024년 3월에 발표한, '진화 모델 병합Evolutionary Model Merge'이다.

모델 병합이란, 비유하자면 여러 개 부모 LLM을 조합하여 자식이 되는 LLM을 찾는 방법이다. 그런 다음, 이 성능을 평가하고 우수한 자식을 융합하여 손자를 만든다. 자동으로 이 융합을 반복하여 고성능 LLM을 만들어 낸다고 한다.

예를 들어 이 회사는 진화 모델 병합을 사용하여 일본어 LLM과 수학에 특화한 영어 LLM을 융합하여 '일본어로 수학 문제를 푸는 LLM'을 개발했다. 일반적인 LLM 개발과 달리 대량 데이터를 사용한 학습이 필요 없고 개발에 필요한 계산 자원은 이전 LLM 개발과 비교하면 무시해도 좋을 수준이라고 한다. 단기간에 낮은 비용으로 LLM을 개발하는 새로운 방법일 수 있다는 점이 눈길을 끈다.

케이스 스터디 AI 모델, 일본 기업 승리 방정식

지금까지 살펴본 것처럼, 경제 안전 보장이나 본국어 처리 성능 등 관점에서 자국 LLM 개발이 진행 중이다. 이웃 국가인 일본의 사례로 더 자세히 살펴보자.

앞서 이야기한 것처럼 여러 모습으로 일본 LLM 개발이 진행 중이다. 그러면 AI 모델에서 일본 기업 승리 방정식은 무엇일까? 일라이자 CEO인 소네오카 유야는 일본 LLM을 개발하는 2가지 의의와 장점을 말한다.

첫 번째는 처리 효율성이다. "특정 언어에 특화한 모델을 개발하는 편이 일반적으로 효율성이 높습니다." 예를 들어, 오픈AI의 GPT 등 LLM을 살펴보자. LLM이 'Hello, I am a student.'라는 문장을 생성할 때 GPT는 처리 과정에서 'Hello', ',', 'I', 'am', ...처럼 토큰이라 부르는 7개 덩어리를 생성한다.

이와 달리 뜻이 같은 일본어인 'こんにちは。私は学生です。'(안녕하세요. 저는 학생입니다.)에서는 'こ', 'ん', 'に', 'ち', 'は', ...처럼 13개 덩어리를 생성한다. 파라미터 개수가 1,000억 개인 LLM이 언어를 생성하려면 1,000억 번 곱셈과 함수 처리를 거쳐 토큰 하나를 만든다. 토큰 수가 2배라면 처리도 2배이므로 당연히 토큰 개수가 많은 일본어가 불리하다. “우리가 만들려는 것은 ‘こんにちは’(안녕하세요)를 토큰 하나로 만드는 방법입니다. 처리가 적을수록 계산 자원도 적게 듭니다. 그러므로 특정 언어에 특화하면 성능은 같으면서도 비용은 적게 드는 효율적인 모델을 개발할 수 있답니다.” 소네오카 유야는 말한다. 현지화하면 파라미터 개수는 같아도 운용에 드는 비용은 줄어든다는 계산이다. 일본 기업이라면 놓칠 수 없는 부가가치일 것이다.

두 번째는 일본어로 지식을 보강하는 일이다. “세계 최상위 모델이라도 고유의 일본 문화 요소가 빠진 부분이 여전히 많습니다. 미국에서라면 옳은 답변이지만, 일본에서는 틀린 답변을 하는 예도 흔합니다.”

이러한 지적은 문장 생성뿐만 아니라 이미지, 동영상 생성에서도 마찬가지이다. 건물 형태 등 거리 풍경이나 길가에 자라는 풀과 꽃조차도 문화나 기후에 따라 나라마다 다르다. 예를 들어, 일반적인 이미지 생성 모델에 일본어로 우체통 이미지를 생성하라고 지시하더라도 미국에서 흔히 보는 우체통을 생성할 때가 잦다. 자국에 특화한 모델을 개발하는 것이 해당 국가의 사용자가 생성하고자 하는 이미지를 만드는 지름길이다.

한 발짝 더 나아가, 특정 언어에 특화한 모델을 높은 정밀도로 개발할 수 있는 기술에는 비즈니스 기회도 있다. 앞서 살펴본 토큰 이야기로 되돌아가면, 영어가 일본어보다 배로 효율적이다. 더 적은 인구가 사용하는 언어라면 영어의 1/3 정도의 효율을 나타낼 때도 있다고 한다. 그러므로 언어 특화 모델 개발 기술을 수출할 수 있다면 일본어라는 약점을 안은 일본 기업의 기술은 오히려 영어권 AI 모델 개발 기업이 갖지 못한 강력한 무기가 될 터이다.

단, 일본어 특화 모델이 일본 기업만의 전매특허는 아니다. 오픈AI는 2024년 4월, 도쿄에 새로운 사무실을 열고 활동을 시작한다고 발표했다. 런던, 더블린에 이은 세 번째 외국 거점으로, 아시아에서는 처음이다. 일본 시장을 대상으로 GPT-4를 사용자 정의한 AI 모델을 투입하리라 밝히기도 했다. 기자 회견에서 이 회사 COO인 브래드 라이트캡Brad Lightcap은 "GPT-4보다 빠르고 일본어에 특화한 모델입니다. 먼저 일본어 문자를 읽는 능력을 높였습니다. 이와 함께 일본어, 문화, 의사소통 뉘앙스를 학습시키려 합니다. 모델 크기를 키운다면 별문제는 없을 겁니다"라고 설명한다.

오픈AI뿐만 아니라 다른 최첨단 모델을 제공하는 참여자가 일본어를 비롯한 언어 특화 모델을 제공한다면 영어권 이외 시장도 충분히 개척할 수 있을 것이다. 일본 기업이라면 놓쳐서는 안 될 부가 가치 기회가 일본 LLM이 아닐까?

캄브리아기 폭발 후 펼쳐질 미래

고생대 캄브리아기라 부르는 시대에 우리가 오늘날 보는 동물의 모든 형태적 특징Body Plan이 갑자기 생겨났다고 한다. 생물 종류나 개체 수가 이 시기에 폭발적으로 늘었다는 뜻에서 이 현상을 '캄브리아기 폭발'이라 한다. 이때 생겨난 일부 독특한 형태의 생물을 버제스 몬스터Burgess Monster라 부르기도 했는데, 지구가 하나의 거대한 실험실과 다름없었다.

오늘날 생성형 AI 모델은 그야말로 캄브리아기 폭발을 맞고 있다. 이러한 캄브리아기 바다에서 살아남을 자는 누구일까?

여러 전문가는 몇몇 회사만의 '과점'을 예상한다. 파라미터 개수 등을 다투는 규모 경쟁은 계산 자원, 즉 많은 자본이 필요하므로 미국 빅테크의 우위는 여전할 것이다. 마이크로소프트가 지원하는 오픈AI, 아마존이 지원하는 앤트로픽, 구글의 3인 줄다리기는 앞으로도 계속되리라 예상한다. 그리고 2024년 하반기 이후에도 세계 최고 성능이라는 패권을 둔 3사 경쟁은 더 심해질 터이다. 이를 뭐라고 부를지는 별개로 하더라도 경쟁 결과, AGI(범용 인공지능)는 전 세계로 널리 퍼질 것이다. 물론, 메타의 고성능 오픈 소스 모델도 이 경쟁에 참여한다고 한다.

한편, 기업이 비즈니스에서 이용할 AI 모두가 세계 최고 모델일 필요는 없다. 모델이 커질수록 그만큼 계산 자원이 필요하며 학습 비용도 늘어나기 때문이다. 기업이 생성형 AI를 서비스로 제공하려면 처리할 업무에 꼭 맞는 모델을 찾아야 한다. AWS에서 AI와 데이터를 통괄하는 스와미 시바수브라마니안Swami Sivasubramanian 부사장은 "기업이 이용하는 LLM은 획일적이지 않습니다"라고 주장한다. 요컨대, 우수한 모델 하나에 모든 업무를 맡기는 것이 아니라 업무별로 구분해서 사용하는 방법이 널리 퍼진다는 뜻이다. 이에 따라 성능과 비용 균형을 조절하면서 여러 가지 모델을 적재적소에 배치하는 기업이 늘어날 것으로 보인다.

이러한 기업 용도를 생각하면 전용 모델도 살아남을 길이 있다. 일라이자 CEO 소네오카 유야는 "언어나 업계, 용도에 특화한 모델도 어느 정도는 필요할 것"이라고 예상한다. 거대한 범용 모델과 가격 대비 성능이 좋은 전용 모델이 공존하는 미래이다. 일라이자가 도전하는 일본어 성능이 높은 모델 등이 이에 해당한다. 일본 NTT나 NEC 등이 진행 중인 작은 LLM 역시 이 범주에 속한다. 그리고 비용 대비 성능이 좋을수록 기업은 이를 더 많이 이용할 것이다.

다만, 이러한 전용 모델을 오픈AI나 구글 등이 제공할 수도 있다. 지금도 구글 등은 AI 용도 등에 따라 모델 패밀리를 제공하며 마이크로소프트도 파이-3Phi-3 등 SLMSmall Language Model이라 부르는 작은 모델을 개발하는 중이다.

사카나 AI의 COO인 렌 이토Ren Ito는 "앞으로는 상위 10개 회사만 남을 것"이라고 예측한다. 즉, 오픈AI 등 최고 성능을 달성한 몇몇 회사와 자기 나름의 특징을 실현한 몇몇 회사가 시장을 독차지하는 상태이다. "그렇기 때문에 먼저 성능으로 세계 최고가 되어야 합니다. 그런 다음에는 다른 모델에는 없는 특징이 중요해질 겁니다." 미국 기업이나 중국 기업에는 없는 지정학적 위치나 앞서 살펴본 진화 모델 병합 등 사카나 AI만의 기술적 특징이 이에 해당한다.

AI 모델에는 전환 비용Switching Cost이 거의 들지 않는다는 특징이 있다. 이는 이용하는 서비스를 다른 서비스로 바꿀 때 드는 경제적, 물리적 비용을 말한다. 많이 든다면 바꾸기가 쉽지 않을 테고 적게 든다면 금방 바꿀 수 있다. AI 모델은 프로그램 코드 일부만 다시 작성하면 쉽게 바꿀 수 있는데, 일라이자 CEO인 소네오카 유야는 이를 "이메일 주소를 바꾸는 정도로 간단"하다고 표현한다.

오픈AI 등 일부 개발 기업이 선두를 달린다는 것은 사실이다. 그러나 AI 모델 역시 달도 차면 기운다는 말이 적용되는 분야임을 명심하라. 애플은

AI 모델과 관련해서는 침묵으로 일관한다. 구글이나 오픈AI 등과 대화를 진행 중이라는 소식도 들리나 고유 모델을 개발할 가능성도 있다. 그리고 높은 성능을 지닌 새로운 모델이 나타나는 순간 그 밖의 모델은 찬밥 신세가 될 것이다. 요컨대, 승자가 자주 바뀌는 어지러운 난세인 까닭에 당분간은 눈을 부릅뜨고 지켜봐야 한다.

현재 생성형 AI(인공지능) 분야를 독식하는 미국 반도체 대기업 엔비디아NVIDIA, 왜 이 회사의 GPU(그래픽처리장치)에 압도적인 수요가 따르는 걸까? 이러한 승리는 2010년에 주고받은 이메일 한 통에서 비롯되었다. 하드웨어만으로는 풀 수 없는 GPU의 강점을 철저하게 해부하면서 그 사각지대를 찾아본다. 미국 빅테크 기업 GAFAM* 모두가 반도체 제조사가 되고 GPU 쟁탈전이 기업 성패를 가르는 시대, 승리의 여신은 누구에게 미소를 지을까?

* 글로벌 5대 빅테크 기업 구글(Google), 아마존(Amazon), 페이스북(Facebook, 현 Meta), 애플(Apple), 마이크로소프트(Microsoft)의 앞글자를 딴 용어

독주하는 엔비디아와 GPU 사각지대

이 장에 등장하는 참여자/플레이어

- 엔비디아NVIDIA
- 구글Google
- 아마존닷컴Amazon.com
- 아마존 웹 서비스Amazon Web Services, AWS
- 대만 TSMC
- 마이크로소프트Microsoft
- 영국 암ARM
- 메타Meta
- AMD
- 슈퍼 마이크로 컴퓨터Super Micro Computer
- 델 테크놀로지스Dell Technologies
- 대만 콴타 컴퓨터
- 바나나Banana
- 데이터브릭스Databricks
- 시스코 시스템즈Cisco Systems
- 인텔Intel
- d-매트릭스d-Matrix
- 에치드 AIEtched.ai
- 그로크Groq
- 레인 AIRain AI
- 시마 AISiMa.ai
- 삼바노바 시스템즈SambaNova Systems
- IBM
- 일본 도쿄 일렉트론
- 일본 디스코
- 일본 토와TOWA
- 일본 라피더스Rapidus

※ 국가명을 표시하지 않은 곳은 모두 미국 기업

GPU

(그래픽처리장치)

3차원 이미지 등을 그릴 때 필요한 계산 처리를 담당하는 반도체. 데이터를 대량으로 동시에 처리할 수 있는 병렬 처리 능력이 뛰어나 AI 학습이나 추론에 적당하므로 생성형 AI 유행과 함께 그 수요가 급증했다. 엔비디아가 세계 GPU 시장점유율 80%를 차지한다.

AI 반도체

AI 모델 계산 처리에 최적화한 반도체를 일컫는 말로, GPU를 포함한 개념이다. AI 처리를 빠르게 하므로 AI 액셀러레이터라고도 부른다. 미국 빅테크 기업인 구글이나 아마존닷컴, 마이크로소프트 등은 자사용으로 독자 개발하려고도 한다. 이들은 공장이 없는 팹리스Fabless 기업으로, 제조는 대만 TSMC 등에 위탁한다.

파운드리

다른 회사로부터 반도체 칩 제조를 위탁받는 반도체 전문 제조사를 일컫는다. 칩 생산은 기능과 성능을 기획하는 '설계'와 설계를 바탕으로 회로 패턴을 기판에 형성하는 '제조'로 이루어지는데, 파운드리는 이 중 후자만 담당한다. 최근 반도체 산업 분업화와 함께 파운드리가 관심을 받고 있다. 대만의 TSMC가 그 대표 기업이라 할 수 있다.

AI 서버

AI 학습이나 추론에 사용하는 고성능 서버로, 일반적으로 GPU 등 AI 반도체를 탑재하며 GPU를 탑재한 서버는 GPU 서버라 부른다. 서버 제조사가 반도체 제조사로부터 칩을 받아 조립하고 사용자 데이터센터에 납품하는 경우와 사용자가 미리 구한 칩을 가지고 서버 제조사에서 조립만 하는 경우의 2가지가 흔하다.

회로 선폭

반도체 칩에 그린 전자 회로 폭. 선폭이 좁을수록 칩에 더 많은 회로를 집적할 수 있으므로 반도체 성능이 상승하며, 이를 '미세화'라 부른다. 미세화에는 고도의 기술과 정밀한 설비가 필요하다. 세계 최첨단 기술은 CPU 분야에서 3나노미터(1나노미터는 10억분의 1)이고, 한국의 경우 2025년에 2나노미터 공정 기술로 칩을 생산할 계획이다.

GPU 리셀러

비교적 규모가 작은 클라우드 업체 등에서 GPU 서버를 빌려 AI 개발용 소프트웨어 등을 설치하고 이를 AI 모델 개발 기업에 저렴한 요금으로 제공하는 사업자. 직접 서버를 보유하지 않으므로 서버리스 GPU 공급자라 부르기도 한다.

"지금까지 많은 언론인을 만났지만, 밀착 취재는 이번이 처음입니다." 2017년 7월, 미국 실리콘밸리 본사에서 만난 엔비디아 CEO 젠슨 황Jenson Hwang은 자리에 앉자마자 이렇게 말했다.

"자, 무슨 이야기부터 시작할까요?"

적어도 2010년 전반까지 엔비디아는 게임용 반도체 제조사의 하나였을 뿐이다. 당시 매출은 반도체 제조사 중 세계 10위 이하였다. 그러던 것이 불과 수년 만에 자동차 자율 주행 바람을 타고 AI 반도체 핵심으로 태풍의 눈이 되었고, 2023년에는 생성형 AI용 반도체 특수를 등에 업고 시가 총액 약 2.2조 달러(한화 약 2,900조 원)로 세계 3위까지 뛰어올랐다. 2017년 밀착 취재 당시 필자는 엔비디아를 '수수께끼 AI 반도체 제조사'라 불렀지만, 지금은 아는 사람은 다 아는 존재가 되었다. 당시와 비교할 때 매출은 10배 이상, 주가는 20배 이상으로 성장했다. 그야말로 생성형 AI 시대 첫 번째 승자라고 할 수 있겠다.

AI 반도체란, 머신러닝이나 딥러닝 계산을 효율적으로 처리하는 칩을 가리킨다. AI 반도체 종류는 다양하지만, 현재는 엔비디아가 만든 GPU(그래픽처리장치)가 가장 성능이 좋다. 생성형 AI 기반 기술인 대규모 언어 모델LLM 등 학습에는 엄청난 계산 처리 능력이 필요하기에 2023년에는 GPU 쟁탈전이 일어나기도 했다. 이 장에서는 엄청난 잠재 수요가 있는 AI 반도체 세력도를 그려본다. 먼저 엔비디아의 실력과 그 원천을 해부한다.

2 GOLD RUSH 2010년의 '이메일 한 통' 엔비디아

2010년에 주고받은 이메일 한 통이 이 모든 것의 시작이었다.

"대학의 최첨단 연구에서 딥러닝용 컴퓨터에 GPU를 사용하기 시작했어요."

보낸 사람은 킴벌리 파월Kimberly Powell로 현재, 엔비디아 헬스케어 부문 부사장으로 근무 중이다. 2010년 당시 엔비디아에서 각 대학과 협력 관계를 담당하던 그녀는 엔비디아 CEO인 젠슨 황에게 이메일로 보고서 한 통을 보냈다. "어떤 '전조'를 느꼈죠. 대학과 협력 관계가 중요한 이유는 5년 후, 10년 후 무슨 일이 생길지를 예상할 수 있기 때문입니다." 킴벌리 파월은 이렇게 회상했다.

엔비디아에서는 사원이 CEO에게 직접 메일을 보내는 일이 드물지 않았다. 2010년 당시 사원은 1만 명 정도로, CEO에게 사원이 직접 의견을 전할 수 있었고 CEO는 모든 이메일을 훑어보는 것이 원칙이었다.

수많은 이메일을 살펴보던 중 킴벌리 파월이 보낸 이메일이 눈에 띄었다. CEO인 젠슨 황 역시 그녀가 '전조'라고 표현한 변화에 주목하고 있었다. 마침 그 무렵부터 AI 연구 논문 집필에 필요한 실험에 GPU를 사용하기 시작했던 것이다. 킴벌리 파월이 보낸 이메일은 AI 학습과 GPU의 연관성에 대해 논리적인 설명을 제공하지는 않았다. 단지 연구자가 GPU를 사용하기 시작했다는 현상에 젠슨 황이 직감적으로 반응했을 뿐이다. 인터뷰에서 그는 그때 일을 다음과 같이 떠올렸다.

지금 생각하면, 그것이 필연이라는 걸 깨달았던 거죠.

사람의 두뇌는 세계에서 가장 뛰어난 병렬 컴퓨터입니다. 보고, 듣고, 냄새 맡고, 생각하고...... 등등을 동시에 할 수 있죠. 게다가 서로 다른 생각을 머릿속에서 동시에 진행할 수도 있어요.

한편, GPU는 컴퓨터 그래픽을 위해 생겨났습니다. 세계에서 병렬 연산을 가장 잘하는 반도체이기도 하고요.

여기서 사람의 생각 과정을 한번 살펴봅시다. 사람은 생각할 때 머릿속에 이미지를 떠올립니다. '심상Mental Image'이 이를 가리키는 표현인데, '빨간색 페라리'를 상상할 때는 머릿속에서 그 이미지를 만듭니다. 즉, 사람은 생각할 때 뇌 안에서 그림을 그린다고도 할 수 있어요. 이렇게 보면 생각은 컴퓨터 그래픽과 닮았다고 볼 수 있죠.

3 CPU 1,000개 vs. GPU 3개 엔비디아

GPU는 엔비디아가 전 세계 시장 점유율 80~90%를 차지하는 반도체로, 압도적인 비교우위를 지닌다. 특히 여러 개를 동시에 계산하는 병렬 연산에 매우 뛰어나다.

PC라면 꼭 있는 CPU(중앙처리장치)는 A라는 계산을 처리한 후에 B라는 계산을 처리하는 순차 연산에 잘 어울린다. 연산 장치라는 점에서는 같지만, GPU가 수천 명이 동시에 계산하는 연구소라면 CPU는 천재 한 사람의 두뇌에 빗댈 수 있다.

킴벌리 파월이 이메일을 보낸 지 2년 후인 2012년, 구글은 "고양이를 인식하는 AI를 개발했다"라고 발표했다. 1,000만 장이나 되는 이미지를 학습하여 AI로는 처음으로 '고양이 개념'을 얻었다고 한다. 이때 구글은 CPU를 기본으로 하는 서버를 1,000대 사용했다.

2013년 6월에는 미국 스탠퍼드 대학 인공지능 연구소가 엔비디아와 공동으로 GPU를 사용하여 서버 단 3대만으로 구글 6.5배 규모에 달하는 AI 네트워크를 구축했다. 이는 한순간에 시선을 끌게 되고, 그 후 구글도 GPU를 채용하게 된다. 이 프로젝트를 통해 GPU는 AI에서 반드시 필요한 존재가 되었다.

지금까지 3차례 AI 유행이 있었다.

첫 번째는 1950년대 후반부터 1960년대까지로, 1956년에 열린 연구 발표회인 다트머스 회의에서 처음으로 '인공지능Artificial Intelligence'이라는 말이 등장했다.

당시 AI 방법은 '추론과 탐색'이라는 단어로 설명할 수 있다. 간단하게 설명하자면, 목적지가 정해진 복잡한 미로를 더 빠르게 통과하는 방법이다. 퍼즐이나 체스 등에서 효과를 발휘하기는 했으나 목적지가 없는 과제에는 적용하기 어려웠으므로 현실 세계에서 AI가 폭발적으로 퍼지지는 못했다.

4 1980년대의 한계 엔비디아

두 번째는 1980년대로, '전문가 시스템Expert System'이라 부르는 방법이 주목을 받았다. 이름에서 보듯이 전문가 지식을 AI가 학습하고 A는 B, B는 C처럼 논리를 주입한다. 감염증을 진단할 때 경험이 적은 의사보다 전문가 시스템의 진단 정밀도가 높다는 결과가 나오기도 했으며, 기업까지 참여한 이 2차 유행은 한순간에 널리 퍼진다.

그러나 곧 이 방법도 한계를 드러냈다. AI가 올바른 판단을 하려면 전문가 지식 모두를 AI에 이식해야 했기 때문이다. 지식을 입력할 때 지식 그 자체에 모순이 있거나 '옳음'을 어떻게 담보할지가 문제였다. 이 모든 것을 AI에 가르치는 것은 어렵다는 것을 알게 되어 결국 2번째 유행도 그 끝을 맺게 되었다.

1차, 2차 유행의 공통점은 정해진 규칙이라는 한정된 틀(사고 범위)에서만 AI가 역할을 했다는 것이다. 이를 '사고범위 문제Frame Problem'라 부른다.

3차 유행이 시작한 것은 2000년대로, 이 사고범위 문제를 해결하는 방법을 찾으면서 널리 퍼지게 되었다. 그 단서가 바로 딥러닝Deep Learning(심층 학습)이었다.

2차 유행과 전혀 다른 점은 답을 찾는 프로그램을 사람이 작성하지 않는다는 부분이었다. 단, 답에 대한 실마리가 없다면 AI가 목적지에 다다르지 못한다. 이에 A라는 정보를 넣었을 때 답은 X, B라는 정보라면 Y처럼 데이터를 대량으로 입력했다. 그러면 AI가 알아서 학습하고 모델을 만들게 된다. 이를 기계가 스스로 학습한다는 뜻에서 '머신러닝Machine Learning(기계학습)'이라 부른다.

딥러닝은 이러한 머신러닝의 일종으로, 입력한 정보에서 답을 찾을 때까지 단계를 여러 층 거치는 데서 착안해 심층 학습(deep=심층)이라 부른다.

예를 들어, 고양이 이미지를 입력했을 때 첫 번째 층에서는 이미지 안에 있는 물체 테두리를 인식하고 두 번째 층에서는 귀나 코와 같은 특징을, 세 번째 층에서는 전체 모습을 인식하는 등, 여러 층을 거칠수록 정답에 가까워지는 식이다. 사람의 신경망을 흉내 내어 각 층을 유기적으로 연결하므로, 이 기술을 '신경망'이라 부른다. 이처럼 여러 층의 신경망으로 구성된다는 점이 딥러닝의 특징이다.

그러나 이 원리를 실용화할 때 두 가지 커다란 과제를 해결해야 했다. 바로 '고성능 컴퓨터'와 정확하게 도달할 때까지 모델을 학습하는 데 필요한 '대량 데이터'였다. 딥러닝에서는 계층이 늘수록 정밀도가 높아진다. 다만, 연산 횟수가 비약적으로 늘어나므로 그만큼 컴퓨터 연산 능력이 필요해진다. 그리고 GPU가 이를 처리하는 데 적당하다는 것을 알게 되었다. 젠슨 황은 다음과 같이 말했다.

이에 많이 고민했습니다. 그리고 이 딥러닝이라는 방법은 단순히 새로운 알고리즘에 머무르는 것이 아니라 소프트웨어 개발을 혁명적으로 바꿀 수 있다는 것을 알게 되었습니다. 전혀 새로운 연산 접근법이라는 것도 알게 됐죠. 과거 50년간 해결하지 못했던 많은 문제를 해결할 방법이란 것도요.

이 사실을 깨닫자마자 흥분되더군요. 그때부터 회사 전체가 딥러닝을 추구하는 방향으로 움직였습니다. 기술자 모두에게 "딥러닝을 배우세요."라고 전했습니다. 금세 많은 기술자가 이에 동의했습니다. 처음에는 수십 명으로 팀을 꾸렸으나 반년 후에는 수백 명으로 늘었고, 1년 후에는 수천 명으로 이루어진 팀을 이루었어요. 그리고 깨달은 지 5년 정도 지난 지금(2017년 당시), 엔비디아 사원 모두가 AI와 관련한 일을 합니다.

구글, 페이스북(현 메타), 마이크로소프트, 아마존닷컴 등 빅테크 기업은

2013년 이후 AI 도입을 가속했다. 이들은 GPU를 이용한 딥러닝에 잘 맞는 컴퓨터를 마련하고 각자가 가진 빅데이터를 이용하여 AI를 실용화했다. 그러나 각 기업에서 GPU를 널리 쓰게 된 이유는 우수한 하드웨어 성능 때문만은 아니었다. 그 이유를 이어서 확인해 보자.

첫 번째는 엔비디아가 GPU 계산 처리 능력을 최대화하는 개발 환경도 함께 개발했다는 것이다. 'CUDA(쿠다)'라 불리는 GPU용 프로그램 개발 환경이 대표적인 예이다. 2006년에 개발한 CUDA는 개발자가 GPU를 사용한 애플리케이션을 즉시 개발할 수 있도록 한 부품 모음이라 생각하면 이해하기 쉽다.

이 CUDA 덕분에 GPU는 그래픽 분야뿐만 아니라 범용 계산에서도 널리 사용되게 되었다. 하드웨어부터 소프트웨어까지 모두 제공할 수 있었다는 것이 엔비디아의 최대 강점으로, AI 비즈니스에 본격적으로 활용하기 전부터 이 회사의 GPU는 다양한 곳에 사용할 수 있었다. 이처럼 폭넓은 이용 환경이 AI용으로 널리 쓰이게 된 원동력이었다.

두 번째는 엔비디아의 뛰어난 운영 전략이다. 2017년에 국제 영업을 담당했던 제이 푸리Jay Puri 이사(이 책을 쓴 2024년 시점에서도 같은 업무를 담당하고 있다)는 이 전략을 '생태계Eco System 구축'이라 불렀다. 시장을 직접 만든다는 사고방식이다.

"우리에게는 '등대'라 부르는 고객이 있습니다." 그는 필자 취재에서 이렇게 말했다.

바로 선진적인 협력사들입니다. 이들이 먼저 우리 제품에 흥미를 보였습니다. 그러나 제품이나 기술만 판매해서는 부족합니다. 우리는 문제 해결 방법까지 포함하여 제안합니다. 협력사가 이를 구체적인 형태로 만듭니다.

이렇게 2건, 3건씩 늘면 (등대가 불을 비추듯이) 시장이 드러납니다. 이미 고성능 슈퍼컴퓨터 분야에서 생태계를 이루었으므로 수준이 높은 연구자 역시 우리가 제공하는 플랫폼에 친밀함을 느끼기에 협력을 아끼지 않았습니다. 이 생태계에 AI를 거듭 곱했습니다. 투자를 아끼지 않았다는 말이죠.

제이 푸리 이사가 말하는 등대 기업이란, IT 기업 중에서 구글이나 메타 등 가장 빨리 딥러닝을 시작한 곳을 가리킨다. 이들 기업의 성공이 시장 그 자체를 만든다는 사고방식이다.

이와 함께 엔비디아는 동시에 연구자 지원도 게을리하지 않았다. 'AI 랩'이라 부르는 프로그램을 설계하고 전 세계 AI 연구자를 지원하기로 한 것이다. 미국 스탠퍼드 대학이나 캘리포니아 대학, 하버드 대학, 영국 옥스퍼드 대학, 일본 도쿄 대학 등 전 세계 대학을 지원했다. 이 지원 프로그램을 통해 연구자는 AI 연구를 위해 CUDA를 배우고 GPU를 이용한다. 졸업 후 기업에 취직한 후도 CUDA로 프로그램 코드를 작성한다. 그리고 이 순환 덕분에 CUDA와 GPU는 굳건한 지위를 확립한다.

GPU라는 하드웨어와 CUDA를 시작으로 하는 소프트웨어, 그리고 이를 둘러싼 생태계 구축, 이런 전략이 사실상 AI 반도체 표준을 완성하는 것이다.

미국 캘리포니아주 산타클라라에 있는 엔비디아 본사

딥러닝을 하늘이 준 기회로 생각한 경영진은 경영 자원 대부분을 AI 관련 비즈니스에 집중했다. 그러나 CEO인 젠슨 황은 이 경영 방침 탓에 큰 희생을 치렀다고 당시를 회상한다.

기업이 투자할 수 있는 돈은 한정되어 있으므로 AI에 투자를 늘려면 기존 사업은 소홀해집니다. 또한, 관심을 둔 새로운 사업도 속도를 조절해야 합니다. 다른 기회는 포기해야 한다는 뜻이죠. 예를 들어, 우리는 스마트폰 관련 비즈니스에 좀 더 집중할 수도 있었습니다. 또는 게임기나 태블릿 PC를 개발할 기회도 있었어요. 그렇지만, 한발 물러서기로 한 탓에 이러한 비즈니스 기회 대부분을 놓쳤습니다. 그럼에도, 희생이 있었기에 AI에 집중할 수 있었습니다.

실적 부분의 희생도 있었습니다. 단기적인 기회를 잃었으니까요. 단, 실적으로 고생하는 것은 겨우 몇 년에 불과하리라 예측했습니다. 이를 대신하여 AI가 가져올 미래는 놀라울 것입니다. 평생에 한 번 있는 기회였죠. 절대로 놓쳐서는 안 된다고 생각했어요.

필자가 엔비디아를 밀착 취재했던 2017년, GPU는 자율주행용 반도체로 주목을 받았으며 도요타 자동차 등 많은 대기업은 차례로 엔비디아와 제휴했다. 게다가 2010년대가 끝날 무렵에는 가상 화폐 채굴에서도 GPU를 이용하게 되면서 그 수요는 더욱 커졌다. 그러나 2021년쯤 가상 화폐 가격 폭락과 함께 엔비디아 주가도 2021년 가을을 정점으로 2022년에는 하락을 계속했다.

7 반도체 쟁탈전, 발발하다 — 엔비디아

상황이 갑자기 달라진 것은 2023년 초였다. 챗GPT를 시작으로 하는 유례없는 생성형 AI 유행으로 GPU 공급이 부족하게 된 것이다.

"AI와 관련한 모든 기업이 압박을 느끼기 시작했어요." 이스라엘 AI 스타트업인 AI21 랩AI21 Labs에서 CEO를 맡은 오리 고센은 어두운 표정으로 2023년에 시작된 GPU 공급 부족 사태를 이야기했다. 이 회사는 고성능 생성형 AI 기술을 보유하여 챗GPT 개발 기업인 오픈AI의 경쟁사로 주목을 받던 기업이다. 그는 "AI를 끊임없이 개발하려면 누구든 GPU가 필요하니까요"라며 압박감을 토로했다.

엔비디아 경영진은 AI가 요구하는 GPU 수요를 "이전에는 전혀 겪어보지 못한 막대한 수요"라고 설명했다. 생성형 AI 유행으로 한순간에 수급 균형이 무너져 GPU 부족은 더욱 두드러졌다. 바로 반도체 쟁탈전의 시작이었다. "증산을 위해 모든 노력을 다하는 중이다"라는 말이 무색하게도, 2024년 현시점까지 수요에 비해 공급은 여전히 부족하다.

미국에서 시작한 유래를 찾을 수 없는 생성형 AI 유행. 챗GPT가 전 세계로 널리 퍼지는 가운데 구글 등도 재빠르게 AI 관련 기술을 투입하여 반격을 준비했다. "생성형 AI 없이는 투자도 없다(미국 벤처캐피탈 임원의 말)." 실리콘밸리에서 이렇게 말할 정도로 기술 업계에서는 생성형 AI가 화제의 중심이었다.

그 생명선이 엔비디아가 독점적인 점유율을 쥔 GPU임은 변함이 없다. 영국 옴디아Omdia가 2021년 8월에 발표한 추계를 보면, 전 세계 클라우드 데이터센터용 AI 프로세서 시장에서 엔비디아의 점유율은 매출액 기준 80.6%에 이른다. 생성형 AI 유행이 널리 퍼진 2024년 역시 AI용 점유율은 변함이 없을 것으로 미국 반도체 제조사 관계자는 예상한다.

왜 GPU가 부족한 걸까? 1장에서 설명했듯이 생성형 AI 핵심 기술인 대규모 언어 모델LLM은 파라미터 개수나 학습한 데이터양 등이 늘수록 성능이 오르는 규모의 법칙을 따른다. 각 사는 뛰어난 AI를 개발하고자 서로 더 많은 데이터를 사용하여 학습하고자 노력한다.

그 결과 모델 크기는 기하급수적으로 커진다. 예를 들어, 오픈AI가 2019년에 발표한 LLM인 GPT-2의 파라미터 개수가 15억 개였는데, 2020년에 발표한 GPT-3에서는 1,750억 개로 대폭 늘어났다. 심지어 최신 GPT-4는 1조 개를 넘는다고 한다.

머신러닝의 대량 계산에는 병렬 연산이 전문인 GPU가 적합하다. 오픈

AI가 챗GPT 학습에 10,000개 GPU를 사용하는 등, GPU는 AI 프로세서에서 실질적인 표준이 되었다. 그리고 생성형 AI 유행 탓에 한순간에 수급 균형이 무너져 2023년 봄 무렵부터 GPU 부족이 두드러지기 시작했다.

특히 부족한 것이 AI에 최적화한 고성능 GPU인 H100 Tensor 코어 GPU(이하 H100)였다. H100의 정가는 3만 달러(한화 약 4천만 원) 정도였으나 일부에서는 1.5배 이상 높은 가격으로 거래되기도 했다.

H100을 발표한 때는 2022년 3월로 아직 챗GPT가 공개되기 전이었지만, GPT-3 등에서 사용한 머신러닝 아키텍처인 트랜스포머에 최적화되어 있었다. 그 결과, 전 세대와 비교하여 트랜스포머 연산 처리가 최대 6배 정도 빨라졌다고 한다.

미국에서는 클라우드 벤더 대기업 등의 큰손 외에도 LLM을 개발하는 스타트업 사이의 쟁탈전이 활발했다. 한국에서도 '서버에 H100을 탑재'라는 사실을 보도 자료로 사용할 정도로 수요가 많았다.

AI 개발 기업이나 이용 기업 대부분은 직접 GPU를 서버에 도입하는 것이 아니라 아마존 웹 서비스Amazon Web Services, AWS 등 클라우드 서비스를 통해 필요한 만큼 GPU 서버를 사용한다.

클라우드 서비스로 GPU 서버를 이용할 경우, 사용할 수 있는 서버가 없을 때는 관리 화면에서 인스턴스를 선택하려 하면 '대기 상태'가 되었다. "일반적으로 사용자 관리 화면에서는 서버를 언제 사용할 수 있을지 알 수 없습니다. 정기적으로 관리 화면을 확인하는 수밖에 없어요." 클라우드 벤더 담당자의 말이다.

대기업 클라우드 서비스를 통해 H100을 사용하는 빅테크 기업의 IT 기술자는 자주 발생하는 대기 상태에 질렸다는 표정이었다. "2023년 가을 무렵, 심할 때는 원하는 서버 대수의 10% 정도밖에 사용하지 못하는 상태였어요."

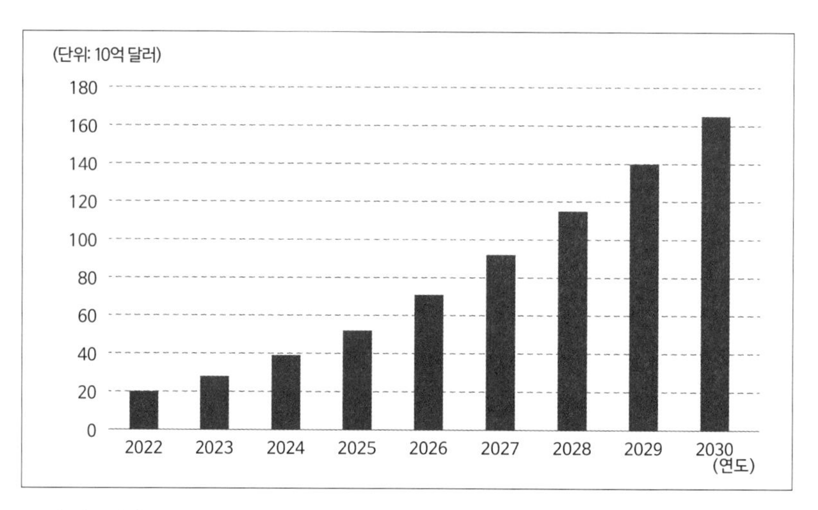

AI용 반도체 시장 규모 예측. 챗GPT 대유행 등으로 AI용 반도체는 해마다 늘어나리라 예상함.

출처: 독일 스태티스타

독일의 글로벌 시장조사 및 통계 회사인 스태티스타Statista는 AI용 반도체 시장 규모가 2030년에는 2022년 대비 8배인 1,650억 달러로 늘 것으로 예측한다. 주요 반도체 제조사가 만든 세계 반도체 시장 통계 기구WSTS가 진행한 조사를 보면, 2024년 반도체 전체 시장 예상은 5,759억 달러로 AI용 반도체 시장 규모가 얼마나 늘어났는지를 알 수 있다. 생성형 AI가 이러한 수요 급증을 견인했다.

엔비디아의 진격은 여전히 진행 중이다. 2023년 11월~2024년 1월 결산에서 AI용 반도체 수요 덕분에 순이익은 지난해 같은 기간보다 8.7배, 매출액은 3.7배 급증했다. 2024년 2월에 발표한 결산에서 매출액은 609억 달러를 넘어 반도체 제조사로는 처음으로 세계 1위를 기록했다. GPU 주문량은 발표하지 않았지만, AI용 반도체 등을 담당하는 데이브 살바토르Dave Salvator 이사는 '전례를 찾을 수 없는 수요'라 표현했다. "공격적인 사업 목표임에도 이를 달성했으며 (지금도) 사업 전체가 호조랍니다."

구글이나 아마존닷컴이 직접 개발한 AI용 반도체를 실용화하는 동안에도 엔비디아가 만든 GPU 수요는 줄지 않았다. 미국 빅테크 기업 반도체 기술자는 그 이유를 이렇게 말했다. "소프트웨어를 포함한 개발 프레임워크가 충실하기 때문일 겁니다."

예를 들어, 엔비디아는 AI 개발용 소프트웨어인 엔비디아 AI 엔터프라이즈를 제공한다. 딥러닝용 데이터 준비나 학습, 추론 등에 최적화한 도구와 데이터 분석용 애플리케이션 등 4,000가지가 넘는 소프트웨어로 이루어진 서비스이다.

특히 생성형 AI 모델을 구축하고 사용자 정의할 수 있는 프레임워크 니모Nemo는 개발자 수요가 크다. GPU 이용을 전제로 한 분산 학습 최적화 등 GPU 제조사로서 우위를 소프트웨어에도 적용하여 경쟁력 높은 프레임워크를 만들었기 때문이다.

앞서 이야기한 CUDA 등 플랫폼과 함께 니모 등 AI에 특화한 프레임워크도 다양하다. 이뿐만 아니라 대학 등 연구 기관을 지원한 덕분에 GPU로 전환하는 비용 역시 엄청나게 줄었다. 이와 같은 젠슨 황의 전략은 GPU를 유일무이인 AI 반도체로 만들었다. "10년 전부터 하드웨어 이외 투자를 통해 생태계를 만든 자세는 존경받을 만합니다." 구글에서 인프라스트럭처를 담당하는 기술자는 엔비디아 전략에 감탄을 금치 못했다.

2만 명가량을 수용하는 실내 경기장 한가운데에 거대한 무대와 스크린, 이를 비추는 수많은 조명을 이용한 빛 연출은 마치 인기 뮤지션의 콘서트를 방불케 했다. 2024년 3월, 엔비디아는 어느 프로 아이스하키팀 홈구장인 실리콘밸리의 한 경기장에서 개발자 콘퍼런스인 GTC를 열었다. 코로나 여파로 5년 만에 개최한 오프라인 콘퍼런스에는 전 세계 기술자가 AI에서 독주 중인 엔비디아의 다음 한 수를 직접 확인하고자 모였다. "마치 AI 우드스톡Woodstock 같아요." 뱅크 오브 아메리카의 분석가는 GTC를, 40만 명 관객이 모였던 미국 음악사에 이름을 남긴 전설의 페스티벌에 비유했다.

"아쉽지만 오늘은 콘서트가 아닙니다. 여러분은 개발자 콘퍼런스에 와 계십니다." 젠슨 황이 그의 트레이드마크인 가죽점퍼를 입고 무대에 올라 입을 떼자, 1만 명 이상이 모인 회의장은 박수와 웃음소리로 가득 찼다.

가장 큰 볼거리는 모든 참가자가 기대해 마지않던 차세대 GPU 발표였다. 엔비디아의 CEO인 젠슨 황은 새로운 아키텍처인 블랙웰Blackwell과 신제품인 B200을 발표했다. 현재의 아키텍처인 하퍼Hopper를 사용한 최신 GPU인 H100을 잇는 이 제품은 2024년 안에 시장에 등장할 예정이다.

당연히 B200 역시 생성형 AI를 염두에 두었다. 1.8조 개 파라미터 모델인 GPT-4에서, 하퍼로는 GPU 8,000개를 사용하여 15메가와트 소비 전력으로 90일이 걸렸다. 반면, 블랙웰은 같은 시간이라면 GPU 2,000개와 4메가와트 전력으로 충분했다고 한다.

B200 2개와 CPU 1개를 하나로 묶은 GB200도 소개했다. GB200은 H100과 비교할 때 AI 학습 성능은 4배, 추론 성능은 30배 더 뛰어나다. "8년 만에 성능이 1,000배로 뛰었습니다." 젠슨 황은 2016년 발표한 파스칼Pascal과 비교하여 블랙웰의 성능을 이렇게 표현했다.

하드웨어와 함께 AI용 소프트웨어도 확충하여 생성형 AI 애플리케이션 개발용 서비스인 NIM을 발표했다. 소프트웨어 개발자가 NIM을 이용하면 몇 주씩 걸리던 생성형 AI 앱 개발을 몇 분으로 줄일 수 있다고 전했다.

NIM은 생성형 AI가 추론하는 데 필요한 여러 가지 소프트웨어를 설치한 상태로 다양한 서비스를 제공한다. 엔비디아가 개발한 추론 워크플로를 최적화하는 프레임워크와 도구 등을 포함하며, 엔비디아와 협력 기업이 제공하는 20개 이상 AI 모델에 최적화했다. 각 AI 모델 기능은 생성형 AI 앱을 이용하여 API를 통해 이용할 수 있다. 엔비디아가 준비한 마이크로 서비스를 이용하면 사용자 기업은 다양한 소프트웨어 도입이나 최적화, 검증에 필요한 시간을 줄일 수 있다. 젠슨 황은 "AI 모델은 획기적이긴 하나 기업이 사용하기에는 어려워요. 추론은 더 어려운 문제로, 필요한 스택을 계산하여 최적화해야 하기 때문이죠"라며 소프트웨어를 사용하여 새롭게 발명한 방법이 바로 NIM이라고 역설했다.

GTC에서 독주를 보여준 엔비디아지만, B200은 빨라도 연내 투입이며 GPU 공급은 공급망 문제와 겹쳐 이른 시일 내에 해결되지는 않을 듯하다.

엔비디아는 공장이 없는 팹리스 기업으로, 설계한 반도체 제조를 대만 TSMC 등에 위탁한다. "수요가 훨씬 많아 제품 생산을 확대하고자 노력 중입니다." 데이브 살바토르 이사의 공언에도 불구하고, 2024년 봄 공급

문제는 여전한 상태이다.

생산에서 병목이 생기는 과정은 손상이나 부식을 막고자 반도체 칩을 전용 케이스에 넣는 패키징 공정으로, 반도체 제조에서 마지막 공정이다.

H100 등 고성능 GPU에는 TSMC의 CoWoSChip Wafer on Substrate라 부르는 고도의 패키징 기술이 필요하다. 칩과 그 주위 메모리 레이아웃에 관한 것으로, TSMC의 높은 기술력을 보여준다.

그럼에도, 데이브 살바토르 이사는 이 공정에 "과제가 있는 것은 사실"이라며 과제를 인정하고 "성능 향상을 위해서는 제조 협력사인 TSMC의 더 높은 기술 혁신이 필요한 분야"라고 덧붙였다.

한동안 GPU 수요는 줄지 않을 것이다. 일본 라쿠텐 증권 경제연구소 이마나카 요시오今中能夫 선임 분석가는 "엔비디아의 대형 고객인 클라우드 업체의 엄청난 수요가 GTC에서 분명해졌습니다. B200 생산 능력이 늘어나면 전력 소비 관점에서 H100을 교체할 수요가 생긴다는 거죠. 그러므로 이 회사가 만든 AI용 반도체 수요가 공급을 초과하는 상태는 2026년까지 이어질 것입니다"라고 예측한다.

9 반도체 제조사로 변모한 GAFAM

폭발적인 생성형 AI 유행으로 불거진 컴퓨팅 자원 수급 불안으로 클라우드 벤더 대기업조차 GPU 부족을 고민한다. 예를 들어, 전 세계 클라우드 시장 점유율 2위인 마이크로소프트는 2023년 7월에 정리한 연차보고서에서 '운용상 위험' 란에 처음으로 GPU를 명기했다. "적격한 공급자 수 그리고 아주 적은 부품이 이에 해당함"이라 기록하고 공급망 관련 과제라는 인식을 분명히 밝혔다.

많은 고객이 GPU 서버 대기 상태를 답답해하는 등 클라우드 대기업이 겪는 GPU 위험은 이미 표면화된 상태이다.

이러한 상황을 대기업이 그냥 둘 까닭이 없다. 2010년대부터 'AI 우선'을 기치로 내건 각 기업은 AI용 반도체가 경쟁력의 원천이라 판단하고 직접 개발을 시작했다.

구글은 2015년 AI 특화 독자 반도체인 TPU 개발을 시작했고, 2016년부터 운용을 시작했다. 생성형 AI 수요에 맞춰 2024년에는 5세대 TPU v5p를 발표했는데, 대규모 언어 모델 학습이 2.8배 빨라졌다고 한다. "이전 인프라 제공 방법으로는 새로운 수요를 따를 수 없으므로 AI 최적화가 필요합니다." 구글 클라우드 부문에서 머신러닝 인프라 등을 총괄하는 마크 로마이어Mark Lohmeyer 부사장의 말이다.

구글이 노리는 것은 독자 개발 칩 판매가 아니라 클라우드 대기업으로서 독자 칩을 클라우드 서비스용 자사 서버에 이용하는 것이다. GPU 서버와 TPU 서버를 준비하고 고객이 이를 선택하도록 하여 이후에도 성장하는 수요에 대처하는 새로운 능력을 마련했다고 한다.

클라우드 벤더는 생성형 AI로 촉발된 반도체 쟁탈전을 두려워한다. 앞서 막대한 GPU 수요가 지속될 것으로 예측한 라쿠텐 증권의 이마나카 요시오와 마찬가지로, AWS 임원도 GPU 수요가 2~3년은 계속되리라 예상하고 GPU 확보와 독자 반도체 공급 확대를 서두르고 있다.

AWS는 2013년에 클라우드용 독자 반도체 니트로Nitro 칩을 자사 서버에 탑재했다. 당시는 칩 제조사와 함께 개발했으나, 2015년에 이루어진 이스라엘 반도체 개발 기업 안나푸르나 랩Annapurna Labs을 인수하면서 완전 독자 개발로 돌아서게 되었다. 그 후 2017년 무렵 앞서 살펴본 트랜스포머가 등장했다. AWS에서 오랫동안 머신러닝용 하드웨어 등을 담당한 체탄 카푸르Chetan Kapoor 이사는 당시를 다음과 같이 회상했다.

"2017년 사용자 기업의 딥러닝 이용 상황을 보고 (AI 수요가) 기하급수적으로 성장하리라 예상했습니다. 반도체에는 엔지니어링 자원뿐만 아니라 설비 투자도 필요하므로 당시는 상당한 도박이었지만, (AI 칩에 대한) 투자는 필수였죠."

클라우드 사업을 통해 수요 급증을 예상한 AWS는 AI 칩 독자 개발을 시작한다. 2019년에 추론에 특화한 AI 칩인 AWS 인퍼런시아Inferentia를 시장에 내놓았다. 그 후 학습용 칩인 AWS 트레이니엄Trainium도 실용화했다. AWS 체탄 카푸르 이사의 말처럼, "투자 시점이 절묘"했다. AWS도 GPU 부족이 심각하다고 인식한다. "고객에게는 엄청난 계산이 필요하므로, (이 흐름은) 2~3년은 계속될 겁니다. 따라서 수많은 엔비디아 GPU를 확보하는 데도 최선을 다할 생각입니다."

체탄 카푸르 이사는 AWS와 엔비디아 계약상 주문할 수 있는 GPU 수량에는 제한이 없다고 말한다. 그럼에도, 공급망 문제로 공급은 이를 따르지 못하고 있다. "GPU 생산에는 복잡한 공급망이 뒤따르는데, 그에 따른 제약은 현실이 되었습니다. 고성능 반도체이다 보니 때로는 (발주부터 납품까지) 12개월이 걸리기도 해요." 체탄 카푸르는 이와 같이 지적한다.

그러나 반도체 2종을 GPU 대신 제공할 능력을 보유하고 있는 AWS는 당황하지 않는다. 그는 GPU 확보와 반도체 직접 개발이라는 양다리 전략을 반도체 '다면 전략'이라 표현한다.

AWS가 개발한 반도체 2종에는 두 가지 특징이 있다. 첫 번째는 직접 개발하므로 성능과 가격을 통제할 수 있다는 점이다. AWS 관계자 말에 의하면, 학습과 추론으로 용도를 특화하여 칩의 소비 전력 등을 낮게 설정한 덕분에 "(GPU와 비교하면 고객은) 비용을 40~50% 아낄 수 있다"라고 한다. 이처럼 비용을 중시하는 고객이 대상이라면 AWS 독자 반도체의 경쟁력은 뛰어나다고 본다.

학습과 추론으로 나누어 칩을 개발하는 바람에 뜻밖의 이점도 생겼다. "고객의 관심이 (학습과 추론 중) 어디로 이동하는지를 관찰할 수 있어요." 이를 통해 클라우드 벤더로서 고객 요구를 재빠르게 알 수 있게 된 것이다.

두 번째는 GPU와 호환이 뛰어나다는 점이다. 예를 들어, 최신 세대 추론용 칩을 탑재한 Amazon EC2 Inf2 인스턴스에서 AI 추론을 실행하는 도구인 'AWS 뉴런Neuron'은 파이토치PyTorch나 텐서플로TensorFlow와 같은 인기 있는 프레임워크와 통합되었다. 학습용에서도 일반적인 프레임워크를 마찬가지로 이용할 수 있다.

"GPU 인스턴스와 파이토치를 함께 이용한다면 간단하게 트레이니엄으로 옮길 수 있습니다. 추가 지식이 필요하지도 않습니다. 1년 후에 새로운 하드웨어가 나왔을 때도, 갈아타고 싶다면 즉시 옮길 수 있죠." 이를 통해 사용자는 비교적 간단하게 GPU를 대신하여 AWS 반도체를 도입할 수 있다.

독자 칩의 진화는 여기서 그치지 않는다. 아마존이 2023년 9월에 발표하여 시선을 끈 미국 AI 관련 스타트업인 앤트로픽Antrophic에 거액의 40억 달러를 투자하는 것 역시, 칩 개발의 장래를 염두에 둔 것이다.

앤트로픽이 AWS 개발 독자 칩을 사용한 AI 모델을 개발하는 것 외에도, 양사는 차세대 칩 개발에서도 협력한다. AI 스타트업의 목소리를 들으면서 전용 칩을 설계한다면 모델 개발에 실제 요구를 반영할 수 있다. AWS가 반도체 제조사로서 모습을 갖추고 반도체에 힘을 쏟는다는 것은 그만큼 AI 칩이 중요하다는 것을 다시 한번 드러내는 반증이라 할 수 있다.

"다양한 반도체 기술 덕분에 세계에서 가장 강력한 AI 플랫폼, AI 모델 등을 더욱 발전시킬 수 있습니다." 2023년 11월에 열린 자사 이벤트 마이크로소프트 이그나이트Microsoft Ignite 기조연설에서, CEO 사티아 나델라는 반도체 기술 개발로 발표를 시작했다. "AI는 다른 클라우드와 근본적으로 다른 인프라가 필요하기 때문이죠."

"소프트웨어부터 하드웨어까지 전부 최적화해야 합니다." 필자 취재에 응한 클라우드 관련 인프라 담당 이사인 알리스터 스피어스Alistair Speirs는 이렇게 덧붙였다. 그는 생성형 AI와 관련한 계산이나 프로그램 코드는 지금까지와는 다른 특징이 있다고 말한다. 엄청난 계산 처리는 물론, 그 처리에 필요한 계산 자원의 변동 폭도 크다. 어떨 때는 높은 처리 능력이 필요하나 어떤 때는 전혀 필요 없기도 하다. 물론 처리 지연 시간도 아주 짧아야 한다. 요컨대, 지금까지 클라우드와는 전혀 다른 시대의 컴퓨팅을 요구하므로 마이크로소프트는 모든 계층을 다시 검토하는 전략을 실행 중이라는 것이다.

마이크로소프트의 2023년 11월 발표의 핵심은 오랫동안 소문으로만 듣던 직접 개발 AI용 반도체 마이크로소프트 애저 마이아Azure Maia(이하 마이아) 등 2가지 칩이었다. 이른바 GPU 경쟁 제품으로, 마이크로소프트 AI 인프라 전략의 근간이다.

직접 개발한 AI 반도체 마이아(Maia)를 발표하는 마이크로소프트 CEO 사티아 나델라

출처: 마이크로소프트

마이크로소프트는 오픈AI와 제휴를 통해 생성형 AI 시장을 이끌었으나 AWS나 구글과 비교할 때 반도체 영역에서는 부족하다는 평가도 있었다.

이번 보강을 통해 부족했던 마지막 퍼즐 조각을 찾은 듯한 모습이다.

마이아는 대규모 언어 모델LLM의 학습과 추론 등 AI 워크플로를 클라우드에서 실행하도록 설계한 AI 반도체이다. 5나노미터 공정으로 제조하여 트랜지스터 1,050억 개를 집적한다.

AI 워크플로를 빠르게 하는 액셀러레이터 칩 분야에서는 앞서 이야기한 대로 클라우드 경쟁사인 구글과 AWS가 먼저 시장에 진입했다. 그리고 마이크로소프트가 마이아를 발표함으로써 클라우드 3강 모두 반도체 제조사로서 모습을 갖추게 되었다.

영국 암ARM의 ARM 아키텍처를 채용한 CPU인 마이크로소프트 애저 코발트Azure Cobalt(이하 코발트)도 발표했다. 사티아 나델라는 이를 "마이크로소프트가 클라우드 전용으로 설계한 최초 CPU"라고 표현했다. 64비트 128코어 클라우드 전용 칩으로, 성능과 전력 효율, 비용 효율을 최적화했다고 한다. 현세대 암 서버와 비교하면 최대 40% 성능 향상을 실현했다.

마이크로소프트는 "클라우드 분야에서 가장 빠른 ARM CPU"라고 주장한다. AI용 칩은 아니지만, 클라우드에서 다루는 데이터양이 늘면서 소비전력 문제 등도 드러나기 시작한 것이 CPU 개발로 이어졌다. "(마이아와 코발트 등의) 자사 제조 반도체를 개발하기 전부터 서버나 칩 일부를 직접 설계했었습니다. 2023년 11월에 갑자기 시작한 듯 보일지도 모르지만, 몇 년 전부터 그 기반을 준비하기 시작했던 거죠." 알리스터 스피어스 이사의 설명이다.

마이크로소프트는 2023년 1월 데이터 처리용 칩인 DPU를 개발하던 미국 펀더블Fundible 인수를 발표했다. DPU는 CPU나 GPU처럼 데이터센터에서는 필수인 칩이다. 데이터 보관 창고인 스토리지 등에 빠르게 접근하는 기능을 제공한다. 이 칩 역시 AI 시대 데이터센터 강화 일환임은 두말할 필요도 없다.

마이아와 코발트 2가지 칩은 2024년부터 차례대로 마이크로소프트 데이터센터에 적용되는데, 먼저 이 회사 생성형 AI 서비스 플랫폼인 애저 오픈AI 서비스Azure Open AI Service와 생성형 AI를 이용한 지원 기능인 마이크로소프트 코파일럿Microsoft Copilot 등 서비스에 사용할 예정이다(3장에서 자세히 설명).

마이크로소프트 반도체 전략에서 빼놓을 수 없는 것은 하드웨어뿐만이 아니다. 마이아 등을 움직이는 데 필요한 개발 도구인 마이아 SDK 역시 동시에 개발을 진행했다. 도구 개발에는 자본 업무 제휴 관계인 오픈AI가 협력했다고 한다. 실제로 클라우드를 이용하여 AI를 개발했던 경험을 살려 더 사용하기 편한 서비스를 목표로 했다. 이는 앤트로픽이 AWS 독자 칩 개발에 협력했던 모습과 많이 닮았다.

알리스터 스피어스 이사는 AI 시대 인프라 환경 구축을 F1(포뮬러 원)과 같은 자동차 경주에 비유한다. 엔진 고속화나 유체역학을 바탕으로 한 디자인, 수집한 데이터를 활용한 임기응변 대응 등 이 모든 것을 그 시대 규칙에 따라 최적화해야 비로소 가장 빠른 자동차를 개발할 수 있다. 더불어 이 기술 개발은 그 자동차 제조사의 경험으로 축적되어 F1 머신뿐만 아니라 소비자용 자동차에도 긍정적인 영향을 끼쳐야 한다. 즉, 알리스터 스피어스 이사에 의하면 AI용 최적화나 고속화가 이루어질 때 "클라우드를 이용하는 모든 고객도 이 혜택을 누릴 수 있습니다"라고 한다.

12 GOLD RUSH 침묵을 깨다, MTIA 메타

AI 개발에서 선두를 달리던 메타Meta(이전 페이스북)도 2023년 5월에 직접 개발한 AI용 칩 MTIA를 발표했다. 이전부터 AI용 칩 독자 개발 소문이 돌았으며 미국 일부 언론이 개발 중지를 보도하기도 했지만, 그때까지 메타는 침묵으로 일관했다. 메타의 MTIA는 AI 모델 학습과 추론 모두에 적용할 수 있는 설계이지만 주로 추론에 이용된다. 그리고 2024년 4월에는 추론 성능을 3배로 올린 차세대 버전을 발표했다.

메타가 AI 칩을 독자 개발한 배경에는 최근 몇 년간 AI 모델 크기가 기하급수적으로 커지다 보니 GPU로도 효율이 오르지 않는다는 과제가 있었다. 메타는 1장에서 살펴본 오픈 소스이며 고성능인 LLM인 라마 3Llama 3을 공개했다.

처리 효율을 높이려면 학습용뿐만 아니라 추론용 하드웨어 역시 빠르게 발전해야 했다. 늘어나는 수요 탓에 CPU를 추론용 프로세서인 NNPINeutral-Network Processor for Inference로 교체하기는 했으나, 생산 능력이 수요를 따르지 못하다 보니 GPU로 그 축이 이동하게 되었다.

그러나 GPU에도 숙제는 있다. 메타에서 소프트웨어 엔지니어로 일하는 조엘 코번Joel Coburn은 MITA 개발 이유를 다음과 같이 밝혔다. "GPU는 추론을 염두에 둔 설계가 아니므로 소프트웨어를 최적화해도 효율이 낮았어요. 비용이 많이 들어 도입하기도 어려웠죠."

칩을 직접 개발한다면 소프트웨어 등과 함께 설계할 수 있다. 메타의 집적 회로 기술자인 올리비아 우Olivia Wu는 다음처럼 우위성을 강조한다. "일부

AI 워크플로에서는 데이터 전송에 시간이 오래 걸린다는 걸 알았어요. 직접 설계하다 보니 애플리케이션이나 소프트웨어 시스템 등 프론트엔드와 백엔드를 모두 다루는 풀 스택 개발이 가능해졌죠."

이 회사는 MTIA를 페이스북이나 인스타그램 등 기존 앱의 콘텐츠 광고 표시에 이용하는 것 외에도 LLM 추론이나 주력인 메타버스 영역 등에 이용하리라 생각한다. AWS, 마이크로소프트, 구글과 달리 메타는 클라우드 서비스를 제공하지 않으므로 고객의 AI 수요를 이번에 직접 개발한 칩에는 반영하지 않았다. 직접 사용에 특화했다는 점에서 AI 개발 경쟁에서 반도체가 얼마나 중요한지를 선명하게 보이는 또 하나의 예라고 할 수 있다.

13 GOLD RUSH 범용 칩(CPU)을 개발하는 3가지 이유

지금까지 살펴본 대로 미국 빅테크 기업은 AI용뿐만 아니라 범용 칩인 CPU 개발에도 노력을 기울인다. 구글은 2024년 4월, 독자 개발 CPU인 구글 액시온Google Axion을 발표했다. 구글 클라우드는 액시온을 기반으로 한 가상 머신을 2024년 후반부터 제공한다. AWS와 마이크로소프트에 이은 것으로, 이제 클라우드 대기업 3사가 모두 CPU 제조사가 되었다. 클라우드 대기업이 생성형 AI 수요를 따라잡고자 AI용 액셀러레이터를 독자 개발하는 경향은 있었으나, 왜 지금에 이르러 범용 반도체인 CPU가 필요한 걸까?

액시온은 ARM이 제공하는 최신 프로세서 IP(회로 정보)를 바탕으로 사용자 맞춤형으로 설계된 반도체 칩으로, 현재 클라우드에서 이용할 수 있는 가장 빠른 ARM 기반 인스턴스보다도 최대 30% 향상된 성능을 보인다. 구글이 제공하는 x86 기반 인스턴스와 비교하면 최대 50% 높은 성능이며 전력 효율은 최대 60% 향상되었다.

ARM 아키텍처에 기반을 둔 사용자 정의 CPU로는 AWS가 2018년에 그래비톤Graviton을 개발했으며 지금은 4세대를 운용한다. 마이크로소프트도 2023년 11월에 이미 코발트를 발표했다. 각 사가 CPU를 직접 설계하기 시작한 이유로는 다음 3가지를 들 수 있다.

첫 번째는 선택지를 늘려 위험을 분산하고자 했기 때문이다. 필자 등의 취재에 응한 구글 클라우드 CTO(최고기술책임자)인 윌 그래니스Will Grannis는 "고객의 사용 사례가 무엇이든 적절한 인프라를 제공하는 것이 우리 전략의 원점이었습니다"라고 전제하고 다음과 같이 덧붙였다. "그러다 보니 칩 선택지가 중요했죠."

앞서 이야기한 대로 구글은 GPU 수급 불안에 대처하고자 독자 개발 AI 반도체인 TPU를 제공했다. CPU도 마찬가지로, 제공할 선택지가 늘수록 공급망 등 위험에 대처할 수 있다. 액시온 개발은 사용자 선택지를 늘리려는 방법의 하나일 뿐으로, "인텔Intel 등 협력사와 제휴사는 지금까지와 마찬가지로 여전히 중요합니다." 윌 그래니스의 말이다.

두 번째는 생성형 AI 요구이다. CPU는 범용 반도체로, 폭넓은 작업에 적용할 수 있다. "AI 애플리케이션은 (학습이나 추론 등의) AI 요소뿐 아니라 웹 서비스 등 범용 앱 요소도 함께 실행해야 합니다." 구글 클라우드에서 머신러닝 인프라를 총괄하는 마크 로마이어 부사장의 설명이다. 생성형 AI 앱을 빠르게 실행하려면 AI 처리용 GPU 등 성능과 함께 범용 계산을 담당하는 CPU 성능 역시 빼놓을 수 없다는 견해다.

세 번째는 에너지 효율이다. 생성형 AI 학습이나 추론에는 엄청난 컴퓨팅 자원과 함께 많은 에너지가 필요하다고 한다. 국제 에너지 기구IEA 조사를 보면 2015년~2022년, 7년간 전 세계 데이터센터에서 사용한 전력량은 7배 이상 늘었으며 소비 전력량은 최대 70% 증가했다. 게다가 생성형 AI 확대와 함께 더욱 늘어나리라 염려한다.

구글은 액시온을 발표하며 "고객은 성능뿐만 아니라 효율적인 운영과 지속 가능성도 함께 추구합니다"라고 언급하는 등, 데이터센터의 에너지 소비를 줄이고자 노력하고 있다.

5년 전과 비교하면 구글 클라우드 데이터센터는 같은 전력량으로 2배 컴퓨팅 성능을 발휘한다고 전해진다. 구글은 2030년까지 이산화탄소를 배출하지 않고 사무실과 데이터센터를 운영한다는 목표를 세웠으며, 액시온 개발은 에너지 효율 맥락에서도 중요한 열쇠가 되었다.

이제 미국 빅테크 기업은 반도체 제조사로서 모습도 갖추었다. 그러나 애당초 각 사는 직접 개발한 칩으로 GPU를 완전히 대체하려는 생각은 없다고 한다. 마이크로소프트 알리스터 스피어스 이사는 이렇게 설명한다. "엔비디아 개발, AMD 개발, 그리고 직접 개발이라는 3대 AI 칩을 모두 데이터센터에서 이용할 수 있도록 할 겁니다. 자사가 개발한 칩이 기존 AI 칩을 대체하리라고는 생각하지 않아요." AWS의 체탄 카푸르 역시 AI 칩 전략을 다면적이라고 묘사하며, 엔비디아 GPU 확보와 함께 자사 개발 칩도 이를 보완하여 이용할 방침이라고 밝혔다.

반도체 산업에 정통한 라쿠텐 증권경제연구소 이마나카 요시오 선임 분석가는 다음과 같이 지적한다.

“클라우드 대기업 등이 개발할 독자 칩은 엔비디아가 만든 GPU 성능에 미치지 못합니다. 그러나 이렇게 GPU가 부족한 상황이라면 ‘없는 것보다는 낫다.’라는 것이 솔직한 마음일 겁니다. AI용 학습과 추론을 클라우드에서 실행하고 싶은 고객에게 이를 보완하는 칩을 제공한다는 점에서 각 사가 직접 개발하기 시작한 의의를 찾을 수는 있겠지만, 엔비디아를 대체하기는 현실적으로 무리입니다.”

GPU 수요 급증 덕을 본 것은 엔비디아뿐만이 아니다. 알려지지 않은 GPU 승자 중 하나가 바로, 미국 슈퍼 마이크로 컴퓨터* Super Micro Computer이다. 2023년 초에 80달러 정도였던 주가는 1년 만인 2024년 3월, 14배인 1,140달러를 기록했다. 주가 급등으로 시끄러웠던 엔비디아 주가 상승이 같은 기간에 2배 정도였으니 이와 비교하면 슈퍼마이크로 주가가 얼마나 올랐는지를 알 수 있다. 이후 4~5월에 주가 조정이 이루어져 1,000달러 밑으로 떨어지는 듯했으나, 이것만으로도 엄청난 상승임은 분명하다.

널리 알려지지 않은 이 기업 주가가 왜 이렇게까지 올랐을까?

“서버도 이 정도 수준까지 이르렀네요.” 2022년 봄, 라쿠텐 증권 경제연구소 이마나카 요시오今中能夫 분석가는 서버를 다루는 판매 회사 카탈로그

* 슈퍼마이크로(Supermicro)라고 부르기도 한다.

가격을 보면서 놀라움과 함께 남다른 감회에 젖었다. 당시 엔비디아 최신 GPU인 A100을 탑재한 서버 가격이 1,000만 엔(한화 약 9,450만 원)을 넘었기 때문이다. 일반적인 서버 가격은 지금이나 그때나 10만 엔(한화 약 94만 원)부터 시작하며 고성능이라 하더라도 200만 엔(한화 약 1,890만 원) 정도였다. 이랬던 서버 시장에 문자 그대로 '차원이 다른' 상품이 나왔던 것이다. 그 후도 GPU 탑재 서버 가격은 계속 올라 최신 GPU인 H100을 8개 탑재한 고성능 서버는 3,000만~4,000만 엔(한화 약 2억 8천만 원~3억 8천만 원)에서 거래되었다.

서버란 인터넷 등 네트워크를 이용하여 사용자가 원하는 데이터나 서비스를 제공하는 컴퓨터를 말한다. 데이터센터 등에서 겹겹이 쌓여 끝없이 이어진 컴퓨터를 떠올리면 이해하기 쉽다. 그리고 슈퍼마이크로는 반도체 등 부품을 사들여 서버를 조립하는 서버 제조사의 하나였다.

주가 급등이 이어진 미국 슈퍼 마이크로 컴퓨터. 사진은 엔비디아 개발자 콘퍼런스 GTC에 참여한 슈퍼 마이크로 컴퓨터의 부스.

엔비디아는 GPU 제조사로, 사용 기업은 일반적으로 서버 제조사를 통해 GPU를 구매하고 GPU 내장 서버를 자사 데이터센터에 설치한다. 서버 제조사란 엔비디아와 GPU 사용자 사이에서 서버를 조립하고 제공하는 도우미와 같은 존재이다. 그러다 보니 가격 차원이 다른 GPU 탑재 서버를 판매하면 서버 제조사 수익도 늘어난다.

서버 제조사는 형태에 따라 크게 2종류로 나뉜다. 한 가지는 ODM 다이렉트라 부르는 제조사로, ODM이란 위탁 기업 상표를 달고 제품을 설계, 제조하는 것을 가리킨다. 엄청난 규모로 데이터센터를 운용하는 AWS 등 클라우드 제공 업체나 메타 등 SNS 대기업의 위탁을 받아 전용 서버를 개발하여 납품한다. GPU 등 반도체는 AWS와 같은 기업이 반도체 제조사로부터 직업 구매할 때가 흔하다. 대만 제조사가 많으며 미국 IDC나 영국 옴디아 등은 서버 제조사 시장을 조사할 때 ODM 다이렉트 전체를 하나로 묶어 순위를 산출한다.

또 다른 하나는 자사 상표를 달고 서버를 조립하여 납품하는 제조사로, 델 테크놀로지스Dell Technologies나 슈퍼마이크로 등이 여기 속한다. 옴디아가 2023년 12월에 진행한 조사에서는 서버 매출액 기준으로 1위가 ODM 다이렉트 기업들, 2위가 델, 3위가 중국 IEIT 시스템으로 슈퍼마이크로는 5위에 머물렀다.

15 AI 서버 장사로 재미를 본 미국 기업 : 슈퍼 마이크로 컴퓨터

그렇다면 업계 5위에 불과한 슈퍼 마이크로 컴퓨터를 시장이 주목한 이유는 무엇일까?

한 마디로 실적이 우수하기 때문이다. 서버 전체에서는 매출액이 5위이지만, GPU 등 첨단 반도체를 탑재한 AI 서버로 한정하면 이 회사의 존재감이 드러난다. 각 사가 AI 서버 매출액을 따로 발표하지 않지만, 미국 노스랜드 캐피털마켓츠의 애널리스트 네할 초크시는 세계 1위는 슈퍼마이크로임이 틀림없다고 말한다.

2024년 1월에 슈퍼마이크로가 발표한 2023년 10~12월 실적은 단가가 비싼 AI 서버 판매 덕분에 매출액이 계획보다 30% 높게 웃돌아 예상을 뛰어넘은 AI 서버 시장 수요가 있다는 평가를 받았다. 3월에는 S&P500 지수에 포함되며 한순간에 유명해졌다. 2024년 6월 매출액은 전년과 비교하여 2배 이상인 146억 4,000만 달러를 전망한다. (이 책은 일본 현지에서 2024년 5월에 출간되었으므로 출간 시점을 기준으로 예상치를 기재한 것을 참고하길 바란다.)

실적 호조 배경에는 슈퍼마이크로의 적극적인 전략과 이를 뒷받침하는 기술력이 있었다. 미국 증권 회사의 한 분석가는 AI 서버를 단품으로 꾸준하게 판매한 것이 주효했다고 설명한다. 서버 업계에서는 조립한 서버만을 판매하지 않고 소프트웨어와 서비스, 컨설팅 등을 하나로 묶어 이익률을 높이려는 전략을 구사한다. 델이 대표적인 예이다.

이와 달리 슈퍼마이크로는 다른 전략을 취했다. AI 수요가 있다고 예상하고 주로 미국에서 AI 서버를 재빠르게 대량으로 판매하는 데 중점을 둔 것이다. 미국 중견 클라우드 기업의 한 기술자는 AI 서버를 엄청나게 팔았다고 회상한다. 2023년 가을 무렵에는 슈퍼마이크로에 문의하면 즉시

GPU 서버를 살 수 있다는 소문이 미국 업계에 널리 퍼지게 되었다.

"델은 엄청난 위기감을 느꼈을 겁니다." 라쿠텐 증권 이마나카 요시오는 이렇게 말한다. "이대로 수요가 이어진다면 2년 내에는 서버 전체 매출액에서 슈퍼마이크로가 델을 따라잡거나 앞지를 테니까요."

슈퍼마이크로의 기술력도 높은 평가를 받는다. 슈퍼마이크로는 IBM이 2013년에 인수한 클라우드 업체인 소프트레이어SoftLayer의 데이터센터를 담당한 적도 있는 등, 특히 대형 데이터센터가 요구하는 엄격한 조건을 만족할 만큼 높은 기술력을 자랑한다. 엔비디아도 그 기술력을 높이 평가한다고 전해진다. 엔비디아와 슈퍼마이크로가 공표하지는 않았으나, 서버 제조사 다수 관계자의 증언으로는 이전 세대 GPU인 A100을 탑재한 엔비디아 순정 서버를 조립한 곳이 슈퍼마이크로라고 한다.

슈퍼마이크로는 재빠르게 대량으로 판매한다는 전략과 확실한 기술력 덕분에 생성형 AI 유행이라는 돌풍이 불어도 흔들리지 않고 착실히 GPU 서버를 공급할 수 있었다.

한편, 라쿠텐 증권 분석가인 이마나카 요시오는 "슈퍼마이크로에는 아직 성장 여지가 있습니다"라고 짚는다. 대만 조사회사인 트렌드포스TrendForce에 따르면, 슈퍼마이크로가 AI 서버를 공급하는 주요 고객은 새로운 클라우드 업체인 코어위브CoreWeave와 미국 전기 자동차 대기업인 테슬라Tesla라고 한다. 둘 다 압도적인 설비 투자를 진행하는 대기업 클라우드보다는 규모가 작다. 이와 더불어 클라우드 수요는 물론, AI 사용자가 될 서비스 기업 GPU 수요 역시 확보하리라 예상한다.

제조 업계의 제품 개발이나 설계 데이터, 금융 업계의 고객 정보 등 대기업 중에는 클라우드에 데이터를 저장한 채로 생성형 AI 이용하는 데 경계심을 드러내는 곳이 많다. 그러다 보니 자사 서버에 GPU를 탑재하고 사내에서만 데이터를 이용하고 싶은 요구가 있다. "이런 곳은 아직 GPU가 없어요. 이처럼 이미 밝혀진 매출액이나 수요 외에도 바탕에는 더욱 강한 수요 움직임이 있다고 봐야 합니다." 이마나카 요시오 분석가는 이렇게 지적한다. 이것이 슈퍼마이크로의 실적을 더욱 개선하리라는 예측이다.

슈퍼마이크로뿐만 아니라 클라우드 대기업의 위탁을 받는 ODM 다이렉트 기업도 주목해야 한다. 대만 콴타 컴퓨터Quanta Computer나 마이탁MiTAC, 기가바이트GIGABYTE 등이 ODM 다이렉트 기업의 대표적인 예이다. 이들 회사는 반도체 위탁 제조 세계 시장 점유율 1위인 TSMC와 지리적으로도 가깝고 엔비디아와도 우호적인 관계이다.

예를 들어, 콴타 컴퓨터 고객 중에는 구글과 메타가 있다. 이뿐만 아니라 AWS와 마이크로소프트 등 클라우드 관련 고객 주문 덕분에 콴타의 2024년 AI 서버 출하량은 전년보다 두 자릿수 비율로 늘 것으로 트렌드포스는 내다보고 있다.

슈퍼마이크로에는 미치지 못하나 콴타의 주가도 2023년 1월과 비교하여 4배 정도 올랐다. 대만 조사회사 KGI의 분석가인 안젤라 샹Angela Xiang은 (엔비디아의) GPU 공급이 증가하는 2024년 7~10월부터 콴타 컴퓨터의 AI 서버 판매가 회복되고 후반기에는 상승하므로 2024년 서버 판매 대수는 전년과 비교하여 80~90% 증가하리라고 예상한다.

17 GPU 사각지대 3곳

첫 번째 사각지대: 미국 기업 바나나의 서비스 정지로 살펴보는 GPU의 미래

AI 학습에 필요한 엄청난 컴퓨팅 파워 수요 덕분에 엔비디아와 서버 제조사의 기세는 꺾일 줄 모른다. 하지만 미국 서부 해안에 있는 반도체 제조사의 한 기술자는 “적어도 10년 동안은 AI 반도체 수요가 줄지 않을 거예요”라고 말하면서도 수요 증가와 엔비디아 독주는 다른 문제라고 지적한다. 그 사각지대는 어디일까? 엔비디아의 전매특허인 GPU의 미래를 점쳐 보자.

첫 번째 사각지대는 AI용 컴퓨팅 수요가 언제까지 계속될 것인가에 있다.

“안타깝게도 비즈니스 현실은 냉혹했습니다. 자금력이나 AI 유행을 고려하면 우리에게는 사양을 만족하도록 할 만한 시간도, 자원도 없어요.”

GPU 대여 서비스를 제공하는 미국 바나나Banana는 주력 서비스를 2024년 3월 31일에 정지했다. 세계적인 생성형 AI 유행을 타고 투자자로부터 자금을 조달했던 바나나의 서비스 정지는 가열하는 시장에 벌써 도태 물결이 밀려왔다는 것을 보여준다.

바나나의 주력 사업인 ‘서버리스 GPU’는 AI 모델을 개발하는 새로운 세력에게 매우 저렴한 가격으로 GPU 서버를 제공하는 서비스였다. 일반적으로 AI 모델 개발 기업은 AWS나 마이크로소프트 등 클라우드 업체가 제공하는 GPU를 이용하여 AI 모델을 개발하고 테스트한다. 그러나 대기업 클라우드는 사용료가 비싸 AI 스타트업에는 큰 부담이었다. 바나나는 이 수요를 노리고 규모가 비교적 작은 클라우드 업체 등에서 GPU 서버를 빌려 AI 개발용 소프트웨어 등을 설치한 후 AI 모델 개발 기업에 싼 요금으로 제공했었다.

이러한 기업을 'GPU 리셀러' 또는 '서버리스 GPU 공급자'라 불렀으며, 생성형 AI 유행을 타고 2023년 순식간에 주목을 받았다. 2023년 11월에 시리즈 A 라운드(첫 번째 대규모 자금 조달 단계)에서 1억 250만 달러 투자를 유치하여 화제를 모았던 미국 투게더 AI Together AI나 기업이 이용하지 않는 GPU 서버를 빌려 다시 빌려주는 미국 런포드 RunPod 등이 대표 주자이다. AI 유행과 GPU 공급 부족 상황에서 리셀러는 클라우드 비즈니스에서 등장한 새로운 사업 형태였다.

그러나 바나나의 오산은 2가지였다. 첫 번째는 잘못된 시장 규모 판단이다. 전망이 밝은 AI 스타트업은 유행과 함께 풍부한 자금을 모았으므로 리셀러가 아닌 클라우드 대기업에서 GPU 서버를 직접 빌릴 수 있었다. 바나나의 창업자 에릭 던트만 Erik Dunteman은 사용자도 함께 참여하는 커뮤니티 사이트에 올린 글에서 이러한 움직임과 관련하여 "(물리적인) GPU를 직접 보유하고 운영하는 곳은 없었습니다"라고 언급했다.

AI 애플리케이션을 제공하는 스타트업은 자사 독자 모델을 구축하지 않고 API를 통해 오픈AI 등 AI 모델을 이용한 서비스를 제공하기 시작했다. 바나나의 GPU 서버가 차지할 시장 자체가 작았던 것이다.

바나나의 오산 두 번째는 AI 모델 경향이 계속 변한다는 사실을 간과했다는 점이다. 오픈AI나 구글 등은 모델 파라미터 개수나 데이터양 등 규모 경쟁을 거듭하는 반면, 실제 AI 사용자인 기업은 비교적 작은 모델을 적재적소에 사용하는 방법을 검토하기 시작했다. 큰 모델은 범용성이 크고 우수하지만, 그만큼 컴퓨팅에 많은 자원을 이용하는 바람에 비용이 많이 들었기 때문이다.

대규모 언어 모델LLM이 아닌 '소규모' 언어 모델SLM도 개발이 진행되었다. 마이크로소프트는 2024년 4월에 SLM인 파이-3Phi-3을 공개했다. 파라미터가 38억 개뿐인 모델이지만, 대규모 모델보다 더 우수한 성능을 보였다고 한다.

기업은 이용하는 GPU 서버를 점점 최적화하기 시작했다. 미국 AI 관련 기업의 한 기술자에 따르면, 업계는 억지로라도 GPU 서버를 모으던 단계에서 벗어나는 중이라고 한다. 이러한 변화가 바나나 서비스에 역풍이 되었다. "스타트업에 2024년 전반은 무척 어려운 시기가 될 겁니다." 미국 벤처캐피털 톰베스트 벤처스Thomvest Ventures에서 근무하는 우메시 파드발Umesh Padval 전무는 이렇게 말했다. 그는 스타트업 CEO를 거쳐 지금은 AI와 클라우드 업계를 전문으로 하는 유명한 투자자다. 이 2가지 오산은 바나나 이외 리셀러에도 해당하므로, 업계가 같은 다른 회사도 마찬가지 어려움을 겪으리라 예상하고 있다.

바나나 사례에서 밝혀진 것처럼 계산 자원 수요는 그 종류와 대상이 모두 변한다. 단순히 'AI 유행이 계속되므로 계산 자원도 계속 필요할 것'으로 예측하는 것은 위험하며, 그 내용을 자세히 살펴봐야 한다.

"GPU는 주로 대량 계산 처리가 필요한 AI 학습 용도로 사용합니다. AI 모델이 몇 개 회사만의 과점이 되고 AI 사용자는 그 모델을 사용하여 추론하는 단계로 옮겨지면 다음에는 추론용 칩이 대세가 될 겁니다. 이 분야는 아직 발전하고 있으므로 다양한 추론 전용 칩이 등장하겠죠. 요컨대, GPU 독주 시대는 그리 길지 않으리라 봅니다." 일본 반도체 제조사의 한 기술자는 이렇게 전망했다.

두 번째 사각지대: GPU는 상품화될까?

두 번째 사각지대는 상품화Commoditization의 시작이라고도 할 수 있는 가격 인하이다. 상품화란 시장에 참여할 때는 고부가가치였던 제품이 시장 활성화나 경쟁 때문에 다른 제품과 비교할 때 기능과 서비스 차이가 사라져 어쩔 수 없이 가격 경쟁을 시작하는 현상을 가리킨다. 예를 들어, 2010년대 일본 가전 업체를 힘들게 한 벽걸이 TV가 그 전형이다. 당시 인기 상품이었던 40인치 TV는 매장 판매 가격이 2009년에는 14만 엔(한화 약 132만 원) 정도였지만, 3년 후인 2012년에는 6만 엔(한화 약 60만 원) 대로 초기 가격의 반값 이하로 가격이 떨어졌다. '3년 만에 반값'이라는 법칙은 DVD나 블루레이 디스크 레코더도 마찬가지였다.

데이터 분석 플랫폼을 서비스하는 미국 데이터브릭스DataBricks CEO 알리 고드시는 미국 미디어인 디 인포메이션이 개최하는 이벤트에서 상품화 탓에 "이후 1년간 GPU 가격은 급락할 것"이라 주장했다. 그 근거는 앞서 이야기한 일본 반도체 제조사 기술자의 말과 마찬가지이다. 파라미터 개수가 늘수록 성능이 오른다는 규모 법칙에 따라 각 사는 대규모 모델을 추구했으므로 AI 학습에는 기하급수적인 비용과 자원이 필요했다. 이 경쟁을 계속할 수 있는 참여자는 3~4곳뿐이며 성능이 높은 오픈 소스 모델도 등장한다. 즉, AI 사전 학습 수요가 한계에 이를 가능성이 있다.

알리 고드시는 이를 라우터에 비유했다. 인터넷이 등장하여 사람들이 이 거대한 가능성을 알았을 때, 먼저 라우터를 시작으로 한 네트워크 기기에 관심이 집중했다. 그러나 인터넷의 진정한 가치는 콘텐츠나 애플리케이션으로, "라우터는 이미 상품화가 끝났다"란 분석이다.

이러한 지적처럼 당시 라우터를 제공하는 시스코 시스템Cisco Systems 주가는 폭발적으로 올랐으며 시가 총액은 2000년 3월에 약 5,500억 달러에 이르러 미국 내 최고 시가 총액을 기록했다. 투자자는 인터넷 시대 하드웨어에 가치를 느끼고 시스코가 주도권을 쥘 가능성에 걸었던 것이다. 2000년 시점 시스코의 네트워크 스위치 전 세계 점유율은 70% 정도, 네트워크 라우터는 85% 정도였다. 하드웨어의 높은 점유율은 AI 시대 엔비디아와 닮았다.

그러나 2001년에 인터넷 거품이 꺼지면서 같은 해 말 시스코 주가는 3분의 1 수준으로 급락했다. 거시 경제 영향이 크기는 했지만, 2000년 시점에 이미 라우터 등 네트워크 기기가 상품화됐다는 지적도 있다. 당시 시스코 일본 법인에서 영업을 담당했던 관계자는 이렇게 회상한다. "2000년대 전반 무렵부터 라우터 처리 능력은 한계에 이르러 성능이 아니라 가격으로 승부를 겨뤄야 했습니다."

과연 GPU 역시 상품화될까? "가능성을 부정할 수는 없겠지만, 그 반대일 가능성도 있어요." 라쿠텐 증권 분석가인 이마나카 요시오는 "처리 능력이 계속 오르는 제품은 상품화되지 않아요"라고 주장한다.

그 한 예가 바로 CPU이다. 인텔의 PC용 주력 CPU인 Core i 시리즈를 살펴보자. 2008년에 1세대가 발매되었으며 2024년 시점에는 14세대가 가장 최신의 것이다. 그 사이 반도체 공정은 45nm에서 10nm로 미세화되어 칩 성능은 10배 이상 높아졌다. 가격은 어떨까? 출시 가격 기준, 1세대인 Core i7-875K는 342달러(한화 약 45만 원)였지만, 14세대인 Core i7-14700K는 409달러(한화 약 54만 원)로, CPU 가격은 성능과 함께 꾸준히 올랐다.

이와 달리 CPU 수요의 대표격인 PC에서는 운영체제가 요구하는 CPU 성능이 계속 오르지는 않았다. 원칙적으로는 운영체제 버전이 오를수록 반도체 요구 성능도 오르지만, 2006년 '윈도우 비스타Windows Vista'에서 2009년 '윈도우 7Windows 7' 업그레이드에서는 "비스타는 너무 무거워요", "쓸데없는 기능이 많아요" 등 사용자 의견을 반영하여, 오히려 낮은 성능에서도 작동하는 사양으로 변경했다. 그럼에도 CPU 성능은 계속 올랐다. 이마나카 요시오는 그 이유를 운영체제가 요구하는 성능이 그대로라도 PC에서 작동하는 애플리케이션이 계속 늘기 때문으로 분석한다. 애플리케이션이 늘면서 요구하는 성능도 계속 높아진 덕분에 CPU는 상품화를 피할 수 있었던 것이다.

생성형 AI도 마찬가지일 듯하다. AI 모델 학습 수요가 일단락되자, 이번에는 AI를 사용한 다양한 애플리케이션 개발 경쟁이 시작될 조짐을 보인다. 지금은 AI와 채팅 등이 주된 용도지만 앞으로 다양한 킬러 앱, 킬러 콘텐츠가 나올 것이다. 1990년대 중반 초기 웹이 등장했을 당시 많은 사람이 인스타그램 등 SNS나 우버 등 공유 서비스를 예견하지 못했던 것처럼 생성형 AI 시대에도 상상을 뛰어넘는 애플리케이션이 등장할 수 있다. "역사를 보면 알 수 있듯이 반도체 성능은 계속 발전했습니다. AI 시대도 마찬가지일 것입니다." 이마나카 요시오의 말이다.

세 번째 사각지대 : 포스트 GPU의 태동, 삼바노바 시스템즈

마지막 사각지대는 '포스트 GPU'라 불리는 신형 AI용 반도체이다. 이 영역에서는 스타트업을 중심으로 다양한 기술이 등장했다. 특징으로는 앞으로 수요를 지켜보며 AI 학습이 아닌 추론을 전문으로 하는 스타트업이 많다는 점을 들 수 있다. 예를 들어, 미국 d-매트릭스d-Matrix는 서로 다른 칩을 조합하는 칩렛Chiplet 기술을 활용하여 최첨단 GPU의 40배 메모리 대역폭을 실현했다.

그 밖에도 미국 하버드 대학 중퇴생들이 창업한 미국 에치드 AIEtched.ai, 구글에서 머신러닝용 칩인 TPU를 담당했던 기술자가 창업한 그로크Groq, 인간 두뇌의 특징을 재현하는 칩 개발을 목표로 하며 샘 올트먼이 투자한 것으로 유명한 레인 AIRain AI, 드론이나 로봇, 자율 주행용 칩을 개발하는 시마 AISiMa.ai 등도 시선과 투자 모두를 모으고 있다.

AI 학습에서도 논리적인 배경을 기반으로 GPU 아성에 도전하는 새로운 기업이 있다. 미국 삼바노바 시스템즈SambaNova Systems가 이러한 기업 중 한 곳이다. 조금 길지도 모르겠지만, 잠시 이 회사가 목표로 하는 신형 반도체를 소개한다.

삼바노바는 데이터 플로(흐름) 기반의 컴퓨팅 아키텍처를 채용하여, 기존의 폰 노이만 구조와 차별화된다. 모든 현대형 컴퓨터는 인류 역사상 최고 두뇌를 가졌다고 평가받는 폰 노이만이 개발한 '폰 노이만 구조'를 기반으로 한, 노이만형 컴퓨터다. 노이만형 컴퓨터는 데이터를 옮겨 연산하고 다시 돌려주는 처리를 거친다. 읽기, 연산, 저장이라는 흐름으로, GPU도 마찬가지로 이 방식으로 처리한다. 프로세서가 메모리에 데이터를 읽고 쓰면서 처리를 실행해 나간다.

데이터 플로형 프로세서를 개발하는 미국 삼바노바 시스템즈. 사진은 프로세서를 탑재한 삼바노바의 서버.

한편, AI에서 프로그램 코드는 이미 노이만형 세대에서 다음 세대로 옮겨가고 있다. 기술자가 직접 전문적인 코드를 작성하여 알고리즘을 만드는 것이 아니라 데이터를 입력하면 사람의 신경 회로를 모방한 방법인 신경망이 가중치를 부여하여 프로그램을 완성한다. 데이터가 흐르듯이 계산을 진행하므로 데이터 플로형이라 부른다. 머신러닝 프로그램에서 자주 사용하는 도구 모음인 텐서플로TensorFlow나 파이토치PyTorch 모두 데이터 플로형이다.

요컨대, 프로그램은 데이터 플로형인데 컴퓨터는 노이만형이라는 뒤죽박죽 상태가 현재 AI의 모습이다. 이러한 불일치 탓에 GPU에 많은 부하가 걸린다. 계산 처리 사정상 노이만형으로 AI 학습처럼 대량 데이터를 동시 병렬로 처리하려면 데이터를 읽고 쓰는 고속 메모리를 프로세서 가까이에 두어야 한다. 이것이 GPU를 이용한 칩이 비싼 이유이다. 메모리에서 병목이 발생하는 이 문제를 '폰 노이만 병목'이라 부른다. 게다가 메모리에서는 속도와 용량이 상충 관계이므로 빠른 메모리일수록 용량은 작다. 현재 엔비디아 GPU에는 최대 80기가바이트 메모리만 둘 수 있다.

반면, 데이터 플로우형 컴퓨터는 데이터가 메모리와 프로세서를 반복해서 오가지 않고, 연산 기능이 있는 장치들 사이를 자연스럽게 흐르며 처리가 이루어진다. 데이터 플로형으로 작성한 프로그램을 그대로 컴퓨터에 흘려 넣는 모습을 떠올리면 된다. GPU와 달리 데이터를 매번 읽고 쓰는 고속 메모리가 필요 없으므로 작고 빠른 메모리가 아니라 크고 느린 메모리를 사용할 수 있다. 삼바노바의 최신 반도체에는 1테라바이트에 이르는 대용량 메모리를 둘 수 있다.

그러나 데이터 플로형 컴퓨터에는 큰 문제가 있다. 이는 다종다양한 신경망 종류에 따라 계산을 위한 물리적인 회로를 그때마다 다시 구성해야 한다는 장벽이다. 이를 해결하려 했던 것이 데이터 플로형으로 알려진 반도체의 하나인 FPGA(변경 가능한 집적 회로)였다. 인텔과 AMD가 개발하기는 했으나 FPGA는 GPU 등과 비교하여 프로그래밍이 너무 어렵다는 단점이 있다. 회로 구성을 바꾸는 데 시간이 걸린다는 것도 남은 과제이다.

삼바노바는 이 문제에 대해 '순식간에 구성을 바꿀 수 있는 반도체'라는 해법을 제안한다. 구체적으로는 파이토치 등으로 작성한 AI 모델 프로그램을 삼바노바 반도체용으로 변환하는 것이다. 칩 하나로 여러 개 프로그램에 대응하도록 동적으로 회로를 재구성한다고 한다.

삼바노바는 반도체 하나만을 제공하지 않고 AI 플랫폼 형태로 하드웨어와 소프트웨어를 묶은 구독형 서비스를 제공한다. 사용자인 기업은 자사 데이터센터에 삼바노바 서버 등을 설치하게 되었다. 클라우드에 데이터를 저장하지 않고 자사 소유 환경에서 AI를 이용하고자 하는 기업이 대상이므로 AWS 등 클라우드 대기업이 데이터센터에 필요한 엄청난 수의 GPU와 직접 경쟁하지 않는다.

이미 미국 국립연구소 등이 삼바노바 시스템즈 서비스를 이용하며 2023년 3월에는 액센츄어와도 협력 관계를 맺었다. 데이터 플로형 컴퓨터라는 오래되면서도 새로운 기술이, AI 반도체로서 어느 정도 존재감을 드러낼 가능성은 충분하다.

18 초고속 메모리 각축전

도쿄 일렉트론 & 디스코 - 초고속 메모리에 필요한 일본 반도체 제조 장치 기업

세계적인 반도체 수요는 한국 기업에도 기회이다. 우리나라와 가까운 이웃 국가, 일본의 사례를 먼저 살펴보자.

일본 반도체 제조 장치 제조사가 특수를 누리고 있다.

"엔비디아가 최신 GPU인 H100을 증산할 수 있었던 것은 도쿄 일렉트론 덕분입니다." 일본 반도체 관련 기업 기술자는 2023년 여름, 필자에게 이렇게 전했다. 앞서 살펴본 대로 GPU는 노이만형 프로세서로, 데이터를 읽고 쓰기 위해서는 초고속 메모리, 즉 HBMHigh Bandwidth Memory(고대역폭 메모리)이 있어야 한다. HBM은 반도체 재료인 웨이퍼를 여러 층 쌓아 만드는데, 이때 웨이퍼끼리 접합하는 본딩 장치가 필요하다.

이 장치의 전 세계 시장 점유율 과반을 차지하는 곳이 도쿄 일렉트론이다. 수요 폭증으로 본딩 장치가 부족하여, 2023년 봄부터 가을까지는 HBM 제조사인 한국 SK하이닉스 등이 증산하지 못하는 상태가 이어졌다. 도쿄 일렉트론 관계자에 따르면, "특히 한국 고객 사이 경쟁이 아주 심했던 상황으로, 2023년도 초에는 상당히 부족했으나 (2023년 11월 시점에서는) 초기 몇 배 수준으로 생산 능력이 늘었어요. HBM 수요를 따라가지 못하던 상황이 해소된 거죠."

HBM 관련 제조 장치에서 세계 최대인 일본 디스코에도 관심이 집중되었다. 이 회사는 웨이퍼 밑면을 얇게 깎는 그라인더 부문에서 전 세계 시장 점유율 70% 이상을 차지한다. HBM에는 정밀한 가공이 필요한데, 이 회사가 생산한 그라인더가 필요하다고 한다. 가격은 일반 그라인더의 2배로, 이 회사 실적에 긍정적인 영향을 줄 듯하다. 일본 TOWA의 몰딩 장치도 제조에는 꼭 필요하다. 몰딩은 반도체 제조 후공정의 하나로, 웨이퍼에서 잘라낸 칩을 수지로 감싸는 공정을 말한다. 이 회사의 전 세계 시장 점유율은 70%에 가까우며, 특히 HBM용 컴프레션(압축) 방식은 TOWA의 발명품으로, 시장을 독점하는 상태이다.

삼성전자·SK 하이닉스 - 초고속 메모리를 선도하는 한국 기업

세계적인 반도체 수요가 지속적으로 증가하는 가운데, 한국 기업들이 초고속 메모리 시장에서 선도적인 역할을 하고 있다. 그중에서도 삼성전자와 SK하이닉스는 대표적인 기업으로 자리 잡았다.

삼성전자는 2023년 기준 메모리 반도체 시장에서 약 43.5%의 점유율을 기록하며, 전 세계에서 가장 큰 메모리 반도체 제조사로 자리매김하고 있다. 삼성의 DDR5Double Data Rate 5 메모리는 최대 900MB/s의 전송 속도를 지원하며, 이를 통해 클라우드 서비스, AI, 데이터센터 등 다양한 산업에서 활용되고 있다. 특히 이 기술은 초고속 데이터 처리를 요구하는 분야에서 필수적인 솔루션으로 평가된다.

또 다른 주요 플레이어인 SK하이닉스는 세계에서 두 번째로 큰 메모리 반도체 제조사로, 2023년 현재 약 28%의 시장 점유율을 차지하고 있다. SK하이닉스는 HBMHigh Bandwidth Memory 기술에서 두각을 나타내며, HBM3는 최대 819GB/s의 데이터 전송 속도를 자랑한다. 이 기술은 고성능 컴퓨팅 및 AI 연산에서 중요한 역할을 하고 있으며, 특히 HBM 수요가 크게 증가하면서 SK하이닉스의 기술력은 더욱 주목받고 있다.

이처럼 한국 메모리 반도체 기업들은 글로벌 시장에서 초고속 메모리 기술의 핵심 주자로 떠오르고 있으며, AI와 빅데이터, 자율주행 등 차세대 기술 발전에 필수적인 기반을 제공하고 있다.

19 도전하는 '올드 루키' : 라피더스

미국 뉴욕주에 있는 IBM 반도체 연구 시설인 알바니 나노테크 콤플렉스Albany NanoTech Complex는 반도체 관련 연구 기관과 기업이 모인 곳으로, 이곳에서는 일본에서 간 1,000명 이상의 기술자가 현지 연구자와 무릎을 맞대고 함께 연구 중이다. 평균 나이는 약 50세로, 젊다고는 할 수 없으나 가슴에 품은 사명감은 그 어떤 젊은이에게도 뒤지지 않는다. 이들이 바로 2022년 최첨단 반도체 양산을 목표로 설립한 파운드리(위탁 생산 업체)인 일본 라피더스(도쿄도 치요다구 소재) 정예 멤버이다.

1980년대 후반, 반도체 생산에서 50% 시장 점유율을 자랑하며 세계를 제패했던 일본이었으나 지금은 10%에도 미치지 못하는 지경에 이르렀다. 이에 기사회생을 노리며 사방팔방으로 흩어진 기술자를 라피더스로 다시 불러 모았다.

라피더스의 목표는 머지않아 연산 처리에 사용하는 주류 논리 반도체가 될 회로 선폭 2나노미터 반도체로, 2025년에 시제품 생산 설비를 구축하고 2027년에 양산을 시작할 예정이다.

2나노미터 반도체를 목표로 한 것은 2014년에 경영 악화로 반도체 제조 부문을 매각한 IBM의 제안이 발단이었다. 이 회사는 세계 최초로 2나노미터 기술을 사용한 칩 시제품을 2021년에 가장 먼저 개발하여, 그 양산을 도쿄 일렉트론 전 사장이었던 히가시 테츠로東哲郎元(현재 라피더스 회장)에게 부탁했다. 일본의 여러 반도체 회사가 무리라며 고개를 저었다. 마침내 일본 히타치제작소와 샌디스크SanDisk 등에서 근무했던 코이케 아츠요시小池

淳義(현재 라피더스 사장)가 사업화를 받아들였다.

2024년 4월, 실리콘밸리에 영업 거점을 개설하기로 발표한 라피더스. 가운데가 라피더스의 사장, 코이케 아츠요시.

2나노미터는 3나노미터 제품과 비교하여 소비 전력을 20~30%를 줄일 수 있으므로 AI나 자율 주행 등 분야에서 활용도가 높으리라 예상된다. 단, 양산 과정에 이르는 길이 험난하다. 설계는 끝난 상태지만 양산을 위한 기술 개발은 아직 진행 중이다. 3나노미터에서는 첨단 반도체 생산에서 전 세계 시장 점유율 90%를 차지하는 TSMC와 삼성전자가 양산을 시작했다. 그리고 두 회사 모두 2025년에 2나노미터 양산을 목표로 한다.

한편, 일본은 르네사스 일렉트로닉스가 40나노미터로 생산하는 것이 최고 수준으로, 미세화 경쟁에서는 상당히 늦은 셈이다. 라피더스는 양산까지 5조 엔이 필요하다고 보지만, 이미 결정한 정부 보조금만으로는 한참 부족하다. 민간을 통한 조달이나 상장을 통해 자금을 모으려면 프로젝트 진척 상황이나 고객 확보가 중요할 것이다.

양산의 열쇠를 쥔 것이 GAAGate All Around라는 기술이다. 반도체 소자는 이전 물고기 지느러미와 비슷한 구조에서, 세로 방향으로 집적하는 GAA와 같이 집적도도 더 높고 만들기도 더 어려운 기술로 바뀌고 있다. 이에 라피더스 역시 빠르게 제조 노하우를 확립하려 한다. 코이케 아츠요시 사장은 기자 회견 등에서 "우리 최대 무기는 속도"라고 거듭 이야기한다. 종래 반도체 공장에서는 비용을 줄여 생산성을 높이려 하므로 대량 웨이퍼를 한꺼번에 가공하는 방법이 일반적이었다. 라피더스는 발상을 뒤집어 웨이퍼를 통째로 처리하여 소량이라도 빠른 납품을 원하는 수요를 만족하려는 전략을 취한다. 이는 약 20년 전, 일본 히타치와 대만 UMC의 합병 회사에서 코이케 아츠요시가 실현하고자 했던 방법이다. 당시 납기를 2~3개월에서 1개월로 줄이는 데 성공했으나 외국 제조사로부터 수요를 확보하지는 못했다.

생성형 AI 수요 등으로 이와 같은 속도가 이제야 빛을 보게 되었다고 라피더스는 말한다.

"초기 고객 중에는 AI에서 가장 앞서는 실리콘밸리 기업이 상당 부분을 차지할 것입니다." 2024년 4월, 라피더스는 미국 캘리포니아주 산타클라라에 영업 거점이 될 새로운 회사를 설립한다고 발표했다. 인텔이나 엔비디아, AMD가 본사를 둔 실리콘밸리 중심부다. 기자 회견을 연 라피더스 코이케 아츠요시 사장은 이렇게 말하며 새로 만든 영업 거점을 축으로 고객 개척을 강화하려는 뜻을 밝혔다.

그는 AI에 의한 반도체 수요를 다음과 같이 설명한다. "지금 수요는 GPU와 CPU, 그 밖의 AI 전용 칩입니다. 그러나 AI 실용화가 진행되어 용도가 다양해지면 범용 GPU가 아니라 용도에 특화된 전용 칩이 많아질 겁니다. 요컨대, 다종다양한 AI 칩이 필요하리라는 예상입니다. 그때는 라피더스가 목표로 하는 빠른 속도로 소량의 반도체를 만드는 기술이 경쟁력의 원천이 될 것입니다."

영업을 담당하는 미국 법인 사장에는 AMD와 IBM에서 글로벌 마케팅 등 경험이 풍부한 앙리 리샤르Henri Richard를 임명했다. 그는 회견에서 생성형 AI 덕분에 늘어난 반도체 수요와 관련하여 "최신 로직 반도체 수요는 아직 과소평가되고 있습니다. 공급망에는 지정학적인 위험이 있고, 새로 시작하는 기업은 칩 개발에 새로운 패러다임을 원합니다"라고 말했다. 라피더스는 AI용 첨단 반도체가 비즈니스의 핵심이 되리라 보고 고객 확보를 서두를 예정이다.

수요는 있다. 미국 IT 빅테크 기업 모두 일본 반도체 관련 기업과 협력을 기대한다.

"일본 반도체 제조사가 지금 TSMC와 같은 노드(반도체 공정 세대를 나타내는 지표)를 제공한다면 꼭 이야기를 나누고 싶습니다." 엔비디아 데이브 살바토르 이사는 "구체적인 계획이나 의도는 아직 없지만요"라고 덧붙이면서도, 일본 반도체 제조사를 환영한다는 뜻을 밝혔다. 구체적인 조건으로는 회로 선폭 3~5나노미터를 들었다.

AWS의 체탄 카푸르 이사 역시 "2~3나노미터의 최첨단 공정이라면 협의는 언제든 열려 있으며, 수요를 만족하고자 다양한 지역에서 다양한 공급자를 확보하고 싶습니다."라며 관심을 표했다. 이와 함께 그는 최첨단 공정 이외 반도체와 관련해서도 "AI 이외에도 다양한 반도체가 필요해요.

일본 기업과 협력 가능성을 묻는다면 물론 '예'라고 답할 겁니다"라고 말했다.

GPU 부족이 두드러지고 AI 개발 기업은 반도체 공급망을 다시 검토해야 하는 과제를 안았다. 생성형 AI 유행은 반도체 관련 기업에 모처럼 온 기회로, 이 물결을 제때 넘지 못하면 엄청난 비즈니스 기회를 놓치게 될 것이다.

10년 후에는 전혀 다른 판도가 된다. 반도체는 과연 '사람을 행복하게 만들까?'를 생각한다.

일본 라피더스Rapidus 사장 코이케 아츠요시小池淳義

2025년에 2나노미터 첨단 반도체의 시험 생산 개시를 목표로 하는 일본의 라피더스. 새로운 AI 반도체 제조업체로 주목을 받고 있지만, 구체적인 니즈는 어디에 있는 것일까? 특이점을 연구했던 AI 전문가 코이케 아츠요시 사장은, 생성형 AI 판도의 미래를 어떻게 읽고 있을까? 그는 "최종 제품을 고객과 함께 생각하는 완전히 새로운 기업이 되겠다"라고 다짐하고, 생성형 AI 시대를 "사람들을 행복하게 한다는 최종 목표를 공유하지 않는 한, 기술만으로는 답이 나올 수 없다"고 전망한다.

1952년 치바현 출생. 1978년 와세다대학 대학원 이공학 연구과 수료 후 히타치 제작소에 입사하여 반도체 기술 개발에 종사했다. 2000년에는 히타치와 대만 UMC가 합작한 트레센티 테크놀로지스 이사로 취임하고, 2002년에는 사장을 역임했다. 2006년 샌디스크 일본 법인 사장, 2018년 웨스턴 디지털 재팬 프레지던트를 거쳐 2022년 8월 라피더스를 설립했다.

코이케 아츠요시小池淳義
라피더스 사장

Q 코이케 사장은 『특이점의 충격(원제: 人工知能が人間を超える シンギュラリティの衝撃, 2017년, PHP 연구소 출간)(국내 미출간 도서)』을 출간한 AI 전문가이기도 하신데요, 2023년부터의 생성형 AI 열풍을 어떻게 보고 계신가요? 반도체 분야에서는 GPU 쟁탈전이 계속되고 있습니다.

A 혁신에는 절정기와 환멸기를 오가는 커브가 있습니다. AI 커브에 대해서도 자세히 연구했습니다만, 아시다시피 AI는 몇 번이고 부침을 반복하고 있어, 이번 생성형 AI도 그 일련의 흐름에 위치할 것으로 생각합니다. 그러므로 지금은 폭발적인 붐으로 기대가 클 수도 있지만, 장기적으로 봤을 때는 이대로 절정을 이어가지는 않을 것으로 보고 있습니다. 일단 붐이 진정되고 정체되어, 진정한 의미에서 산업으로 발전하려면 시간이 걸릴 것입니다. 따라서 이 붐은 냉정하게 보아야만 합니다.

Q 이전부터 라피더스가 양산 개시 목표로 삼고 있는 2027년에는, AI로 인해 반도체 수요가 기존 예상 대비 2배 정도로 급증할 것으로 보고 계십니다. 보급은 2027년경일까요?

A 본 산업 형성은 좀 더 나중일지도 모릅니다. 물론 미국에서도, 유럽에서도 그리고 일본에서도 큰 붐이 일어나고 있지만, 조금 우려되는 부분도 있습니다. AI에 대한 지나친 기대도 그렇지만, 충분한 방어책이 검토되고 있는지…… '이건 위험한데.'라고 느낄 때가 있지요. 반도체에 대해 말하자면, 다양한 회사가 진입을 검토하고 있다는 소식이 들려옵니다. 오픈 AI도 그렇죠. 다만 알기 쉽게 말해 그들은 반도체에서는 '초보'입니다. 반도체에는 매우 복잡한 생산라인이 있고, 그중 한 요소라도 빠지면 제조할 수 없게 됩니다. 그 구조를 제대로 이해한다면, 수요가 있으니 큰 공장을 짓고 즉시 대량으로 제조하자, 같은 일은 어렵다는 점을 알게 될 것입니다.

Q 얼마 전에는 오픈AI 간부가 일본을 방문했었는데요.

A 저도 만나서 많은 이야기를 나눴습니다.

Q 그들과 협업할 가능성은 있을까요?

A 협업할 수도 있다고 생각합니다. 그들도 아마 칩을 만들 것이기 때문에, 당연히 다양한 방법을 검토하고 있을 것입니다. 제조업체와 함께하는 선택지도 있겠

지요. 그들은 소프트웨어로부터 하드웨어로 진입하려고 하며, 우리는 하드웨어로부터 소프트웨어를 생각할 수 있습니다. 최종 제품에 대한 목표를 공유할 수 있다면, 좋은 조합이 될 것입니다.

Q "인간의 풍요로움을 상상한 후에 제품을 만들어야 한다"라고 몇 번이나 발언하셨습니다. AI로 인해 인간은 풍요로워질까요?

A 기술 덕택에 인간은 '편리함'을 손에 넣었습니다. 이건 틀림없겠지요. 단지 항상 의문을 갖는 것은, "편리해졌지만 그만큼 행복해지기도 한 것일까?" 하는 질문입니다. 인류가 수천 년 동안 논의해 온 것이죠. 철학적인 물음일 수도 있습니다. 인간의 행복이란 무엇일까요? AI라는 도구를 손에 넣었을 때 생각해야 하는 것도 마찬가지라고 봅니다. "AI가 어떻게 인간을 행복하게 할까?"를 파고들어 고민하지 않으면 안 됩니다. 세상의 많은 경영자가 종업원을 풍요롭게 하는 것이 목적이라고 말합니다. 반도체 관련 기업이라면, 반도체 산업 발전이 목표라고 하지요. 하지만 저는 그것이 경영자의 최종 목표는 아니라고 생각합니다. 우리가 만드는 제품이 사람들은 진정으로 행복하게 만드는가? 경영자라면 그 물음을 더 깊게, 더 진지하게 생각해야 합니다. 저는 행복이란 '오늘 정말 멋진 일을 해냈다'고 느끼고, '내일은 더 멋진 일을 할 수 있을지 모른다'고 여기는 것이라고 생각합니다. 스페인의 사그라다 파밀리아 성당의 설계자인 건축가 안토니 가우디는, 매일 전 세계에서 모인 장인을 앞에 두고 "내일은 더 좋은 것을 만들자"고 말했다고 합니다. 그게 행복이고, 기계로는 도달할 수 없는 영역이라고 생각합니다. 반도체로 옮겨 봐도, 역시 기술만으로는 답이 나오지 않는 거죠. 반도체 기술은 점점 진화하고 있습니다. 하지만 과연 인간이 행복해지는 제품을 만들어온 것일까요? 저는 이런 의논을 할 구조도 장소도 없었다고 생각합니다. 수평 분업이 진행되면서, 설계와 전공정과 후공정이 제각각 움직이고 있어요. 지금은 전공정과 후공정 간 대화도 없을 정도죠. 과장이 아닙니다. 언어도 문화도 다릅니다. 분업이 기술적으로 표준이 되면서, 이른바 '팹리스 파운더리 모델'이 세계를 석권하고 있습니다. 경제적으로는 최선이라면

서요. 하긴 효율만 따지면 최선일지도 모르지요. 하지만 저는 그 앞을 생각하고 싶습니다. 생각하지 않으면, 미래는 오지 않습니다. 그걸 구체적으로 말하면, 제조하는 반도체의 최종 목표와 지향하는 곳을 고객과 함께 의논하는 것입니다. 각각의 단계에 벽을 두지 않고 최종 목표를 위해서는 무엇이 옳은가를 논의하는 곳. 그런 공장을 라피더스는 세계에서 처음으로 만들고자 합니다. 우리가 'RUMS Rapid&Unified Manufacturing Service'라 이름 붙인 것은 그런 개념입니다. 앞으로 AI 스타트업이 계속 나올 겁니다. GAFAM도 반도체 설계 지원은 필요하겠지요. 그들과 의논하여, 필요한 반도체가 무엇인지 생각하는 역할이 필요한 것입니다. 단순히 고객의 의견만 듣는다면, 저전력으로 고속인 반도체 그리고 저비용 반도체뿐입니다. 그러면 일용품화 되어버리고 맙니다. 이제부터는 일률적으로 대량 공급하는 시대가 아닙니다. 절대적이고 범용적인 칩이 아니라, 각 기업이 전용화하여 각자의 목표로 향하는 반도체가 필요합니다. 예를 들면 속도는 중시하지 않지만 소비 전력을 100분의 1로 해주었으면 한다, 혹은 비용은 2배여도 상관없으니 특정 능력을 최대화해 주었으면 한다, 같은 요구가 나올지도 모릅니다. 각각의 풍요로움, 각각의 행복을 향해 요구도 반도체도 다양해질 것입니다.

Q 이렇게 요구가 다양해지는 시대에, 라피더스가 나노미터 공정으로 제조하는 반도체의 구체적인 용도는 무엇일까요? 때에 따라서는 엔비디아의 GPU를 제조할 가능성도 있습니까?

A AI 반도체에는 현재 3개의 그룹이 존재합니다. 그룹 A는 인텔, 엔비디아, AMD 같은 세계적인 기업으로 범용 CPU나 GPU를 생산하고 있습니다. 그들은 지금 황금시대를 맞이하고 있지요. 당연히 그들도 AI 액셀러레이터를 기존 CPU나 GPU에 접목함으로써 수요를 차지하러 올 것입니다. 그룹 B는 이른바 'GAFAM'으로, 클라우드 등의 데이터센터용 AI 반도체를 만들고 있습니다. 아시다시피 급격히 성장 중이며, 데이터를 무기로 삼아 처리를 고도화하고 있습니다. 그룹 C는 엣지 컴퓨팅으로, 자율주행이나 '컴퓨터나 스마트폰의 다음'이라고 불리는

영역에 필요한 반도체입니다. 알기 쉽게 3개의 그룹으로 나누어 AI 반도체의 세계를 설명해 왔습니다만, 최근 상황이 바뀌고 있습니다. ABC 그룹의 경계가 흐려졌기 때문입니다. 여러 기업과 실컷 머리를 맞대고 자신의 앞가림이라도 해나가다 보면, 장기적으로 경계는 없어질 것이라고 보고 있습니다. 예를 들어 A와 C가 함께 어우러져 변혁적인 상품이 생기기도 하고, A와 B의 경계에서 혁신이 태어나기도 합니다. 그런 일이 벌어지는 겁니다. 즉 그룹 A인 인텔이나 엔비디아가 계속 이길 가능성도, GAFAM이 싹쓸이할 가능성도, 아예 새로운 참여자가 나타날 가능성마저 있습니다. 다들 거대 기업이 막대한 자본을 투하한다면 당연히 이길 거라고 생각할지 모르지만, 그렇게 단순한 세계는 아닙니다. 매우 재미있는 미래가 기다리고 있다고 생각합니다.

Q 다시 말해 라피더스는 ABC 그룹 전부를 잠재 고객으로 파악하고 있다는 건가요?

A 맞습니다. 어디가 이기는지 확실히 확인해야만 합니다. 현시점에서는 어느 그룹이나 이길 잠재력이 있습니다. 하지만 10년 후에는 전혀 다른 판도가 될 거예요. 이렇게 예상하는 건 저뿐일지도 모르지만요.

Q 『칩 워』의 저자인 크리스 밀러 씨를 취재했을 때, 그는 이렇게 말했습니다. "라피더스는 반도체 미세화의 패러다임이 바뀌는 것과 전문 지식이 없는 고객의 설계 지원 요구가 늘어나는 것, 이 두 가지에 걸고 있으며, 어느 쪽이든 옳다고 생각한다(자세한 내용은 4장 인터뷰 참조)." 소량으로 다품종을 신속히 생산한다는 라피더스의 비즈니스 모델을 호평했습니다. 이 언급을 어떻게 받아들이나요?

A 속도에 대해 인정해 주는 것은 고맙네요. 다만 저는 '다품종 소량'이란 말은 쓰고 싶지 않습니다. 확실히 '다품종'이긴 하지만 '소량'이라고는 할 수 없습니다. 양은 고객이 결정하는 것이고, 라피더스는 중간 규모에도 대응할 수 있습니다. 단, 대량 생산하게 되면 다품종을 만들 수 없어지므로 저희는 하지 않습니다.

그건 TSMC나 삼성전자가 하면 됩니다.

Q 다품종 생산을 가능하게 하는 기술적인 열쇠는 무엇이 될까요?

A 전공정에 관해 말하자면, '매엽* 처리'입니다. 제가 계속 노력해 온 것이기도 한데, 이전과 비교하여 제조 기술과 프로세스의 개선이 진행되어 제조장치의 기술 수준이 높아지고 있습니다. 모든 것을 매엽 처리로 하자고 생각하고 있는 것은 저뿐이기 때문에, 기계는 장치 제조 업체와 공동 개발했습니다. 현재 주류로 자리 잡은 배치 처리**에 비해 매엽 처리는 가성비가 나쁘다고 합니다. 하지만, 그것은 총비용을 생각하지 않은 이야기입니다. 확실히 제조장치는 배치 처리 쪽이 저렴합니다. 하지만 매엽 처리에는 다른 이점이 있습니다. 매엽 처리는 웨이퍼를 1장씩 가공하지만, 1장당 2~3분이면 끝납니다. 이에 비해 배치 처리는 100장을 한 번에 가공할 수 있는 대신, 5시간 정도 걸립니다. 즉, 매엽 처리 쪽이 생산 사이클이 짧습니다. 더욱이 배치 처리는 단번에 가공하는 만큼, 어딘가에서 재고를 보관해야 할 필요가 있습니다. 매엽 처리는 도요타의 칸반 방식***과 같아서, 점진적으로 공정이 진행되기에 재고가 필요 없습니다. 데이터도 중요한 요소입니다. 매엽 처리는 한 장씩 가공하여 그 데이터를 모두 축적할 수 있습니다. 100장을 한 번에 가공해 데이터를 보내는 방법에 비해 데이터양은 100배가 됩니다. AI의 세계와 마찬가지로, 데이터가 쌓이면 쌓일수록 학습할 수 있습니다. 보다 효율적인 생산 방법을 배울 수 있는 것입니다. 우리는 방대한 데이터를 통해 점점 생산 방법을 개선할 수 있을뿐더러, 그것을 설계자에 피

* 매엽(枚葉)은 한 장, 한 장의 낱장을 의미한다. 반도체 업종에서는 Single Wafer 즉, 웨이퍼를 1장씩 처리하는 방식을 말한다.

** 배치(Batch) 처리는 매엽 처리와 반대되는 방식으로, 수십 장의 웨이퍼를 한꺼번에 처리하는 방식을 말한다.

*** '시각적 신호' 또는 '카드'를 뜻하는 일본어 용어에서 유래한 칸반은 강력한 시각적 프로젝트 관리 및 워크플로 최적화 도구이다. 칸반 시스템에서 기둥과 카드가 있는 보드는 프로세스의 다양한 단계를 통해 진행되는 작업 항목을 시각적으로 나타낸다. 각 열은 별개의 워크플로 단계를 나타내고 카드는 개별 작업 또는 작업 항목을 상징한다.

드백할 수도 있습니다. 여기까지 생각하면, 가격 대비 성능 측면에서 매엽 처리는 절대 뒤떨어지지 않습니다.

Q 제가 평소 취재하고 있는 미국 빅테크 담당자도 "나노미터 이하의 제조 기술이 있다면 일본 기업과 협업하고 싶다"라고 언급한 바 있습니다. 그들과 손을 잡을 가능성은 어떤가요?

A 그건 지극히 중요하며, 이미 대화는 시작되었습니다. GAFAM이 있고 그 맞은 편에 (클라우드의) 최종 사용자가 있고, 설계를 지원하는 브로드컴과 같은 참여자도 있지요. 이런 구조에 대해서도 이해했습니다. 라피더스가 속도에 강점이 있음을 어필한다면, 공통 인식하에 새로운 비즈니스 모델이 생길 것이라고 생각합니다.

*이 인터뷰는 2024년 5월에 이루어졌습니다.

생성형 AI의 주요 전쟁터는 모델 그 자체의 우열로부터, 기업이 실제 서비스에 AI를 어떻게 적용하는가 하는 단계로 옮겨 가고 있다. 그 핵심이 바로, 클라우드 대기업이 제공하는 생성형 AI 개발 플랫폼과 도구들이다. 실적으로는 미국 마이크로소프트(Microsoft)가 한 걸음 앞서 나가고 있으며, 미국 아마존 웹 서비스(AWS)와 미국 구글(Google)도 서둘러 반격하고 있다. 한편, 특화된 AI 기술을 바탕으로 한 유망한 플랫폼 스타트업들도 계속해서 등장하고 있다. 과연 패권을 잡을 다음 플랫폼은 누구인가.

클라우드 경쟁 축의 변화, '3강'의 명암

이 장에 등장하는 참여자/플레이어

- 구글 Google
- 아마존 웹 서비스 Amazon Web Services, AWS
- 마이크로소프트 Microsoft
- 메타 Meta
- 엔비디아 NVIDIA
- 오픈AI OpenAI
- 앤트로픽 Anthropic
- 허깅 페이스 Hugging Face
- 마션 Martian
- 코어위브 CoreWeave
- 스케일 AI Scale AI
- 시큐리티 스코어카드 Security Scorecard
- 랭체인 LangChain

※ 국가명을 표시하지 않은 곳은 모두 미국 기업

인공지능 개발 플랫폼

기업이 AI를 개발·이용하는 플랫폼으로, 클라우드 서비스를 다루는 공급자가 제공하고 있다. AWS의 '아마존 베드록Amazon Bedrock'이나 마이크로소프트의 '애저 오픈AI 서비스Azure Open AI Service', 구글의 '버텍스 AIVertex AI' 등이 대표적이다. AI 모델뿐 아니라 파인 튜닝과 AI 모델 평가 도구 등도 제공한다.

클라우드 컴퓨팅

인터넷 등의 네트워크를 경유하여 사용자에게 서비스를 제공하는 형태. 종래에는 서버 등의 하드웨어를 구입하는 것이 주류였지만, 클라우드의 등장에 의해서 온라인으로 소프트웨어의 이용이나 데이터의 교환이 가능하게 되었다. 클라우드 기업들은 생성형 AI의 개발 환경이라고 하는 플랫폼을 서비스로 제공하고 있다. 세계 점유율 1위는 미국 아마존닷컴Amazon.com 산하의 아마존 웹 서비스Amazon Web Services, AWS다. 2위가 미국 마이크로소프트Microsoft, 3위는 미국 구글Google이다.

인스턴스

클라우드 서비스의 가상 서버. 클라우드 기업들은 CPU(중앙연산처리장치)와 GPU(그래픽처리장치)의 스펙과 개수, 메모리 용량 등에 따라 여러 종류의 인스턴스를 제공하고 있으며, 사용자는 실행하고자 하는 처리에 따라 적절한 인스턴스를 선택한다.

관리 서비스

손이 많이 가는 인프라의 운용 등을 서비스로 제공하는 것. 예를 들어 생성형 AI와 관련해서는 각 클라우드 공급자가 기업이 가진 데이터와의 연결이나 모델 평가, 강화학습 등의 기능을 관리 서비스로 제공하고 있어, 사용자가 인프라 세팅 없이 쉽게 이용할 수 있다.

클라우드 파트너사

클라우드 도입을 지원하는 기업으로, 클라우드 제공사가 '파트너'로 인정하는 것이 일반적이다. 서비스 도입 전에 고객의 요건을 조사하고 설계하여 최적의 플랜을 제안한다. 클라우드 서비스 도입 후의 보수나 운용을 지원하는 경우도 많다.

시스템 인테그레이터

SI

시스템 개발의 공정을 하청받는 수탁 개발 기업. 시스템 도입을 고려 중인 기업으로부터 컨설팅, 기획, 설계, 개발과 도입 서포트, 운용까지 전체적으로 하청받는 경우가 많다. 해외에도 존재하는 업종이지만, 사용 기업의 시스템 내 제화가 진행되고 있는 미국에서는 기업 수가 많지 않고 인지도도 낮다.

1 마이크로소프트, 재빠른 AI 수익화

생성형 AI 개발 플랫폼을 둘러싼 패권 다툼에 이변이 생긴 것은 2023년 여름 무렵이었다. 필자가 취재를 진행하자, AI 모델 개발 현장 여기저기서 이런 소리가 들려왔다. "클라우드의 판도가 바뀌고 있는 것 같다." 이 소문은 미국의 대형 클라우드 기업들의 결산에서 단번에 진실로 드러나게 되었다.

"AI로 인해 약 3%의 증수 효과가 있었습니다." 2023년 10월, 마이크로소프트가 개최한 2023년 3분기 결산 설명회에서 에이미 후드Amy Hood CFO(최고재무책임자)는 클라우드 플랫폼 '애저Azure'의 호조가 AI에 의지하고 있다고 분석했다. 챗GPT 공개 후 연도가 채 지나지 않아 벌써 클라우드에서 생성형 AI가 수익화 단계에 들어온 것이다.

애저(회계 구분으로는 '애저 등 클라우드 서비스') 매출액은 전년 동기 대비 29% 증가했다. 애저의 성장률은 2021년에는 50% 정도로 횡보하고 있었지만, 점차 둔화하여 2022년 4분기에는 31%, 2023년 1분기에는 27%, 같은 해 2분기에는 26%로 떨어지는 중이었다. 성장률이 반등한 것은 9분기 만이다.

이 1, 2년 동안 클라우드 사업 성장률이 정체된 것은 AWS나 구글 클라우드Google Cloud나 마찬가지였다. 각 사는 사용자 기업이 경기 침체를 우려하여 지출을 억제하고 있다고 분석하고, 그것을 '비용 최적화'라고 표현해 왔다. 예를 들면, 미국 아마존닷컴Amazon.com의 CEO 앤디 재시Andy Jassy는 2023년 2분기 결산 설명회에서 "고객은 2022년 이래, 어려운 시기를 견디는 비용 최적화에 임하고 있습니다"라며 AWS 성장 둔화의 원인이 외부 환경에 있다는 인식을 드러낸 바 있다.

이런 맥락에서 보면, 애저의 성장률 반등은 클라우드 업계에 있어 일종의 깜짝 소식이었다고도 할 수 있다. 그 깜짝 소식의 주요 요인은 바로 AI 수요였다.

우선, 생성형 AI와 클라우드의 관계를 되돌아보자. 기업이 사내의 생산성 향상 수단이나 자사 서비스의 일환으로 생성형 AI를 도입하는 경우, 크게 3가지 방식이 있다. 하나는 AI 모델을 자사 온프레미스 환경에 도입하는 형태다. 온프레미스란, 서버나 소프트웨어 등의 정보 시스템을 사용자가 스스로 관리하는 설비 내에 설치해 보유·운용하는 것을 말한다. 데이터가 자사 시설 내에서 완결되기에 보안상 유리하다.

이 경우 AI 모델은 아예 자체 구축하거나, 소스코드가 공개된 오픈 소스 모델을 이용해 커스터마이징하게 된다. 구축할 때는 물론이고 이후 보수나 모델 소스의 업데이트 등도 해야 하므로 사내에 전문가 집단을 두거나 외부 기업에 위탁할 필요가 있다.

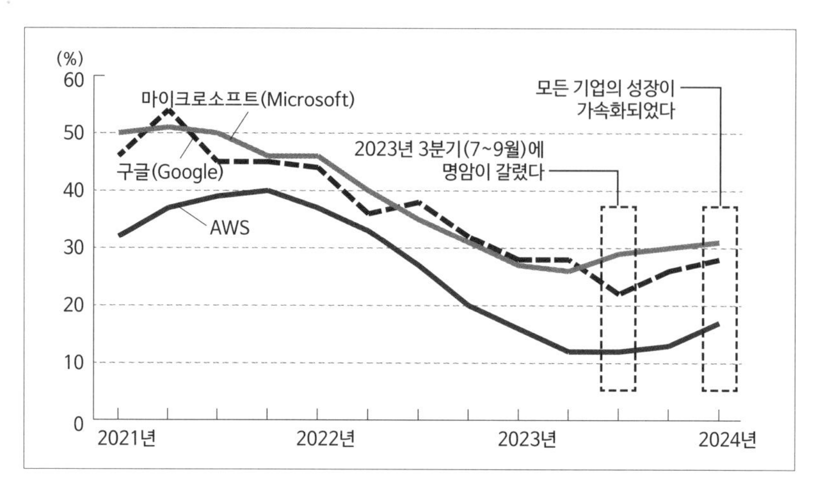

클라우드 3강의 매출 성장률 추이. 최근에는 마이크로소프트가 한발 앞서 있다. 마이크로소프트의 성장률은 '애저 등 클라우드 서비스'로 산출된 결괏값이다.

출처: 각 사 자료를 기반으로 필자 직접 작성

두 번째는, 자사에서 개발한 사내 시스템을 사용하되 AI 모델은 오픈AI Open AI 등의 외부 기업이 제공하는 것을 API Application Programming Interface 를 경유해 이용하는 방식이다. 기능을 외부로부터 호출함으로써 AI 기능을 이용하는 패턴으로, 안정적인 구조만 구축한다면 안전성도 담보할 수 있다. 하지만 이 방식도 사내 시스템을 구축한다는 점에서 비용이 많이 들고 외부 API에 대한 안전성 우려도 남는다.

마지막으로 세 번째는 클라우드를 통해 생성형 AI 서비스를 이용하는 방식이다. 그중 하나인 마이크로소프트의 '애저 오픈AI 서비스 Azure OpenAI Service '는 오픈AI의 대규모 언어 모델 LLM 을 애저 플랫폼상에서 이용할 수 있는 서비스다. 이러한 서비스를 이용함으로써 클라우드를 경유해 생성형 AI LLM을 이용할 수 있다.

클라우드를 통한 생성형 AI 이용이 편리한 까닭은, 클라우드 각 사가 모델의 커스터마이징을 비롯해 클라우드상의 데이터나 각종 클라우드 서비스와의 연계를 독자 기능으로써 갖추고 있기 때문이다. 자가 부담으로 이 모든 기능을 구축하려면 상당한 비용과 수고가 들어간다. 여전히 기업은 데이터를 클라우드에 두는 것에 대한 불안감이 있지만, 보다 용이하게 생성형 AI를 시험해 볼 수 있는 환경이기에 "대다수 기업 사용자는 클라우드 서비스를 사용해 생성형 AI를 테스트하고 있는 상태(히타치제작소 디지털시스템&서비스 통괄본부 사메지마 시게노루 CTO의 말 인용)"다.

기업 사용자가 생성형 AI를 이용할 때 클라우드는 이제 필수 불가결인 것이 되어가고 있다. 바꿔 말하면, 생성형 AI 관련 기능이 클라우드 서비스의 가치를 결정하는 경쟁 축으로 떠오르고 있다는 이야기다.

이 경쟁 축에서도 오픈AI와 제휴한 마이크로소프트가 단연 앞서고 있다. 마이크로소프트는 '애저 오픈AI'의 일반 이용을 2023년 1월에 개시했으며, LLM 'GPT-4' 등을 API를 통해 이용할 수 있는 유일한 클라우드 제공사로서 기업 및 시장의 주목을 받고 있다.

마이크로소프트는 '애저 오픈AI'에 의한 증수 효과를 공개하고 있지 않지만, 한 간부에 따르면 "실제로 이 서비스를 목적으로 계약하는 기업 사용자도 있다"고 한다. 사실 이 서비스의 기업 사용자는 1만 1천 개사(2023년 6월 말)로부터 1만 8천 개사(2023년 9월 말)로 급격히 증가했다. 사티아 나델라Satya Nadella CEO 역시 결산 설명회에서 애저의 호조세에 대해 "AI에 의한 새로운 워크로드의 개시가 애저의 숫자를 끌어올리는 원동력이 되고 있습니다"라 분석했다.

"우리는 마이크로소프트가 클라우드와 AI(의 점유율)에서 향후 3년간 전 세계 플랫폼 사용자의 50%를 차지할 수 있는 중요한 기회를 맞이하고 있다고 생각합니다. 3분기에는 분명히 시장의 대부분을 획득했죠.” 테크 업계를 오랫동안 지켜봐 온 웨드부시 증권Wedbush Securities의 애널리스트, 대니얼 아이브스Daniel Ives의 평가다.

한편 구글은 2023년 3분기 실적에서 마이크로소프트와 반대의 명암을 갖게 되었다.

“애저 성장률이 26%에서 29%로 회복된 것을 생각하면 실망스러웠다.” 싱가포르의 금융 대기업 필립 캐피털Phillip Capital은 미국 알파벳Alphabet(구글 지주회사)의 2023년 3분기 결산 보고서에서 이같이 지적했다. 같은 분기, 구글의 클라우드 사업 부문 ‘구글 클라우드’의 매출액은 84억 1,100만 달러로, 매출 성장률이 지난 분기 28%에서 22%로 떨어졌기 때문이다. 마이크로소프트의 애저와는 대조적인 결과였다.

구글 CEO 순다르 피차이Sundar Pichai는 결산 설명회에서 “클라우드에 관해서는 고객이 (계속해서) 비용 최적화를 요구하고 있습니다. 다만 안정화될 조짐이 보이므로 전망은 낙관적입니다”라고 언급했다. 이 발언에 대해 애널리스트들은 “안정화의 조짐은 3분기로 예측했는가? 경쟁사보다 늦게 그 현상을 확인했다면, 그 이유는 무엇인가?”라며 엄중한 반문을 쏟아냈다.

루스 포랏Ruth Porat CFO는 질문에 직접 응하지는 않고, “클라우드의 성장률은 시장 전체의 성장률을 웃돌고 있어 큰 반응을 느끼고 있습니다"라고만 답했다. 성장률이 둔화된 원인에 대해서는 명확히 밝히지 않았다.

구글은 AI 개발 플랫폼인 '버텍스 AIVertex AI' 제공을 시작한 데 이어, 2023년 8월에는 매니지먼트 서비스를 다수 발표했다. 기업 내 데이터 검색이나 챗봇 임베디드 기능 등 기업이 생성형 AI를 앱에 도입하기 위해 필요한 구조를 고루 갖추어 시장에 나서고 있지만, 현시점까지는 성장률을 신장시킬 만한 고객 획득에는 이르지 못한 것 같다.

시장의 시각은 냉엄했다. "구글 클라우드는 애저에 시장 점유율을 양보한 것 같다." 미국 키뱅크 캐피털 마켓츠KeyBanc Capital Markets는 이런 분석과 함께 알파벳의 목표주가를 하향했다. 웨드부시 증권 애널리스트 아이브스는 "클라우드를 보고 알파벳 주식을 보유하는 것은, (전 미국 프로농구 선수) 마이클 조던의 야구 실력을 응원하는 것과 같습니다"라 꼬집었다.

2023년 3분기에 성장률을 회복한 마이크로소프트와 반대로 둔화된 구글. 두 회사의 명암이 명백히 나뉜 모양새지만, 세계 클라우드 시장 점유율 1위인 AWS의 실적에 대해서는 시장의 평가가 엇갈렸다. 아마존 영업이익의 대부분을 벌어들이는 AWS의 2023년 3분기 매출액은 전년 동기 대비 12% 증가한 5,900만 달러를 기록했다. (양호한 수치로 보이지만) 매출액 성장률 자체는 사상 최저였던 2023년 2분기의 12%에서 제자리걸음한 것이었다.

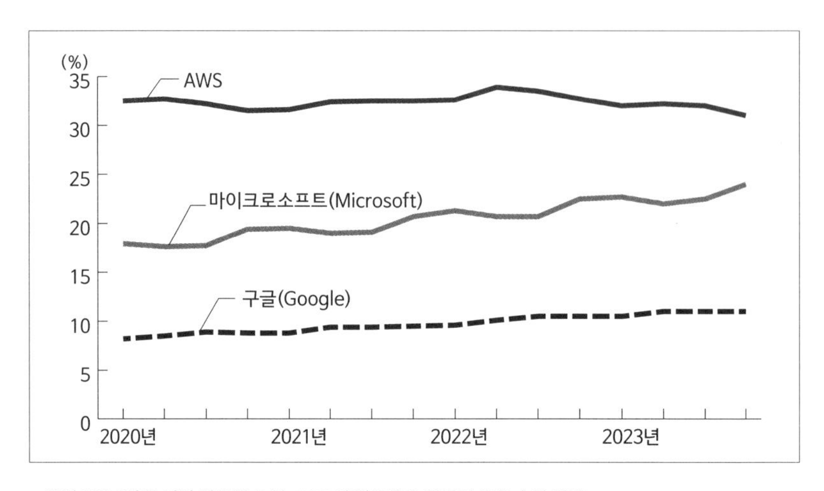

클라우드 3강의 시장 점유율 추이. AWS의 점유율은 여전히 우뚝 솟아 있다.

출처: 미국 시너지리서치그룹

이 제자리걸음에 대해 애널리스트들의 판단은 양분되었다. "AWS는 여전히 거시경제의 영향을 받고 있다"는 부정적 평가가 있는가 하면, 잠재력의 크기를 지적하는 소리도 있었다. AWS는 생성형 AI 서비스 '베드록Bedrock'의 일반 제공을 시작한 지(2023년 9월 말) 얼마 되지 않았으며, 따라서 생성형 AI 관련 기술은 지난 분기 실적에 반영되지 않았음에 주목한 것이다. 일본 미즈호 증권의 애널리스트 제임스 리James Lee는 "AWS의 강력한 생태계와 생성형 AI의 시장 접근 방식은 아직 시장 내에서 충분히 이해받고 있지 않습니다. 생성형 AI가 (온프레미스로부터의) 클라우드 이행의 수퍼 사이클을 촉진하고 있어요. AWS는 솔루션 서비스 등에 강점이 있으니, 구조적인 혜택을 받을 것입니다"라 말한다.

아마존의 재시 CEO는 "생성형 AI가 향후 수년간 몇백억 달러의 수익을 AWS에 가져올 것입니다"라 말했다. 미국 투자은행 DA데이비슨D.A. Davidson

은 보고서에서 "생성형 AI를 탑재한 AWS 제품이 다양한 업계에서 채택되기 시작했습니다"면서 "2023년에는 100 베이시스 포인트*(1%에 상당)의 매출을 (아마존에) 가져올 가능성이 높습니다"라 예측했다.

AWS의 12%라는 성장률은, 확실히 애저의 29%나 구글 클라우드의 22%에 비하면 떨어지는 수치다. 전문가들은 숫자의 눈속임을 지적한다. "그건 수학의 문제에서 기인하는 거예요." 미국의 시장조사 기업 시너지리서치그룹Synergy Research Group의 수석 애널리스트, 존 딘즈데일John Dinsdale의 말이다. AWS의 시장 점유율은 여전히 머리 하나는 우뚝 솟아 있다. "AWS는 마이크로소프트나 구글보다 규모가 훨씬 크기 때문에, 성장률을 유지하기 어려운 것"일 뿐이다. 시너지리서치그룹 조사에 따르면 2023년 3분기 클라우드 인프라 세계 시장 점유율은 AWS가 32.0%(전기 대비 0.2% 포인트 감소), 마이크로소프트가 22.5%(0.5% 포인트 증가), 구글이 11.0%(전기와 동일)였다.

3 GOLD RUSH 왕자 AWS의 역습, 구글의 반격 구글, 아마존

2024년에 접어들면서, 왕자王者 AWS의 잠재력이 드러나기 시작했다. 2024년 1분기 결산에서 아마존은 사상 최고의 영업이익을 갱신했다. 시장이 놀란 지점은, 영업이익의 대부분을 벌어들이는 AWS의 강력함이었다. 매출액이 전년 동기 대비 17% 증가한 250억 3,700달러로 나타나, 시장 예

* 베이시스 포인트(basis point, bp)는 만분율이라고도 하며 수를 10000과의 비로 나타내는 방법이다. 기호는 ‱를 사용한다.

상치를 크게 웃돈 것이다. 기업금융정보서비스인 퀵 팩트세트의 집계에 의한 시장 예상은 15% 증가, 245억 6,900만 달러였다. 매출 성장률이 전 분기의 13%에서 무려 4%나 상승한 것이다.

AWS의 성장률(환율 변동의 영향은 제외하고)은 최근 1년간 16%(2023년 1분기), 12%(동해 2분기), 12%(동해 3분기), 13%(동해 4분기)를 기록하며 성장세에 그늘이 보이고 있었다. 전술한 바와 같이 생성형 AI 영역에서의 지연도 거론되곤 있었지만, 만회가 확실해진 셈이다. AWS로는 처음으로 맞는 연간 매출 1천억 달러도 시야에 들어왔다.

아마존의 CEO 재시는 온라인 설명회에서 "AI에는 상당한 기세가 있으며, 이미 수십억 달러의 수익이 쌓였습니다"라 말했다. 왕자의 역습이 시작되었다.

DA데이비슨의 애널리스트 길 루리아Gil Luria는 다음과 같이 평가한다. "AWS는 초기 신용을 얻지 못했을지 모르지만, (베드록 등) 다양한 AI 서비스를 제공함과 동시에, 주요 모델 제공자와의 제휴를 통해 경쟁사에 대항하는 능력을 충분히 발휘하고 있습니다."

2023년 3분기 실적으로 애널리스트들로부터 "기대에 미치지 못했다"라 지적받은 구글의 만회도 현저하다. 클라우드 사업의 매출 성장률은 2023년 4분기 26%, 2024년 1분기 28%를 기록하며 반등하고 있다. 특히 1분기 성장률은 시장 예상치를 2%를 웃돌았다. "알파벳 종언의 소문은 매우 과장되어 있습니다." 클라우드를 포함한 구글의 견고한 성장에 대해, 웨드부시 증권의 애널리스트 아이브스가 남긴 말이다.

대형 3사(MS, 아마존, 구글)의 성장률은 거시경제의 영향을 받기 시작한

2022년 후반기의 수치로 되돌아가고 있다. 실적 개선은 AI 수요에 힘입은 클라우드 시장 확대가 뒷받침한 결과다. 시너지리서치그룹의 시험 계산에 따르면, 2024년 1분기 클라우드 인프라 세계 시장 규모는 760억 달러를 넘어서, 전년 동기 대비 135억 달러(21%) 증가했다. 성장률이 2분기 연속으로 현저히 개선된 셈이다. 시너지리서치그룹은 2022년 후반기부터 2023년의 성장률이 "외부 요인에 의해 비정상적으로 낮았다"라고 분석하고 있다. 'AI에 의한 성장 재가속'이 클라우드 시장 전체 트렌드라고 말할 수 있을 것이다.

"3사의 주력 분야는 약간씩 다르지만, 각각 강력한 세일즈 포인트를 갖고 있습니다. 향후 AI가 클라우드의 시장 규모와 점유율에 점점 더 큰 영향을 줄 것임은 분명합니다." 시너지리서치그룹의 수석 애널리스트 딘즈데일의 말이다. 생성형 AI 수요를 클라우드 성장 재가속의 기폭제로서 잘 활용할 수 있을지는 각 사의 기술과 경영 수완에 달려 있다.

"의외의 장소에서 경쟁자가 나타났다는 인상을 받고 있습니다." 미국의 한 클라우드 기업 엔지니어가 털어놓은 속내다. '갑자기 출현한 라이벌 기업'이란, 바로 미국 반도체 대기업인 엔비디아NVIDIA. 이 회사는 2023년 7월, AI 모델의 학습용 인프라를 클라우드 베이스로 제공하는 'DGX 클라우드'의 일반 제공을 개시하여 '클라우드 사업자'가 되었다.

생성형 AI가 바꾸는 클라우드의 판도. 바뀌는 것은 클라우드 3강을 위시한 기존 플레이어의 역학관계만이 아니다. 엔비디아처럼 AI 관련 기술을 무기로 클라우드 서비스에 새롭게 진입하는 기업도 나타나기 시작했다. 영국, 인도 등에서 활동하는 시장조사 기업 더비즈니스리서치컴퍼니The Business Research Company는 2023년 11월에 발표한 〈클라우드 AI 세계시장 리포트〉에서, 이 시장의 혁명적인 움직임을 가장 잘 보여주는 예로 DGX 클라우드를 들었다.

앞서 소개한 엔지니어가 라이벌의 출현을 "의외의 장소에서"라고 형용한 배경에는, 엔비디아와 대형 클라우드 각 사의 복잡한 관계성이 놓여 있다. 앞서 2장에서 본 대로 엔비디아는 AI의 학습이나 추론에 빠트릴 수 없는 GPU(그래픽처리장치)의 세계 최대 기업이다. AI용 프로세서 시장으로 한정해 보면, 세계 점유율이 8할에 이른다고도 한다.

엔비디아는 클라우드 각 사에 GPU를 대량 공급하고 있으니, 클라우드 대기업은 엔비디아에 있어 이른바 '단골손님'이다. 엔비디아에서 AI용 반도체 등을 담당하는 데이브 살바토르Dave Salvator 이사에 따르면, "우리(엔비디아) (AI 관련) 비즈니스의 절반 이상이 클라우드 전용입니다"라고 한다. 클라우드 대기업 입장에서는 오랜 파트너가 돌연 경쟁 상대가 될 수 있는 서비스를 시작한 셈이다.

이 관계는 2010년대 중반에 이목을 끈 자동차 회사들과 미국 우버 테크놀로지스Uber Technologies를 대표로 하는 라이딩 셰어 업체 간의 관계를 방불케 한다. 당시 독일의 자동차 제조업체 다임러Daimler(현 메르세데스 벤츠 그룹)는 자율주행차의 개발을 위해 우버와 제휴하는 한편, 자사에서도 택시 배차 앱 사업을 전개했다. 이 '동료'이자 '적'인 상태를 당시 다임러 사장 디터 체체Dieter Zetsche는 '프레너미frenemy(Friend+Enemy)'라는 조어로 표현하기도 했다.

다만, 클라우드 대기업과 엔비디아 사이에는 '적'이라고도 단언할 수 없는 사정이 있다. DGX 클라우드는 클라우드 대기업들의 데이터센터 내 서버를 이용하고 있기 때문이다. 엔비디아가 클라우드 각 사로부터 서버를 대여해, 자사 고객에게 GPU 클라우드로 제공하고 있는 셈이다. 클라우드 대기업에게 엔비디아는 여전히 클라우드를 이용하는 고객이며, 그 점에서 양측이 파트너라는 사실에는 변함이 없다.

DGX 클라우드는 엔비디아가 'DGX 플랫폼'이라고 부르는 AI 개발 플랫폼에 포함되는 서비스다. DGX 클라우드와 관련 시스템을 총괄하는 찰리 보일Charlie Boyle 부사장은 클라우드 전략을 다음과 같이 설명한다.

"전략은 단순합니다. DGX는 8년 정도 전에 시작했지만, 그 시절 고객의 대다수는 데이터의 대부분을 보관하는 자사의 데이터센터상에서 AI를 개발하고 싶다고 생각하고 있었습니다. 지금은 많은 고객이 클라우드상에서 개발하고 있고, (DGX를 사용하여) 동일한 체험을 하고 싶다고 우리에게 요청해 오고 있습니다. 우리는 고객을 위해 클라우드에 부가가치를 부여하고 있는 겁니다."

보일 부사장의 말처럼, DGX 클라우드는 엔비디아의 AI 기술을 클라우드를 통해 제공하는 것이다. 최첨단 GPU를 탑재한 인스턴스는 물론, 개발자 전용 AI 워크플로 관리 SaaS(Software as a Service)도 지원한다. 엔비디아의 AI 전문가로부터 기술 지원도 받을 수 있다. AI 학습용 종합 서비스라고 할 만하다.

"DGX 클라우드에서 학습시킨 AI 모델은 어느 클라우드에서든, 온프레미스에서든 쉽게 사용할 수 있습니다. 특정 인프라에 얽매이는 일은 하지 않지요." 보일 부사장은 DGX 클라우드의 독자성을 이렇게 설명했다. "인스턴스의 복잡한 셋업도 불필요하므로, AI 개발 기업이 인프라 관련으로 걱정할 일이 전혀 없습니다."

GPU 'A100'을 이용하는 경우 월 요금은 3만 6,999달러에서 시작하여 클라우드 대기업의 GPU 인스턴스보다 비교적 비싸지만, 사용자는 전 세계에서 고갈되고 있는 GPU 서버에 곧바로 접근할 수 있다는 장점을 누리게 된다.

서버를 대여해 자사의 GPU 클라우드로서 빌려주는 변칙 구조에, 클라우드 대기업의 당초 판단은 뒤집혔다. 미국 오라클Oracle, 구글, 마이크로소프트 3사는 곧바로 엔비디아의 제안에 응했다. 2023년 3월 엔비디아가 DGX 클라우드를 발표한 시점에서 3사는 이미 파트너가 되었으며, 같은 해 11월경에는 오라클의 클라우드 서비스를 이용한 서비스가 시작되었다.

한편, 클라우드 최대 기업인 AWS는 처음에는 파트너로 참여하지 않았다.

5 "클라우드는 생성형 AI의 적이 아니다"란 반론

미국 언론 「디 인포메이션The Information」은 당초 AWS가 참여하지 않은 데 대해 "(다른 세 업체와 달리) AWS는 엔비디아의 제안을 거부했다"라고 보도했다. 엔비디아의 보일 부사장은 2023년 10월 필자에게 "(오라클 등) 3사이외에 언급할 것은 없지만, AWS와의 관계는 변하지 않습니다. 훌륭한 파트너입니다"라고 강조했다. 그 후 2023년 12월에는 AWS도 DGX 클라우드 제공을 시작한다고 발표했다. 이로써 클라우드 대기업 모두가 엔비디아의 클라우드 서비스를 뒷받침하는 파트너가 되었다.

복수의 미국 클라우드 제공사 관계자에 따르면, 엔비디아는 DGX 클라우드 파트너 확대를 목적으로 이미 움직이기 시작했다. "소규모 클라우드 제공사에도 제안하는 것 같습니다(미국 중견 클라우드 제공사 엔지니어의 말)."

엔비디아가 클라우드 각 사 서버를 대여해 GPU를 제공하는 한, 파트너라는 관계성은 변함이 없다. 단 엔비디아가 자사 데이터센터에서 DGX 클라우드를 운용한다면 이야기는 별개다.

보일 부사장에게 "엔비디아 자체 데이터센터에서 운용할 가능성이 있느냐"고 묻자, "우리의 클라우드 전략은 클라우드 사업자와 제휴해 시장에 투입하는 것입니다. 연구 개발을 위해서 자사 데이터센터에서 운용하는 일은 있지만, 상용제품은 모두 파트너 경유로 제공합니다"라며 강하게 부정했다.

생성형 AI는 클라우드의 새로운 경쟁 축으로 부상하고 있다. 경쟁 축이 늘어나면 시장에의 신규 참여도 당연히 증가한다. 엔비디아의 움직임은 클라우드 비즈니스가 새로운 국면에 접어들었음을 상징하는 것이다.

오픈AI와의 제휴를 무기로 삼은 생성형 AI 개발 서비스 '애저 오픈AI 서비스'로 2023년 9월까지 1만 8천 개사의 고객을 획득한 마이크로소프트. 이미 실적에도 AI가 기여하기 시작해, 애저의 매상을 끌어올리기까지 했다. 마이크로소프트는 오픈AI의 LLM 'GPT-4' 등의 독점 제공사로서, 해당 모델에 강점을 갖는다는 특징이 있다.

"오픈AI의 최첨단 모델을 애저에서만 사용할 수 있다는 점이 실제로 차별점으로 작용하고 있습니다. 2019년 협업하기 시작한 이래, 우리도 AI 학습·추론용으로 인프라를 최적화해 왔습니다. 그 결과로, 하루 100곳 이상의 기업이 계약하고 있습니다." 2023년 10월 마이크로소프트의 CMO(최고마케팅책임자)에 오른 누모토 타케시沼本健(취재 당시에는 커머셜 CMO로 재직)는 애저에 대한 수요를 이와 같이 분석한다.

"2023년 11월에는 고객사가 자사 앱에 생성형 AI를 도입하기 위해 필요한 개발 플랫폼에도 새로운 기능과 서비스를 추가하고, 더 나아가 생성형 AI 플랫폼을 대폭 강화했습니다. 생성형 AI 서비스 '애저 AI 스튜디오Azure AI Studio'에 신기능 'MaaS(Model as a Service)'를 추가한다고도 발표했죠. 이는 LLM에 대한 접근을 API로써 제공하여 개발자가 AI 앱을 쉽게 구축할 수 있도록 돕는 기능으로, 이름 그대로 AI를 서비스로써 이용할 수 있습니다. AWS의 베드록Bedrock에 가까운 기능이라고 할 만합니다."

미국 메타Meta의 라마 3Llama 3나 프랑스의 신흥 기업 미스트랄 AIMistral AI의 AI 모델, 아랍에미리트의 G42가 제공하는 아랍어 LLM 등이 MaaS 라인업에 참여한다.

엔비디아의 AI 관련 서비스를 애저상에서 이용할 수 있는 새로운 서비스도 개시되었다. API를 경유해 LLM을 커스터마이징할 수 있는 서비스나 AI를 위한 프레임워크와 도구들, 그리고 앞서 설명한 DGX 클라우드를 이용할 수 있다.

애저는 GPT-4 등 강력한 LLM이 무기였던 마이크로소프트의 생성형 AI 개발 플랫폼이다. 'GPT-4 Turbo' 등을 추가해 강점을 더욱 키우고, 2장에서 설명했던 독자 개발 칩 '마이아Maia'와 개발 도구의 증강으로써 약점으로 간주되는 영역을 메울 계획이다. 개발 플랫폼에서 앞서가는 마이크로소프트는 또 다른 한 수로 경쟁사 2곳을 따돌리려 하고 있다.

압도적인 인지도를 가진 챗GPT와 그 플랫폼 모델인 GPT-4. 애저가 얻은 AI 모델이란 무기가 기업 사용자들로부터 호평받는 가운데, 경쟁자인 구글 클라우드나 AWS는 어떻게 대항할 것인가. 두 회사의 전략을 확인해 보자.

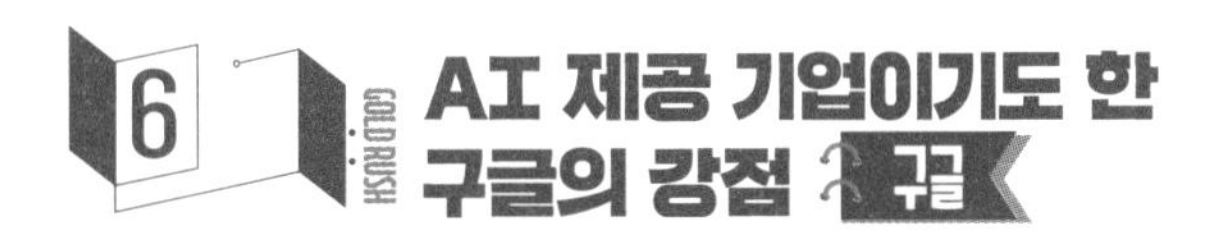

구글 클라우드의 강점은, 구글 자신이 생성형 AI를 개발·제공하는 기업이기도 하다는 점에 있다. 구글은 '제미나이Gemini' 등의 LLM을 개발하여, 자체적으로 대화형 AI나 생성형 AI에 의한 문서 작성 등의 지원 도구를 시장에 투입 완료한 상태다. 그러면서 고객사가 AI를 개발하는 플랫폼도 제공한다. 생성형 AI를 스포츠로 비유한다면, 구글은 선수인 동시에 선수를 육성하는 코치도 겸직하고 있는 셈이다.

개발의 요령을 안다는 강점은 기능과 서비스 라인업에도 나타나고 있다. 구글의 AI 플랫폼 버텍스 AIVertex AI는 인프라 셋업 등도 필요하지 않은 매니지먼트 서비스가 특징이다. "스스로 (생성형 AI에 관한) 능력을 개발해, 그 능력을 고객이 사용하도록 했습니다." 구글 클라우드 부문에서 버텍스

AI 제품 개발을 담당하는 시니어 디렉터, 워런 버클리Warren Burkeley는 이렇게 설명했다.

이러한 강점을 상징하는 기능이 바로, 2024년 4월에 발표된 ‘에이전트 빌더’다. ‘에이전트’란 생성형 AI가 사용자를 지원하는 기능의 총칭이다. 기업이 생성형 AI에 의한 서비스를 구축하기 위한 기능이기도 하다.

생성형 AI를 활용해 신규 서비스를 구축하고 싶은 기업에 있어, 2023년은 시행착오의 해였다. 1년여간 실현 가능성을 검증한 기업들은 2024년 이후에는 그것을 실제 서비스로서 개발하는 단계로 이행하고 있다. “고객은 PoC(개념실증)로부터 실천에 옮기기까지, 앱을 어떻게 안전하게 제공할 수 있을지 검토하고 있습니다.” 일본 구글 클라우드의 기술부문 총괄기술 본부장을 역임하고 있는 호노 유타寳野雄太는 현재 상황을 이같이 설명한다.

우선 과제가 되는 것은 생성형 AI가 그럴듯하게 잘못된 정보를 출력하는 ‘할루시네이션(환각)’을 어떻게 줄일 것인지이다. 생성형 AI가 가지고 있지 않은 지식이나 정보, 고객만이 가진 데이터를 참조함으로써 환각을 막는 기술이 관심을 모으고 있다. 이것을 ‘그라운딩’이라 하며 그라운딩에는 ‘RAG(검색 확장 생성)*’가 포함될 수도 있다.

구글은 에이전트 빌더에 ‘구글 검색’을 통한 그라운딩 기능을 추가했다. AI 모델 답변에 대해 구글 검색 결과와 링크를 제공함으로써 답변 오류를 방지하는 것이다. 구글 클라우드의 토마스 쿠리안Thomas Kurian CEO는 연례 이벤트에서 “(구글 검색은) 세계의 지식을 깊게 이해한, 세계에서 가장 신뢰

* 그라운딩(Grounding)은 대화형 인공지능 모델이나 자연어 처리(NLP) 시스템에서, 사용자가 언급한 개념이나 정보가 특정한 실제 맥락, 문맥, 또는 외부 데이터에 맞추어 정확히 이해되도록 하는 과정이다. RAG는 Retrieval-Augmented Generation의 약자로, 검색 기반 텍스트 생성 모델을 의미한다.

할 수 있는 정보원입니다. 할루시네이션이 대폭 감소할 것입니다."라고 강조했다. 세계 시장 점유율 90% 이상의 검색엔진을 보유했다는 자사의 강점을 생성형 AI로 활용하는 기술이라고 할 수 있다.

기업이 보유한 자사 데이터를 사용해 그라운딩 기능을 갖출 수도 있다. 예를 들어 일반적인 생성형 AI에 "오늘의 상담 상대인 A사의 과제는 무엇입니까?"라고 물었다고 하자. 웹에 기반한 일반적인 정보만 가지고 있는 경우, "B사업의 실적이 악화되고 있다", "이직률이 높다" 등의 일반적인 대답만 나온다. 반면 지금까지의 상담 보고서 등의 데이터에 접근 가능한 상태라면, "O월 상담 시에는, 내년도에 진행할 젊은 사원들의 연수 방법을 검토하고 있었습니다"란 식으로 대답할 수 있다.

구글의 특징은 이러한 그라운딩을 엔지니어에 의한 개발이 필요 없는 '매니지드 서비스'로서 제공하고 있다는 것이다. 그 밖에도 AI 모델을 파인 튜닝(추가 학습)하거나 강화학습시키는 기능, 그 평가를 담당하는 기능 등을 풀 매니지먼트로 제공한다. "우리는 오랜 시간을 들여 모델을 개량하기 위해 무엇이 중요한지 배워왔다. 오픈 소스 소프트웨어 등의 모델에 대해서도 파인 튜닝 등을 실행할 수 있는 특장점이 있습니다." 버클리 시니어 디렉터의 말이다.

	AWS	마이크로소프트	구글
생성형 AI 개발 플랫폼	• Amazon Bedrock • Amazon SageMaker	• Azure OpenAI Service • Azure AI Studio	Vertex AI
주요 AI 모델	• Amazon Titan (자체 개발) • Claude (앤트로픽)	GPT-4 (오픈AI)	• Gemini (자체 개발) • Claude (앤트로픽)
특징	종합력이 강점. 클라우드 특화 생성형 AI 지원 서비스 'Amazon Q'도 추가.	오픈AI의 독점 클라우드 제공사. 고객 확보에서는 한발 앞서 있음.	AI 개발 기업인 점을 살린 매니지드 서비스가 강점.

AWS, 마이크로소프트, 구글의 생성형 AI 개발 플랫폼 비교

출처: 각 사 자료를 취재해 필자 작성

종래의 강점이었던 데이터 분석 도구 '빅 쿼리Big Query'와의 제휴도 구글의 매력이다. 생성형 AI를 사용한 데이터 분석 등이 가능해지기 때문이다. 예를 들면 버텍스 AI에서 선택한 AI 모델을 이용해, 데이터를 옮기지 않고도 텍스트 분석을 실행할 수 있다.

AI 모델 분야에서도 1장에서 보았듯 구글의 역습이 시작되고 있다. 2023년 가을까지는 "버텍스 AI는 선택할 수 있는 모델 가짓수는 많지만 유효한 것이 없다"라는 평가가 있었다. 하지만 제미나이Gemini의 투입으로 이제는 GPT-4와 견주어도 손색없는 수준이 되고 있어 플랫폼으로서의 존재감이 강해지는 중이다. 쿠리안 CEO는 필자의 취재에 응해 "퍼스트파티, 서드파티, 오픈 소스 모델을 모두 이용할 수 있는 클라우드는 구글뿐"이라고 강조했다.

키뱅크캐피털마켓츠의 애널리스트 저스틴 패터슨Justin Patterson은 "투자자들은 (구글 지주회사인) 알파벳이 AI로부터 혜택을 받는 기업이라고 이미 인식하고 있고, 초점은 앞으로의 전개로 옮겨가는 중입니다"라고 분석한

다. 그가 다음 초점으로 꼽는 것은 바로 AI의 수익 기여도다.

구글은 생성형 AI에 대해 '자기 부담주의'를 관철하고 있다. 마이크로소프트는 오픈AI와 제휴하여 GPT-4 등의 AI 모델을 오피스 도구나 클라우드 등에 도입했다. 아마존닷컴은 자사에서도 모델 개발에 주력하는 한편으로 앤트로픽Anthropic에 출자해 AI용 반도체 개발 등에서 협업한다.

반면 구글은 일부 AI 스타트업에 투자는 하고 있지만, 기본적으로 AI 모델이나 개발 플랫폼에 대해서는 자사 개발을 고집하고 있다. "병탄이 너무 늘어나고 있다" 같은 지적이 있긴 해도, 오픈AI가 '집안 소동'에서 거버넌스의 미비를 노출했듯이 타사와의 협업은 리스크도 안고 있다.

자체 개발로 플랫폼부터 AI 모델, 그 안에서 동작하는 애플리케이션까지 수직 통합한다면 자사 주력 사업에 AI를 빠르게 도입할 수 있다는 장점이 있다. 그 예로 구글은 AI 모델 '제미나이Gemini'를 사용한 대화형 AI 서비스의 명칭도 '제미나이'로 통일하여 모델과 서비스를 일체로 제공할 방침이다. 사용자 기업이 AI를 이용하기 위해 꼭 있어야 하는 클라우드에도 앞서 설명한 대로 제미나이를 투입해 경쟁력 강화를 꾀하고 있다.

전방위의 자기 부담주의에는 자원이 분산되는 만큼 경쟁상 불리해지는 리스크도 존재한다. "2024년은 (뉴스 등의) 표제보다 결과가 중요해진다." 패터슨은 이렇게 지적한다. 미국 빅테크 기업에 의한 생성형 AI 경쟁은, 순수한 기술의 영역에서 '자사 비즈니스에서 어떻게 적용해 나갈 것인가'라는 사업의 영역으로 이행하고 있다고 말할 수 있겠다.

지금까지 철저한 고객 지향을 기본 모토로 해온 클라우드 업계 점유율 정상인 AWS는, 생성형 AI 관련 서비스에서도 그 자세를 굽히지 않고 있다. 자신들의 방침을 밀어붙이는 것이 아니라, 고객의 수요가 있는 기능과 서비스를 제공하겠다는 태도를 상징하는 것이 바로 AWS의 생성형 AI 서비스 '베드록Bedrock'이다.

베드록은 기존에 AWS가 제공해 온 머신러닝 플랫폼 아마존 세이지메이커Amazon SageMaker(이하 세이지메이커)보다 한층 더 AI 이용을 편리하게 하는 플랫폼이다. 세이지메이커가 AI 모델을 자사에서 0부터 개발하는 사용층을 위한 것이라면, 베드록은 손쉽게 생성형 AI 애플리케이션 구축을 시도해 보고 싶어 하는 사용자에게 최적화되어 있다. 엄선한 개발 모델을 API로 이용할 수 있는 매니지먼트 서비스로, 전문가가 아니더라도 비교적 쉽게 조작할 수 있다.

AWS는 2023년 9월에 베드록 서비스를 시작한 이래, 파인 튜닝이나 RAG, AI 모델을 평가하는 기능 등을 연달아 추가 투입했다. 그해 11월 열린 AWS의 연례행사에서 CEO 아담 셀립스키Adam Selipsky는 베드록에서는 "몇 번 클릭만 하면, 극히 개별적이고 구체적인 생성형 AI 애플리케이션을 구축할 수 있습니다"라 강조했다.

"모든 비즈니스의 핵심에 가능한 한 간단하고 안전하게 생성형 AI를 도입할 방법을 목표로 설계했습니다." AWS에서 제품 담당 부사장을 역임하고 있는 매트 우드Matt Wood는 베드록의 사상을 이렇게 설명했다. 고객 요구에 따라 선택지를 늘린다는 점에서 AWS다운 서비스라 할 수 있다.

AWS 베드록 플랫폼은 2024년 4월 기준 아마존을 포함한 7개 사가 제공하는 것 외에도, 기업이 자체 데이터를 사용해 맞춤형 AI 모델을 추가할 수 있는 기능도 발표 완료한 상태다. 현재도 AWS는 베드록에 각 분야의 최고 모델들을 세우고자 후보를 엄선하고 있다고 알려졌다. 그중에서도 오픈AI의 라이벌로 꼽히는 앤트로픽Anthropic의 '클로드 3Claude 3'은 GPT-4를 능가하는 성능을 지녔다고 평가받는 LLM이다.

지금까지 아마존은 앤트로픽에 총액 40억 달러를 출자했다. 앤트로픽은 AWS를 '주요 클라우드 공급자'로 삼고, 워크로드 대부분을 AWS상에서 실시한다. 또한, 앤트로픽은 AWS 클라우드상에서 AWS가 제공하는 두 종류의 AI 칩을 사용해 미래의 플랫폼 모델을 구축, 훈련 및 배포하고 있다. 양사는 AI 칩 개발에서도 협업한다.

또한 베드록에 독자 기능을 추가하는 일에서도 제휴하고 있다. 앤트로픽의 공동 창업자인 재러드 카플란Jared Kaplan은 필자에게, "(앤트로픽은) 베드록의 서포트를 강화해, 기업용으로 안전한 커스터마이징과 파인 튜닝을 제공합니다"라고 답했다. 마이크로소프트가 GPT-4 등에 특화된 서비스를 하는 것처럼, AWS도 클라우드와 관련된 새로운 기능을 앞으로 내놓을 가능성이 크다.

AWS 우드 부사장은 보안과 데이터 거버넌스, 독자 반도체 등 AWS가 구축해 온 개발 환경도 강점으로 꼽는다. "칩과 데이터, 모델 모두 AWS에 집약되어 있습니다." 클라우드 최대 기업으로서의 종합력이 베드록에서도 활용되고 있다고 할 수 있을 것이다.

AWS의 또 다른 전략은 그동안 이 회사가 쌓아온 클라우드에 관한 지식을 생성형 AI에 학습시키는 것으로, '클라우드 특화' 어시스턴트를 구축하는 데 있다. 2023년 11월 새로운 어시스턴트 서비스 '아마존 큐Amazon Q'가 발표되었다. 기업용으로 특화한 아마존 큐는 AWS의 각종 클라우드 서비스를 숙지한 전문가로서의 얼굴도, 자사 데이터를 사용해 커스터마이징할 수 있는 경영 전문가로서의 얼굴도 갖고 있다.

AWS CEO 셀립스키는 Q를 발표한 이벤트에서 "AI 채팅 애플리케이션은 소비자에게는 편리하지만, 대부분의 경우 일반적인 지식만으로는 업무가 작동하지 않습니다"라 설명하며, 경쟁 AI 어시스턴트와의 차별점을 강조했다. 가령 마이크로소프트는 AI에 의한 어시스턴트 기능 '코파일럿Copilot'을 문서 작성 소프트웨어나 계산 소프트웨어에 도입하고 있으며, 구글도 동종 서비스를 전개하고 있다. 이들은 일반적인 지식을 학습하고 있어, 직장인이 널리 이용할 수 있는 부류다. 반면 Q는 클라우드에 특화하여 엔지니어 등의 생산성 향상을 노린다.

8 GOLD RUSH Amazon Q의 실력 : 아마존

셀립스키 CEO는 Q의 4가지 용도를 다음과 같이 소개했다. 첫 번째는 개발자를 지원하는 기능이다. "AWS가 가진 17년 치 경험으로 AI를 훈련시켰습니다"란 공언대로, Q는 AWS의 각종 서비스를 숙지하고, 개발자들의 AWS상 애플리케이션 구축을 지원한다.

기조연설에서 "게임용 등으로 영상을 인코딩할 때 가장 높은 퍼포먼스를 발휘하는 인스턴스(가상 머신)는?"이라고 질문하자, Q가 구체적인 인스턴스의 명칭과 이유를 설명하는 시연을 선보이기도 했다.

AWS에 의하면 Q를 "생성형 AI 서비스인 베드록에 대해 가르쳐주세요" 같이 서비스 개요에 대한 단순한 질문의 답을 구하거나, 구축하려는 애플리케이션에 대한 최적의 서비스를 찾아내는 용도 등으로 이용할 수 있다고 한다. 콘솔 화면에 Q를 실행하는 버튼이 추가되며, 설정에 오류가 생겼을 때는 스스로 수정 방법 등을 제안한다. 셀립스키는 "Q가 고객의 트러블슈팅 등 최적화에 걸리는 시간을 대폭 단축할 수 있습니다"라 기대했다.

두 번째 용도는 마케팅, 영업, 인사, 총무 등 각종 전문직을 지원하는 어시스턴트 기능이다. Q는 사용자 기업의 자사 데이터와 연결해 커스터마이징이 가능하다. AWS의 클라우드 스토리지를 비롯해 드롭박스, 구글 드라이브, 마이크로소프트 365, 세일즈포스 등 40개 이상의 서비스와 연계할 수 있다. 사내 데이터에 접속함으로써 "로고 사용에 대한 최신 가이드라인을 가르쳐 달라" 같은, 자사에 특화된 지시에 대답할 수 있다. 문서의 요약이나 메일 초안 작성 같은 업무 지원 기능도 가진다.

Q를 기존 AWS 서비스에 접목해 이용하는 서비스도 추가되었다. 셀립스키가 소개한 세 번째 용도는 비즈니스 인텔리전스BI 도구와의 통합이다. AWS의 시각화 도구 '아마존 퀵사이트Amazon QuickSight'에 Q를 포함시킴으로써, 자연어에 의한 데이터 분석 및 시각화가 가능해진다. 화면에서 "어느 지역의 매출이 가장 높은가?"라 질문하면 단순히 매출이 높은 지역을 답할 뿐만 아니라, 매출 순위를 막대그래프로 표시하거나 매출액을 지도상에 원의 크기로 표시할 수도 있다. "최근 한 달간 비즈니스에 어떤 변화가 있었

는지, 그리고 그 변화의 원인을 알려 달라"라는 지시에 대해서는 참조 가능한 데이터를 기반으로 가설을 제시하기도 한다.

네 번째는 콜센터 기능 편입이다. AWS의 기존 서비스 '아마존 커넥트Amazon Connect'는 자동 접수 시스템 등을 클라우드상에 구축, 운용할 수 있는 기능이다. 여기에 Q를 포함시킴으로써 기존과 비교해, 보다 폭넓게 제안할 수 있게 된다. Q가 콜센터 직원과 고객 간의 대화를 실시간으로 분석하여, 고객이 가진 문제를 검출하고 직원에게 응답이나 대응 후보들 그리고 관련 정보 링크 등을 제공한다. 별도 지원 없이 고객 요구에 바로바로 대응할 수 있기 때문에 비용을 절감하면서 고객 만족도를 향상시킬 수 있다고 한다.

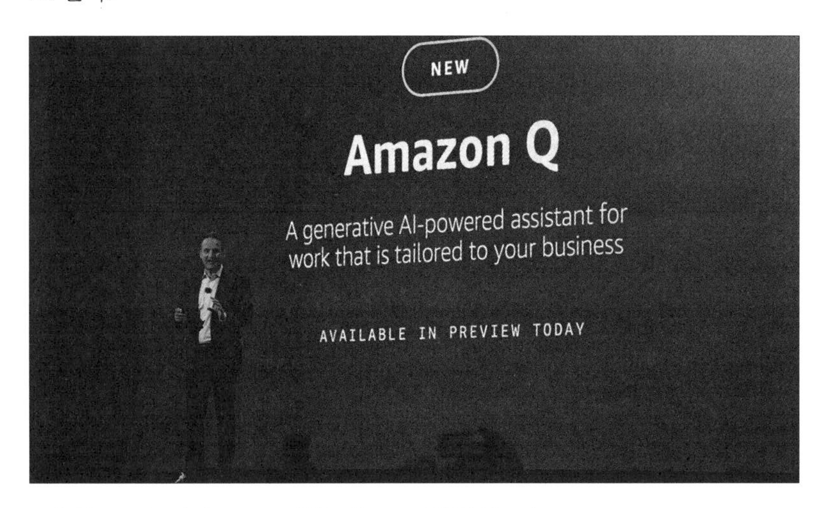

생성형 AI 어시스턴트 'Amazon Q'를 발표한 AWS의 아담 셀립스키 CEO

AI 개발 능력을 살린 매니지먼트 서비스의 구글 클라우드. 고객 지향과 종합 능력으로 반격하는 AWS. 생성형 AI 개발 플랫폼과 관련된 기능은 나날이 진화하고 있으며, 신규 서비스와 기능이 계속해서 추가되고 있다. 그럼에도 각각의 기업이 가진 사상은 생성형 AI 영역에서도 불변의 것으로 자리 잡을 수 있을 듯하다.

9 챗GPT는 "그들 중 하나one of them"

미국의 빅테크 기업인 '플랫포머platformer(플랫폼 개발자)'들은 클라우드뿐 아니라 생성형 AI를 자사 서비스에 접목하는 움직임에서도 앞서간다. 챗GPT가 등장한 2023년 전반기 초점은 '과연 생성형 AI는 인터넷 검색 생태계를 구축할 것인가'였다. 즉, 검색이라는 플랫폼을 둘러싼 싸움이었으나 이제와서는 과거의 이야기이다. 이제 모든 서비스가 AI 도입 대상이다.

도입 경쟁의 최전선에 있는 것이 '오피스(사무용)' 소프트웨어를 둘러싼 다툼이다. 2023년 3월 마이크로소프트가 워드, 엑셀 등 마이크로소프트 365 제품에 생성형 AI 도입을 발표하자, 이번에는 구글이 같은 해 5월경 경합競合 기능인 '듀엣 AI(현 명칭은 제미나이)'를 발표해 대응했다. 8월에는 업무 앱인 '워크스페이스'에 생성형 AI를 도입하여 마이크로소프트보다 한발 앞서 기업용으로 제공하기 시작했다. 가격은 모두 월정액 30달러로 설정했다.

마이크로소프트를 떠나 구글 워크스페이스 담당 부사장으로 옮긴 크리스티나 베어Kristina Behr는 "경쟁 소프트웨어들은 데이터가 PC에 보존된 경우가 있습니다"라고 지적했다. 모든 데이터가 클라우드에 있는 구글의 우위성을 강조한 것이다. 최신 데이터를 망라하여 다룰 수 있으므로, 생성형 AI의 힘을 살리기 쉽기 때문이다.

마이크로소프트는 2023년 11월에 개최한 연례 콘퍼런스에서 고객의 사내 데이터를 사용한 커스터마이징 기능을 공개했다. 기업의 요구에 맞춘 지원 기능을 실시하는 것이었다. 사티아 나델라 CEO는 "모든 조직에 힘을 실어주고, 불가능을 가능하게 할 것"이라고 설명했다.

메타버스에 열중하던 메타에도 변심이 보인다. 2023년 9월 말에 열린 개발자회의에서 마크 저커버그Mark Zuckerberg CEO는 기조연설의 대부분을 메타버스가 아니라 AI에 할애했다. 메타는 자사 개발 LLM인 '라마 2Llama 2'를 사용한 대화형 AI '메타 AI'도 발표했으며 자사 애플리케이션인 인스타그램 등에 포함시켰다.

"아직, 대다수에게는 AI의 진보를 체험할 기회가 없다. 우리는 그것을 바꿀 수 있다."라 자신을 보인 메타 CEO 마크 저커버그

생성형 AI는 웹 브라우저나 스마트폰 앱을 뛰어넘어, 물리 세계에도 퍼지기 시작했다. 아마존은 2023년 9월, 음성 어시스턴트 '알렉사Alexa'에 생성형 AI를 탑재하겠다고 발표했다. 이로 인해 알렉사와 연결되는 조명이나 공조, 도어록 등 물리적인 설비의 조작 역시 간편해진다. 디바이스 부문

을 이끌어온 데이브 림프Dave Limp 상급 부사장(당시)은 경쟁사가 스마트폰에 주력하고 있는 데 비해 "알렉사는 현실 세계를 살고 있습니다"라며 차이를 강조했다.

세일즈포스Salesforce는 주력인 고객관리 플랫폼에 생성형 AI를 접목했고, 어도비Adobe는 텍스트로부터 이미지를 자동 생성하는 이미지 생성형 AI를 실용화했다. 챗GPT는 이미 수많은 AI 서비스 중 하나, "그들 중 하나one of them"가 되고 있다.

'인터넷 이래의 혁신'이라고도 하는 생성형 AI에서 빅테크의 존재감이 두드러지는 배경에는 AI가 가진 성질이 있다.

마이크로소프트가 생성형 AI 기능을 '부조종사(코파일럿)'라고 부르듯, 현시점에서 AI는 "사람의 작업을 돕는 존재"다. 업무 앱과 SNS 등 빅테크 기업의 주력 사업들은 수십억 명 규모의 경제권을 가진다. 그 기존 서비스를 지원하는 기능으로서 생성형 AI를 단번에 보급시킬 수 있는 이점이 있는 것이다.

챗GPT의 주간 이용자가 1억 명에 도달했다지만, 구글이나 메타의 주력 사업 이용자는 30억 명 이상이다. "AI의 진보를 체험할 기회는 대다수 사람에게는 아직 없다. 우리는 그것을 바꿀 수 있다." 메타 CEO 저커버그의 발언에서 'AI의 중심은 우리'라는 자부심이 엿보이는 이유다.

클라우드나 비즈니스 관련 애플리케이션에서는 미국 빅테크 기업이 압

도적인 규모의 사업을 펼치고 있어, 그 아성이 쉽게 무너질 것 같지 않다. 그러나 한편으론 플랫폼을 '생성형 AI를 지지하는 기술 플랫폼 전반'이라고 파악한다면, 한국 기업을 포함한 타사에도 비즈니스 기회는 많이 남아 있다. 오픈 소스 AI 모델이나 데이터를 공유하는 플랫폼, 이미 수십만 종류가 있다고 하는 AI 모델 중 최적인 것을 선택하는 평가 도구까지. 이러한 "드러나지 않은 강자"의 존재가 AI 활용에 필수적인 데 비해, 아직 기술적으로 발전도상에 있고 또한 디팩토 스탠더드de facto standard(사실상의 표준)*도 정해지지 않았기 때문이다. 미국에서는 이 분야에서 유력한 스타트업이 다수 생겨나고 있다.

미국 뉴욕의 변두리, 브루클린 지구. 강가의 상가 건물에 포옹을 나타내는 큰 그림문자와 장식이 있다. 바로 허깅 페이스Hugging Face다. 200명 정도의 종업원 규모와 귀여운 로고에서는 좀처럼 상상하기 어렵지만, AI의 급속한 보급과 진화를 떠받치는 주역이다.

이 회사는 오픈 소스 AI 모델과 학습용 데이터를 공개, 공유하기 위한 기술 플랫폼 '허깅 페이스 허브Hugging Face Hub'를 운영한다. 이미지 생성형 AI인 '스테이블 디퓨전Stable Diffusion'이나 메타의 라마를 비롯해, 허깅 페이스 허브를 통해 접근할 수 있는 AI 모델이나 데이터 세트는 100만 종류를 넘는다.

전 세계 개발자들이 AI 모델과 데이터를 활용해 애플리케이션과 새로운 모델 개발에 도움을 주고 있다. 오픈 소스 코드를 모은 사이트 '깃허브

* 디팩토 스탠더드(de facto standard)는 특정 제품이나 물질이 최초로 개발되거나 발견되었을 때, 그것들이 곧 인터넷을 통한 네트워크에 전파되어 사실상 산업에서 표준의 역할을 하는 것을 말한다.

GitHub'에 빗대어, 'AI판 깃허브'라 부르는 사람도 많다. 허깅 페이스는 이렇게 지혜의 공유를 재촉함으로써 AI의 진보는 가속될 것이라고 본다.

공유와 공개에 그치지 않고 AI 모델의 시연을 클라우드상에서 실행할 수 있는 점도 많은 엔지니어가 허깅 페이스 허브를 이용하는 이유다. 사이트에 프롬프트(지시)를 넣으면, 그 모델의 성능이나 사용성을 간단히 시험할 수 있다. 마음에 드는 모델의 데이터 소스를 다운로드하여 로컬 환경에서 실행하는 등의 사용도 가능하다.

실은 허깅 페이스는 2016년 설립 당초, 청년을 대상으로 한 챗봇을 다루는 기업이었다. 이때 관련 기술을 오픈 소스로 공개한 것이 지금의 전신이다. AI에 특화된 지혜의 공유 사이트로서 머신러닝 연구자들로부터 지지를 얻고 있었던 무렵, 생성형 AI의 물결이 왔다.

개방이나 공유에 대한 고집은 스타트업의 성장에 필수적인 자금 조달에서도 나타나고 있다. 2023년 8월에 공표한 2억 3,500만 달러의 규모의 조달은 구글과 IBM을 비롯해 8곳의 빅테크 기업으로부터 고루 출자를 받은 결과물이다. 오픈AI가 마이크로소프트로부터 거액 투자를 받는 것과는 대조적이다.

AI 플랫폼은 말하자면 "드러나지 않은 강자"다. AI 챗봇 등 개인 사용자를 위한 서비스와 달리 눈에 보이는 부분은 작지만, 생성형 AI를 활용하기 위해 필수적인 존재이기 때문이다. 이외에도 스타트업이 제공하는 독특한 플랫폼이 속속들이 생겨나고 있다.

미국 마션Martion은 AI 모델을 평가해 사용자에게 최적의 모델을 제시하는 '라우팅' 서비스를 제공하는 스타트업이다. '라우팅'이라는 개념은 이미 통신에는 널리 침투해 있다. 예를 들어 인터넷 네트워크상에서 데이터를 송신할 때는, 수신처 등을 기본으로 최적 경로를 선택해 데이터를 송신하도록 하고 있다. 이것을 담당하는 기기가 '라우터'인데, 이 회사는 확실히 '생성형 AI의 라우터'를 제공하는 기업이라고 말할 수 있을 것이다.

재무부 담당자에게 과학에 관한 난해한 질문은 하지 않을 것이며, 간단한 작업을 전문지식에 특화된 베테랑 직원에게는 맡기지 않을 것이다. 그것은 AI 모델에서도 마찬가지다. 이 회사의 서비스 콘셉트는 각각 다른 장점을 가진 여러 모델을 '적재적소'로 구분해 사용하는 데 있다. 에단 긴즈버그Ethan Ginsberg CEO는 "오픈AI의 'GPT-4'가 최고의 퍼포먼스를 발휘할 것이라 생각하는 사람이 많을 테고, 그것은 어떤 의미에서 옳습니다. 하지만 많은 모델을 구분해 사용하면 결과적으로 GPT-4보다 나은 성능을 얻을 수 있습니다"라고 설명한다.

생성형 AI 애플리케이션을 다루는 사용자는, AI 모델을 호출하는 API의 소스코드를 마션의 API 키로 바꿔 쓰기만 하면 된다. 재작성하는 코드는 몇 줄에 불과하다. 사용자 요구에 따라 마션이 비용과 퍼포먼스, 지연 시간 등을 분석해 최적의 모델을 라우팅한다. 회사의 플랫폼에 있는 모델 가운데 최적인 것을 선택할 수도 있고, 사용자가 사용하고 싶은 모델을 사전에 몇 가지 지정해 두면 그중에서 라우팅하는 식의 커스터마이징도 가능하다.

마션에 따르면 GPT-4와 특정 태스크에 특화한 염가의 오픈 소스 모델을 비교할 때, 이용 비용이 최대 900배 차이 난다고 한다. "생성형 AI 모델은 비약적으로 늘어나고 있어, 현재는 37만 종 이상이 있습니다. 사용자가 스스로 고르는 것은 불가능합니다. 그러나 라우팅한다면, 최고 수준의 퍼포먼스를 저렴하게 얻을 수 있습니다." 긴즈버그의 말이다.

마션이 라우팅 서비스를 제공할 수 있는 배경에는 AI 모델의 실력을 측정하는 '모델 매핑'이라는 독자 기술이 있다. GPT-4 등 코드를 공개하지 않는 모델이라도 "AI 모델에 질문을 보내고 얻은 답변으로부터, 그 모델이 어떻게 기능하고 있는지 이해할 수 있습니다." 마션 공동 창업자인 슈리야슈 우파디야이Shreyash Upadhyay의 설명이다.

생성형 AI만의 플랫폼도 생겨나고 있다. 미국 코어위브CoreWeave는 AI 학습에 필수적인 GPU(그래픽처리장치)를 제공하는 AI 특화 클라우드 공급 업체다. 엔비디아 등이 출자하고 있다. AI 학습과 추론에서 높은 성능을 발휘하는 GPU다 보니 전 세계에서 GPU를 두고 쟁탈전이 발생하고 있으며, 코어위브에도 투자가 집중된다. 2023년 8월에는 GPU 조달력을 내세워 23억 달러라는 거액을 조달하여 화제에 오르기도 했다.

미국의 스케일 AIScale AI는 AI 학습용 데이터 라벨링을 특기로 하는 신흥 기업이다. 생성형 AI에서는 모델뿐 아니라 학습에 이용하는 '데이터의 질'이 중요하다. 오픈AI나 캐나다의 코히어Cohere 등의 AI 모델 개발 스타트업은 물론, 마이크로소프트나 메타 등의 대기업도 스케일 AI의 데이터를 이용한다. 미국 국방부와의 제휴로도 주목받은 신흥 기업이다.

창사 이래, 주력 서비스는 '어노테이션annotation'이라고도 부르는 데이터 라벨링 대행이다. 20만 명이 넘는다고도 전해지는 라벨링 노동자와 머신러닝에 의한 자동화를 통해 수행되는 어노테이션 작업을 전 세계의 기업이 의뢰하고 있다. 생성형 AI 붐 이전 2010년대 후반에는 자율주행용의 화상 데이터 라벨링을 자동차 제조사로부터 수탁하고 있었다.

현재는 어노테이션뿐 아니라, 데이터의 질을 높이는 데이터 전처리 과정이나 데이터 자체를 관리하여 취급하기 쉽게 만드는 서비스 등으로 사업을 확대했다. AI에 필수적인 데이터 분야에서 빼놓을 수 없는 존재가 되어가고 있다. 2022년 기준으로도 73억 달러의 평가액으로 투자를 받은 유니콘 기업이지만, 2024년 3월에는 평가액이 무려 130억 달러에 달한다는 보도도 있었다.

미국 시큐리티 스코어카드Security Scorecard는 생성형 AI 기술을 도입한 사이버 보안 기술에 강점을 보이는 기업이다. 2023년 4월에는 오픈AI의 GPT-4를 자사의 보안 평가 플랫폼에 통합한다고 발표했다. 기업의 보안 담당자는 자연어로 보안에 관련된 프롬프트를 넣을 수 있다. 예를 들면 "과거 1년간 발생한 보안 사고는?"이라는 질문을 함으로써 자사 환경의 취약성을 분석할 수 있다. 회사에 따르면, 사용자가 자연어로 다룰 수 있는 '최초의 보안 플랫폼'이라고 한다.

머신러닝 영역에서 인기 있는 언어인 파이썬Python용으로, LLM에 의한 애플리케이션 개발을 효율적으로 실행할 라이브러리를 제공하는 미국 랭체인LangChain도 개발자로부터의 평가가 높은 서비스다. LLM을 API로 호출하는 기능이나 프롬프트를 템플릿화하는 기능 등, 개발자가 자주 사용하는 기능을 '도구'로써 갖추고 있다. 회사명의 유래가 되기도 한 '체인' 도구는 여러 도구를 사슬처럼 연결해 실행할 수 있는 편리한 기능이다.

11 GOLD RUSH 흔들리는 SI의 존재 의의

"생성형 AI를 이용하는 고객에게는 두 종류의 움직임이 있습니다." 일본 구글 클라우드에서 상급 집행임원으로 근무하는 코이케 히로유시小池裕幸는 2023년 이후 기업의 대처를 이렇게 설명한다. 하나는 '내재화'다. 사내 엔지니어나 데이터 과학자를 써서 자사에서 AI 모델을 개발하거나 기존 모델을 커스터마이징하거나 하는 움직임이다. "7~8개월에 걸쳐 인재 육성까지 진행한 기업도 있다"고 한다.

또 다른 움직임은 지금까지와는 다른 것으로, 파트너사에 생성형 AI 관련 업무를 위탁하는 움직임이다. 일본 국내에서는 오래전부터 사내 시스템 구축을 외부 시스템 인테그레이터System Intergrator, SI(시스템 통합 업체)에 외주를 주는 것이 일반적이었고, 클라우드 활용이 보급되어도 그 흐름은 변하지 않았었다. 다만 코이케에 따르면, AI 붐을 맞아 "종래의 SI 회사보다는, 생성형 AI를 잘 아는 공급사로 위탁을 전환하는 고객이 증가"하는 모양이다.

클라우드라는 플랫폼에 한정해 보면, 일본 국내에서도 미국 클라우드 대기업의 점유율이 압도적이다. 미국의 시너지리서치그룹이 2022년에 정리한 지역별 클라우드 점유율 조사를 살펴보면, AWS와 마이크로소프트의 애저 두 곳이 과반을 차지함을 알 수 있다. AWS를 이용하는 한 국내 회사의 엔지니어는 "생성형 AI의 이용으로 대형 클라우드에 대한 의존은 점점 높아질 것"이라고 내다봤다.

일본계 IT 기업이 잘하는 일은 SI로 대표되는 '반주伴奏형'의 비즈니스다.

고객 기업의 요망이나 곤란함에 귀를 기울이고, 기술적인 관건을 이해하면서 그 고객에게 맞는 시스템을 구축하는 능력이다. 그 관점에서 보면 내재화나 종래의 파트너 이외에 향하는 발주는 역풍이 된다. SI의 존재 의의가 흔들리고 있다.

하지만 일본 구글 클라우드의 대표, 히라테 토모유키平手智行는 "파트너 기업도 필사적으로 하고 있어요. 기업의 DX(디지털 전환)가 진행되면 업무량은 증가합니다. 기존 시스템과의 제휴도 있으므로 SI에서도 새로운 기회가 생깁니다"라고 지적한다. 생성형 AI 수요를 살려 비즈니스로 연결할 수 있을지, 바뀌는 산업구조에 뒤처질지는 각 회사가 어떻게 하느냐에 달린 것이다.

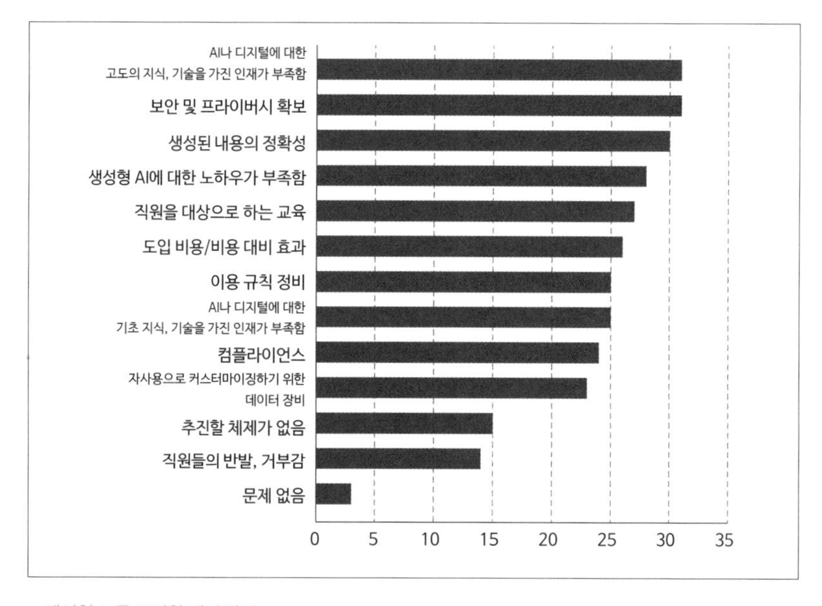

생성형 AI를 도입할 때의 과제.

(유효 응답 710개. 생성형 AI를 도입하고 있는 기업 혹은 도입을 검토하고 있는 기업 대상. 복수 응답 허용.)

출처: MM총연

순위	기업명	답변 비율 (%)
1	NTT 데이터	17
2	후지츠	16
3	일본 IBM	10
4	NEC	7
5	액센츄어	7
6	DTC(딜로이트 토마츠 컨설팅)	5
7	노무라종합연구소	4
8	소프트뱅크	4
9	PwC 컨설팅	3
10	SCSK	2

생성형 AI 도입 및 이용 확대를 가장 기대하는 SI·콘솔 벤더 상위 10개 사. (유효 응답은 710개.)

출처: MM총연

2024년 4월, MM총연이 실시한 기업의 생성형 AI 수요 조사 결과도 SI의 비즈니스 기회가 있음을 드러내고 있다. 예를 들면 텍스트 생성형 AI를 도입함에 있어서의 과제를 물은 질문에서 "없다"고 대답한 기업은 3%에 그쳤으며, 약 30%의 기업이 '인재 부족', '보안 확보', '노하우 부족' 등을 꼽았다. 기업이 AI를 활용할 때의 과제는 여전히 많아, 반주형 비즈니스가 요구되고 있다고 말할 수 있겠다.

기대하는 제공사로는 1위가 NTT 데이터(일본 글로벌 IT 서비스 및 컨설팅 회사), 2위가 후지츠(일본 대표 ICT 기업), 3위에 일본 IBM이 들어갔다. 최근에는 액센츄어 등의 컨설팅 회사가 디지털 관련 주제에서 상위에 드는 경향이 있었지만, MM총연은 생성형 AI가 업무 영역에 포함되어 있는 등의 이유로 상위에 SI 기업들이 위치하게 되었다고 분석하고 있다. SI 각 사는 사내에 '생성형 AI 센터' 등의 횡적 조직을 마련해 흩어진 지견을 종합하고 있다. 앞으로는 그런 노하우를 고객의 가치로 바꿀 수 있을지가 관건이 될 것이다.

구글의 버텍스 AI: AI 개발 기업으로서의 강점이 AI 개발 플랫폼에서도 살아난다

구글 클라우드 버텍스 AI 제품 개발 담당
시니어 디렉터, 워런 버클리 Warren Buckeley

우리가 버텍스 AI Vertex AI[*]로 관리 서비스를 강화하고 있는 것은 (사용자에게 있어) 가장 빨리 생산성을 올리는 방법이기 때문입니다. 우리의 기능을 사용하면 빠르게 모델을 전개할 수 있습니다. 사용자에게 선택지를 주는 것도 목적 중 하나입니다. 애플리케이션 개발로 성장해 온 회사는 관리 서비스를 이용하지 않는 경향이 있지만, 현재는 (사용자) 대부분이 관리 서비스를 사용하는 방법으로 개발하고 있습니다.

지금은 AI를 이용하는 데 반드시 머신러닝 엔지니어나 데이터 사이언스 박사 학위를 가진 인력이 필요하지 않습니다. 자연어를 사용해서 실현할 수 있기 때문입니다. 생성형 AI 혁명의 성과 중 하나는 기존에는 이용이 어려웠던 기술에 누구나 쉽게 접근할 수 있도록 한 것입니다.

버텍스 AI는 매우 개방적인 플랫폼입니다. 구글의 자사 모델을 소유하고, (메타가 개발한) 라마 2 등의 오픈 소스 모델도 지원하고 있습니다. 라마 2 Llama 2의 튜닝 서비스를 최초로 제공한 것은 구글 클라우드입니다. 더불어 앤트로픽 Anthropic 등의 서드파티 모델도 지원하고 있습니다. 우리가 하고자 하는 것은 머신러닝 구축 방법에 대한 우리의 지식과 혁신적인 기술을 서드파티 모델과 결합하는 것입니다. 이 다양성이 우리의 강점일 것입니다. 구글은 사내에서 생성 AI 모델을 개발하고 그 모델을 튜닝하는 기술과 기술이 있습니다. 버텍스 AI에도 그 테크닉을 도입했습니다. 강화학습이

* 버텍스 AI는 ML 모델과 AI 애플리케이션을 학습 및 배포하고 AI 기반 애플리케이션에서 사용할 대규모 언어 모델(LLM)을 맞춤설정할 수 있게 해주는 머신러닝(ML) 플랫폼이다. 버텍스 AI는 데이터 엔지니어링, 데이터 과학, ML 엔지니어링 워크플로를 결합하여 팀이 공통의 도구 모음을 사용하여 공동작업을 수행하고 구글 클라우드의 이점을 사용하여 애플리케이션을 확장할 수 있도록 지원한다. (출처: 구글 클라우드 공식 문서 https://cloud.google.com/vertex-ai/docs/start)

나 파인 튜닝의 기능입니다.

컴퓨팅 레이어에도 강점이 있습니다. 우리는 (구글의 독자 반도체인) TPU(2장 참조)라는 AI용 액셀러레이터를 가졌고, 그것이 우리에게 큰 유연함을 부여하고 있습니다. GPU가 매우 부족한 가운데 독자 반도체를 보유하고 있는데, 이 점이 서비스를 제공하는 데 있어 어드밴티지가 되고 있습니다.

향후 검토 과제 중 하나는 비용일 것입니다. 우리는 '증류Distillation(규모가 큰 모델을 교사 모델로 활용하여, 보다 작은 모델이 학습하도록 돕는 방법)'를 검토하고 있습니다. 모델을 더 작고 빠르게 만드는 방법입니다. 생성형 AI를 이용하는 비용은 고가이며, 실전 환경에서 가동할 때는 그 대가를 검토해야 합니다. 우리에게 있어서 코스트(효율을 올리는 것)는 매우 중요합니다.

워런 버클리Warren Buckeley
구글 클라우드 버텍스 AI 제품 개발 담당 | 시니어 디렉터
출처: 구글

* 인터뷰는 2023년 11월에 이루어졌습니다.

AWS의 베드록: 앤트로픽과 함께 독자 기능을 도입한다

AWS AI 부문 부사장 매트 우드Matt Wood

베드록Bedrock은 (기업 등의) 조직이 생성 AI를 모든 애플리케이션이나 프로세스에 도입해, 모든 비즈니스의 핵심에 가능한 한 간단하고 안전하게 도입할 수 있는 방법을 목표로 하여 설계되었습니다. 완전히 서버리스로 사용하고 싶은 AI 모델을 선택하고 인풋을 입력하고 아웃풋을 얻기만 하면 됩니다.

베드록의 첫 번째 특징은 이용하는 첫날부터 안전하고 사적인 환경이 구축된다는 점입니다. AWS는 언어 모델이나 사용자 정의를 위한 정보, 출력 등의 정보에 접근하지 않으며, 모델을 개선하기 위해 사용하지 않습니다. 인터넷을 통해 정보가 옮겨지지도 않습니다.

두 번째 특징은 모델에 대한 것입니다. 생성형 AI의 맥락에서, 우리는 하나의 모델이 모든 것을 지배한다고 생각하지 않습니다. 따라서 베드록은 단일 모델이 아니며, 여러 모델을 폭넓게 갖추고 있습니다. 앤트로픽Anthropic이나 캐나다의 코히어Cohere, 이스라엘의 AI21 랩 등의 모델을 완전히 관리된 환경에서 이용할 수 있는 것은 베드록이 처음입니다. 파인 튜닝이나 지속적인 학습을 통한 모델의 커스터마이징도 가능합니다. 앤트로픽과는 밀접하게 협력하고 있으며, 베드록에서 독자적인 기능을 도입하는 것을 목표로 하고 있습니다.

AWS상에 데이터는 구조화되고 협치가 작동하고, 적절하게 보호되고 있습니다. 사용자는 그 모든 데이터를 매우 쉽게 생성형 AI와 조합할 수 있습니다. 또한 우리는 LLM의 처리를 고속화하기 위해 특별히 설계된 커스텀 반도체 칩에 투자하고 있습니다. 칩과 데이터, 모델 모두 AWS에 집약되어 있습니다. 그렇기 때문에 AWS에서 생성형 AI가 많이 이용되고 있는 것입니다.

고객들이 베드록에 대해 자주 전하는 의견은, 하나의 액세스 포인트에서 다양한 모델에 (API를 통해) 액세스할 수 있다는 편리한 사용성에 대한 의견입니다. 베드록은 설치도 간단하여 몇 분 안에 완료할 수 있습니다. 그리고 얻어진 모델의 출력을 기존 (AWS 상에 구축된) 시스템에서 활용할 수 있다는 점도 높게 평가받고 있습니다. 베드록은 AI를 구축하는 가장 쉬운 장소이며, 앞으로도 계속 그렇게 있을 것입니다.

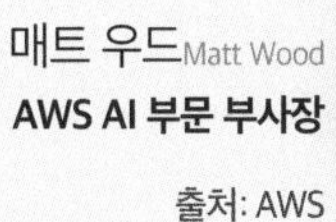

매트 우드Matt Wood
AWS AI 부문 부사장
출처: AWS

* 인터뷰는 2023년 11월에 이루어졌습니다.

일본 닛케이 크로스테크의 자체 조사를 통해 중국 기업들이 생성형 AI 영역에서 압도적인 수의 특허를 출원하고 있다는 사실이 밝혀졌다. 수수께끼에 싸여 있던 중국의 생성형 AI지만, '메가 테크'라고 불리는 대기업을 중심으로 미국과 어깨를 나란히 하는 서비스를 제공하기 시작하고 있다. 미국은 반도체 등의 수출 규제를 강화하여 공급망을 끊고, 계산 자원을 차단하려고 움직인다. EU는 룰 만들기에서 주도권을 쥐고, AI에서도 '브뤼셀 효과'를 노린다. 외교와 규제를 시작으로 수면 위에서 국가 간 경쟁이 발발한다. 'AI 지정학'을 제압하는 것은 누구인가?

중국의 압도적인 특허 출원, AI 지정학을 제압하는 자

이 장에 등장하는 참여자/플레이어

- 어도비 Adobe
- 구글 Google
- 한국 삼성전자
- 중국 바이두 百度
- 중국 텐센트 騰訊控股
- 중국 화웨이 華爲技術
- 중국 알리바바 그룹
- 중국 베이징인공지능연구소 BAAI
- 중국 클라우드워크 테크놀로지 운종과기
- 중국 이투 의도과기
- 중국 메그비 광스커지
- 중국 센스타임 상탕커지
- 대만 TSMC 적체전로제조
- 중국 하이실리콘 하이스반도체
- 중국 SMIC 중심국제집성전로제조
- 네덜란드 ASML
- 인텔 Intel
- 엔비디아 NVIDIA
- 중국 무어 스레드 마얼선정도능과기
- 중국 캄브리콘 중과한무기과기
- 중국 바이렌 벽도지능과기

※ 국가명을 표시하지 않은 곳은 모두 미국 기업

MaaS
Model as a Service

소프트웨어를 이용하는 '창구'인 API Application Programming Interface를 경유하여 서비스로 이용할 수 있는 AI 모델이다. 미국 마이크로소프트나 중국 알리바바 그룹 등이 자사의 서비스를 표현할 때 사용하고 있다.

특허 출원·공개

특허권을 획득하면 대상이 되는 발명의 판매나 사용 등을 독점할 수 있다. 발명자가 각 지역 당국에 특허를 출원하면 신규성 등의 심사를 거쳐 등록, 공개된다. 일반적으로 출원부터 공개까지의 기간은 1년 6개월이 소요된다.

EUV(극자외선) 노광 장치

노광이란 회로 패턴을 실리콘 웨이퍼에 전사하는 기술을 말하며, 파장 13.5나노미터(나노는 10억분의 1)의 극자외선을 이용한 반도체 노광을 위한 장치를 EUV 노광 장치라고 부른다. 반도체 미세 가공 기술의 필두다. 실용 수준의 EUV 노광 장치 개발, 공급은 네덜란드 ASML이 독점하고 있다.

팹리스fabless 기업

제품의 기획이나 설계만을 다루고, 자사에서 공장을 보유하지 않고 제조를 외부 공장에 위탁하는 기업. 제조만을 하청받는 파운드리와 짝을 이루는 개념으로, 기획·설계에 자본이나 인재를 집중 수집 투자할 수 있다는 장점이 있다. 미국 엔비디아는 대표적인 팹리스 기업이다.

브뤼셀 효과

유럽 연합의 규제가 EU 역외의 나라, 지역이나 기업에 영향을 주어, 다국적 기업 등이 자주적으로 EU의 규제를 준수하는 현상. EU 본부가 위치한 브뤼셀의 이름을 따서 지어졌다. 대표적인 사례로 '일반 데이터 보호 규칙(GDPR)'을 들 수 있다.

하드 로우Hard Law와 소프트 로우Soft Law

하드 로우는 법적인 구속력이 있는 법률·조례 등의 규제를 가리키고, 소프트 로우는 가이드라인이나 민간 기업에 의한 자주적인 규제 등을 포함한 유연한 규제의 총칭이다. 생성형 AI 등의 기술 개발이 빠른 영역에서는 법률의 제정이 그 속도를 따라가지 못함에 따라 유연한 대응이 가능한 소프트 로우에 의한 규제가 필요하다는 논의가 있다.

1 GOLD RUSH 독자 조사로 파악한 단연 앞서 나가는 특허 출원 건수 : 중국

생성형 AI 관련 특허 출원 건수에서 중국이 미국이나 일본을 압도하고 있다. 필자가 소속된 '닛케이 크로스테크NikkeixTECH'와 AI 특허 종합 검색·분석 플랫폼을 운영하는 '패턴트필드Patentfield'가 협업해 진행한 자체 분석으로부터, 국가·지역의 '생성형 AI 특허력*'이 밝혀졌다. 앞서 말한 대로 1위는 중국이고 2위가 미국, 3위는 한국, 4위가 유럽이며 일본은 5위로 내려앉았다. 특허는 독자적으로 설계한 검색 조건에 따라 생성형 AI와 관련된 것만을 대상으로 하고 있다. 미국 스탠퍼드 대학이 2024년 4월에 공표한 보고서에 의하면, AI 전체 특허 건수에서 미국이 차지하는 비율은 2010년에는 54.1%였지만 2022년에는 20.9%로 급락하고 있다. 중국의 약진이 그 큰 이유다.

이번 장에서는 생성형 AI를 둘러싼 국가 간 경쟁을 그려본다. 우선은 각 나라와 지역의 실력을 평가하기 위해, 자체 조사로 밝혀진 특허력을 해설해 나가겠다. 특허 분석은 세계 특허 출원 건수의 80%를 차지한다고 하는 협의체, 세계 5대 특허청(일본 특허청, 미국 특허 상표청, 유럽 특허청, 중국 국가지식산권국, 한국 특허청)을 대상으로 실시했다. 2023년 기준, 중국의 생성형 AI 관련 특허 출원 수는 3만 124건으로, 미국의 1만 2,530건을 크게 따돌린 1위였다.

* '특허력'은 표준어가 아니다. 이 책에서 저자는 각 나라와 지역이 독자적인 기술로 얼마나 많이, 얼마나 빠르게 특허를 출원하여 독점하는지를 표현하는 말로 사용하고 있다.

중국은 최근 몇 년간 지적 재산을 중시하는 경향을 보이고 있으며, 그에 따라 특허 출원 역시 급증하고 있다. 세계 5대 특허청에 따르면, 2022년의 특허 출원 수는 중국 162만 건, 미국 59만 건, 일본 29만 건, 한국 24만 건, 유럽 10만 건이었다. 중국은 다른 분야에서도 특허 출원이 많고 그 비율(중국:미국 = 3:1)에 비추어 보면, 중국은 생성형 AI에서도 타 분야와 마찬가지의 규모로 특허를 출원하고 있다고 이해하는 것이 옳을 것이다.

숫자로만 따지면 한국의 약진이 두드러진다. 전체 특허 출원 수는 중국, 미국, 일본에 이어 4위지만, 생성형 AI 분야에서는 4,123건으로 일본의 1,408건을 크게 상회했다. 특히 324건을 출원한 한국 삼성전자가 이 강세를 이끌고 있다. 일본에서 생성형 AI 관련 특허를 가장 많이 출원한 기업은 미국의 구글이었고, 유럽에서는 삼성전자가 가장 많은 특허를 출원했다.

각 나라, 지역별로 하나씩 살펴보자. 먼저 미국. 생성형 AI 관련 특허 출원 건수 1위는 미국 어도비Adobe, 2위는 구글, 3위는 삼성전자였다.

특허 출원에는 기술의 독점적인 이용권을 획득하려는 목적이 있다. 덧붙여 미국에서는 소송 리스크 등을 회피하는 점에서도 중시되고 있다. 패턴트필드 그룹 리더 콘도 카즈키에 의하면, 특허 출원은 "그 나라에서 어떤 비즈니스를 펼칠 의사가 있는지를 가늠하는 바로미터의 일종"이라고 한다.

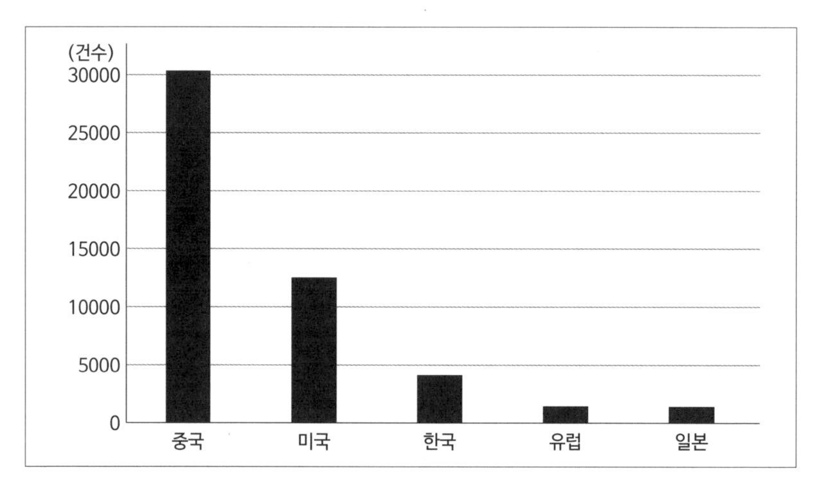

국가·지역별 생성형 AI 관련 특허 랭킹 (출원 건수 기준)
출원일이 2010~2024년인 출원 건수를 대상으로 했다. AI 특허 종합 검색·분석 플랫폼인 '패턴트필드'를 이용하여, 생성된 콘텐츠(텍스트, 이미지, 영상 등)에 관련된 특허 분류와 생성형 AI에 연관된 키워드 등을 조합하여, 닛케이 크로스테크와 패턴트필드가 독자적으로 모집단을 정의했다. 그중에서 노이즈가 다수 발생한 의료계 특허분류(IPC분류A61)는 제외했다.

출처: 닛케이 크로스테크, 패턴트필드

미국의 생성형 AI 특허 출원은 2017~2018년경부터 급증했다. 2022년 이후 감소하고 있지만, 특허 출원에서 공개까지 일반적으로 1년 반이 걸리는 점이 영향을 미치고 있는 것으로 보인다. 콘도 리더는 "작금의 기술 개발 상황을 보면, 공개되고 있지 않을 뿐 출원 건수는 계속 증가 추이에 있는 것이 아닌가 합니다"라고 분석한다.

미국의 특허 출원 건수 1위를 차지한 것은 어도비로, 합계 586건의 특허를 출원했다. 2020년 이후로는 매년 100건 이상의 출원을 이어오고 있다. 2위는 구글. 2014년에 인수한 영국 딥마인드DeepMind(현재는 조직 통합을 거쳐 구글 딥마인드Google DeepMind로 개칭)의 출원 건수를 여기 추가했다. 2019년 출원 건수 1위가 구글이었던 점을 보면, 일찍부터 생성형 AI 영역에서 기술 개발을 진행했음을 알 수 있다.

미국 내 생성형 AI 관련 특허 출원 건수 1위를 기록한 어도비

3위는 502건을 기록한 삼성전자다. 미국과 비슷한 규모의 한국 모집단에서 삼성전자의 특허 출원 건수는 324건이었는데, 미국에서 출원한 특허 건수보다 적었다. 특허의 경우, 같은 기술을 다른 국가와 지역에 출원할 수 있다. 그 나라나 지역에서 '어떠한 비즈니스를 전개할 것인가'라고 하는 전략에서 기인하여 출원 장소를 결정하는 것이 일반적이다. 콘도는 "주력 상품인 스마트폰이나 가전, 반도체 등에 생성형 AI를 적극 도입하며, 삼성전자가 미국을 중시하고 있음이 드러난 것일 터입니다"라고 분석한다.

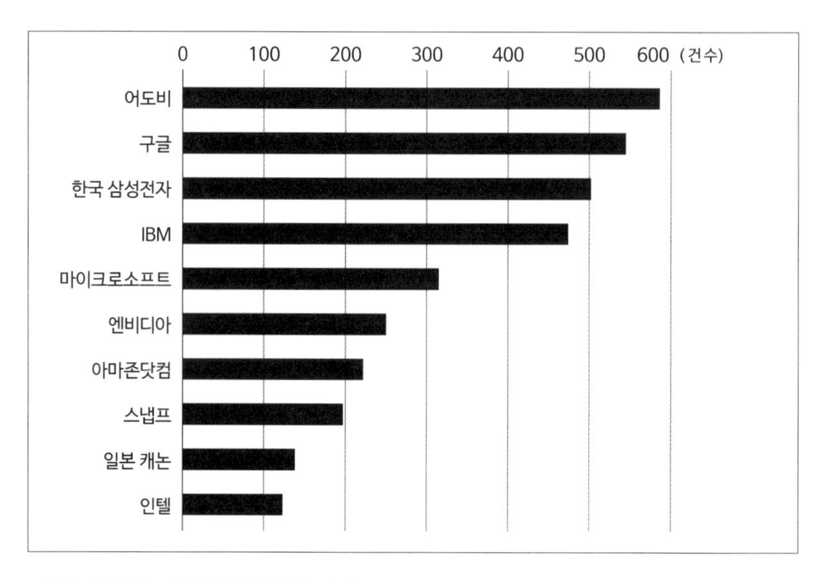

미국 내 생성형 AI 관련 특허 출원 건수 순위

다음으로 생성형 AI 영역에서 구체적으로 각 사가 주력하고 있는 주제를 살펴보자. 모집단의 특허 제목이나 본문 등에서 빈번히 등장하는 키워드를 뽑아내어, 각 기업의 출원 특허와 교차 집계했다. '신경망Neural Network' 등 머신러닝에서 일반적인 용어는 상위 각 사의 출원 특허 어디서든 많이 나왔지만, 특정한 키워드에서는 상위 3사가 차이를 보였다. 예를 들면 '적대적Adversarial'이란 키워드는 어도비에서는 73건으로 돌출되었는데, 구글에서는 9건, 삼성전자에서는 27건에 그쳤다.

어도비의 특허만을 더 구체적으로 확인해 보면, '적대적 샘플Adversarial Examples'이 많이 사용되고 있는 것으로 나타났다. 이 용어는 머신러닝 모델에게 잘못된 예측을 하게 만드는 샘플을 가리킨다. 어도비는 정확한 이미지 인식 업무를 수행하기 위해 적대적 샘플을 배제하는 방법 등에 주력하고 있는 것으로 생각된다. 구글의 경우, '발화·발언Utterance'이 56건으로 상대적으로 많았다. 어도비는 단 2건이었다. 구글은 발화에 대한 특허가 많아, 음성인식 분야에 집중하고 있음을 알 수 있다.

2 구글의 최고 발명자가 삼성으로 이직하다 (한국)

이번에는 미국에서 특허를 출원한 '발명자'에 주목해 보자. 닛케이 크로스테크와 특허조사업체 스마트웍스가 공동으로 특허 출원 상위 3사인 어도비, 구글, 삼성전자의 발명자를 분석했다. 2017년도와 5년이 지난 2022년도를 서로 비교하면, 생성형 AI에 관련된 특허 발명자는 3사 모두 증가했는데, 특히 삼성전자의 급격한 상승세가 눈에 띈다.

어도비는 153명에서 346명으로, 구글은 334명에서 759명으로 2배가량 늘어난 반면, 삼성전자는 196명에서 1,142명으로 무려 5배 이상이나 증가해 있었다. 스마트폰이나 반도체 등에 도입할 생성형 AI 기술을 개발하기 위해, 삼성전자가 적극적으로 움직여 인재 영입에 나선 모습이 엿보인다.

발명자별 특허 건수를 조사했더니, 삼성전자의 인재 영입이 더욱 뚜렷하게 나타났다. 2017년 시점에서 구글의 최고 발명자(특허 출원 8건으로 1위)였던 '우동혁DongHyuk Woo'은, 2024년 3월 시점에는 삼성전자로 이직한 상태였다. 그는 구글에서 AI 반도체인 TPUTensor Processing Unit 개발을 주도한 엔지니어다. 미국 언론에 따르면, 우동혁은 삼성전자가 새로이 출범하는 AGI(범용 인공지능) 사업의 연구개발 조직에서, AGI 전용의 특수 반도체 개발을 담당한다고 한다.

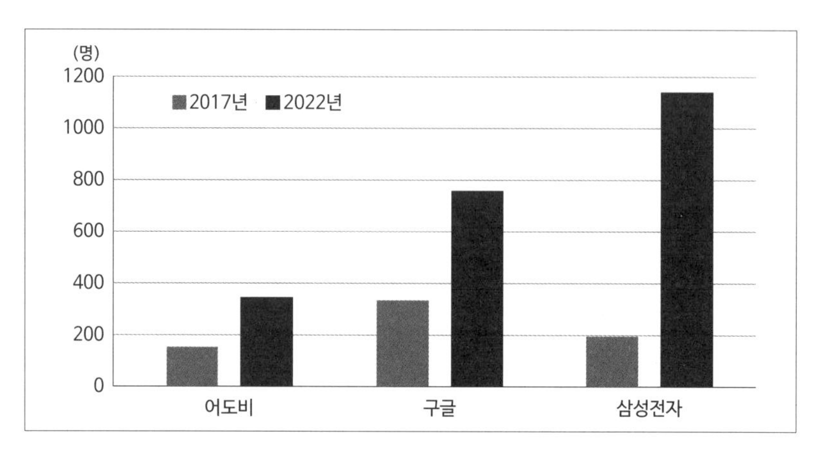

어도비, 구글, 삼성전자의 특허 출원자 추이 대상은 미국 특허 출원으로, 인원수가 아니라 기명으로 정리한 결과. 특허의 모집단은 공동 특허 분류 '생성 네트워크', '확률적 또는 확률론적 네트워크' 등 생성형 AI 관련 기술이 다수 출원되는 분류에 더해, 폭넓은 분류로부터 '생성형 AI' 등의 관련 키워드로 정렬한 것을 조합했다.

출처: 닛케이 크로스테크, 스마트웍스

삼성전자는 상위권 발명자의 낮은 이직률도 두드러진다. 닛케이 크로스테크가 구글의 논문 검색 서비스(구글 스콜라) 등을 이용해 조사한 결과, 삼성전자는 출원 건수 5위(공동 포함)까지의 발명자 5명 전원이 현재까지 삼성전자에 재직하고 있는 것으로 나타났다.

일반적으로 AI 분야 엔지니어의 유동성은 높은 것으로 알려져 있다. 구글의 2017년 출원 건수 5위까지의 발명자 중, 2024년에도 구글에 재직하고 있는 것은 2명뿐. 우동혁의 삼성행 외에도 나머지 2인은 각각 오픈AI와 메타Meta로 이직해 있었다. 어도비의 경우, 출원 건수 상위 5위(공동 포함)의 총 7명 중 2명은 중국의 바이트댄스字節跳動 등으로 이적했다.

다음으로 특허 출원에서 국가·지역별 3위를 차지한 한국을 살펴보자. 앞서 설명한 바와 같이, 2022년 전체 특허 출원 건수는 24만 건으로 일본의 29만 건과 비등한 상태다. 하지만 생성형 AI로만 범위를 좁히면 한국이 일본보다 3배 더 많은 특허를 출원하고 있다. "생성형 AI에 관해서는, 일본이 한국에 리드를 허용하고 있는 상황입니다(패턴트필드 콘도 리더)." 한국의 특허를 견인하고 있는 것이, 기업별 랭킹에서 타사를 따돌리고 최고가 된 삼성전자다. 324건 특허를 출원했다. 2위가 공공 연구기관인 한국전자통신연구원ETRI으로 120건, 3위인 한국과학기술원KAIST이 92건이었다. 4위에 구글, 5위에 LG전자가 올랐지만 나머지 상위 10위는 대학과 연구기관 위주였다.

유럽과 일본은 모두 특허 출원에서는 주역이 부재한 상황이다. 유럽의 선두는 삼성전자의 127건. 삼성전자는 미국·한국·유럽까지 3개 국가와 지역에서 모두 상위 3위 내에 자리 잡고 있어, "한국 외에 유럽과 미국을 주요 시장으로 파악하고 있는 것을 알 수 있다"라 분석된다. 가전이나 스마트폰, 반도체 등 생성형 AI의 활용 대상이 되는 제품과 서비스 라인업을 폭넓게 보유하고 있다는 점도 특허 출원이 많은 이유일 것이다. 유럽 2위는 독일 지멘스Siemens 산하 지멘스 헬스케어였지만, 3위는 구글, 4위와 5위는 각각 중국의 텐센트, 바이두였다. 상위 10위에 든 유럽 기업은 지멘스 헬스케어와 네덜란드의 필립스Philips 2개 사뿐이었다.

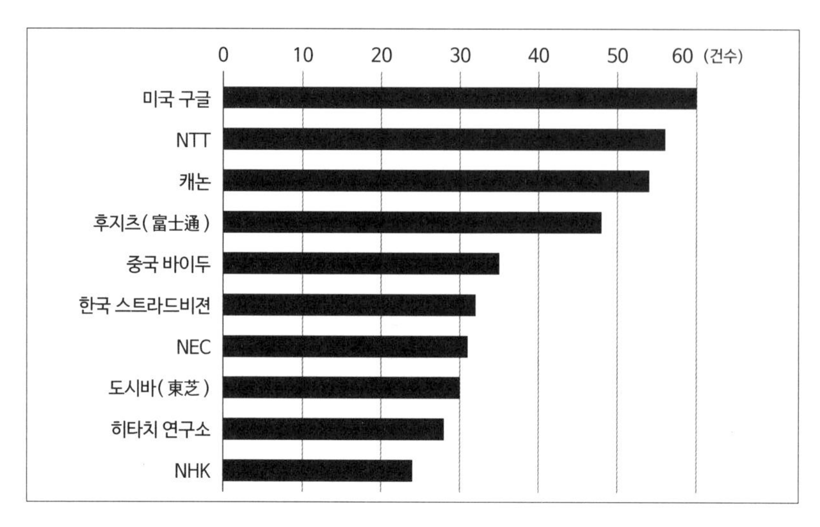

일본 내 생성형 AI 관련 특허 출원 건수 순위

출처: 닛케이 크로스테크, 패턴트필드

일본의 출원 건수 1위는 구글, 2위가 NTT, 3위는 캐논이었다. "특허 출원만 보면, 전체적으로 출원 건수가 저조하고 선도하는 기업이 없는 것이 현실입니다." 콘도의 분석이다.

알려지지 않은 중국 AI의 성장

마지막으로 살펴볼 것은, 특허 출원 건수에서 압도적인 1위를 차지한 중국이다. 스탠퍼드 대학이 펴낸 보고서 「AI 인덱스 리포트 2023」에 따르면, 2022년 AI에 대한 민간투자액은 1위가 미국으로 474억 달러, 2위가 중국으로 134억 달러였다. 현재로서는 미국이 격차를 두고 있지만, 급격한 추격이 예상된다. 미국 IDC가 2024년 2월 발표한 보고서에 의하면 중국의 민간투자는 생성형 AI에 한정하더라도 2027년까지 130억 달러를 넘을 것으로 전망된다. 중국 기업을 담당하는 IDC의 첸정銭静은 "많은 생성형 AI 관련 기술이나 애플리케이션에 의해, 중국의 AI 산업은 새로이 폭발적인 성장을 이룰 것"이라고 내다본다.

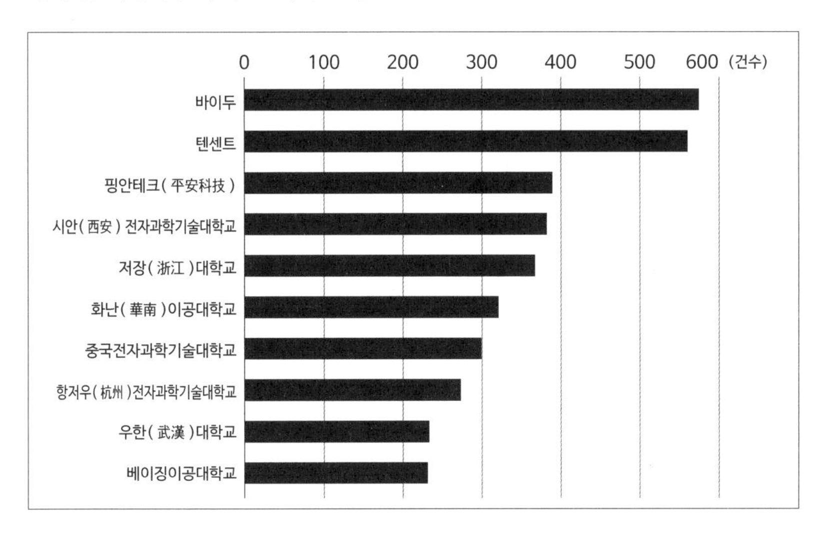

중국 내 특허 분류별 출원 건수 순위

출처: 닛케이 크로스테크, 패턴트필드

중국 기업의 특허를 분석하면, 중국의 생성형 AI 현황이 드러난다. 기업·조직별로 보면, 1위는 바이두의 575건, 2위가 텐센트의 561건이었다. 양사와 함께 IT 대기업, 소위 'BATH'*를 이루는 화웨이와 알리바바 그룹도 100건 이상의 출원이 있었다. 출원 건수 상위 10위는 모두 중국 기업과 중국 국내 대학들이었다.

중국에서도 2023년에 생성형 AI 붐이 발흥하여, 10억 파라미터가 넘는 대규모 언어 모델LLM들이 치열한 경쟁을 벌였는데, 이 상황을 일컬어 이렇

* 중국의 빅테크 기업 바이두(Baidu), 알리바바(Alibaba), 텐센트(Tencent), 화웨이(Huawei)를 일컫는 말

게 불렀다. '백百 모델 대전'. 그 배경에는 생성형 AI에서도 중국 정부가 외국 서비스를 금지했다는 사정이 있다. 예를 들어 오픈AI의 챗GPT는 별도로 중국 전용 서비스를 제공하지 않기 때문에, 애초에 중국 국내에서 등록할 수 없었다. 그래도 "VPN이라는 허점을 이용해 등록하는 얼리어답터가 많았습니다(중국 상하이 익명의 소프트웨어 엔지니어)"라곤 한다. VPN은 전용 라우터 등을 사용해 IP 주소(네트워크에 할당되는 인터넷상 주소)를 변경하는 구조의 가상 사설망이다.

그러나 이러한 움직임이 퍼지자 2023년 2월에는 중국 정부가 나서, 자국 기업에게 챗GPT를 이용하지 말 것을 지시했다. 챗GPT가 중국 정보의 견해와 다른 답변을 하는 경우가 있던 것이 원인으로 생각된다. 생성형 AI 분야에서도 중국은 '쇄국'을 택했으며, 결과적으로 독자적으로 개발해야 했던 셈이다.

미국과 마찬가지로, 중국에서 AI 모델 영역에서 선두를 달린 것은 '메가테크'로 불리는 빅테크 기업이었다. 예로 특허 출원 건수 1위에 오른 인터넷 검색 대기업 바이두는 2023년 3월에 대화형 AI '문심일언文心一言', 일명 '어니봇Ernie Bot'을 시장에 출시했다. 그해 6월에는 최신 버전 어니봇에서 이용되는 AI 모델 '어니 4.0'이 중국어 능력의 몇몇 지표에서 오픈AI의 'GPT-4'를 앞질렀다고 발표했다. 이커머스 대기업인 알리바바 그룹 역시 대규모 언어 모델 '통의천문通義千問'을 출시하는 등 대기업에 의한 AI 개발이 진행되고 있다.

다수의 AI 모델 개발 스타트업이 등장하고 있는 점도 미국과 비슷하다. 중국의 대형 검색 엔진 '서우거우搜狗(수구)'에서 CEO를 역임했던 왕샤오찬

王小川이 설립한 '바이촨 AI百川智能'나 구글 중국 법인에서 최고책임자를 맡았던 리카이푸李開復가 창업한 '프로젝트 AI 2.0'이 대표적이다. 특허 출원 건수에서 많은 대학과 연구기관이 순위권에 든 것처럼, 기업 바깥에서의 개발이 활발히 진행되고 있는 것도 중국의 특징이다. 대학이 개발한 AI 모델은 오픈 소스로 제공되는 경향이 강해, 연구자 등이 모두 이용하고 있다.

과열되는 상황을 확인한 중국 정부는 2023년 8월에 '생성형 AI 서비스 관리 잠정 방법'을 시행했다. 재빨리 생성형 AI에 관한 규제를 도입함으로써, 생성형 AI 서비스의 일반 제공 및 배포는 신고제가 되었다. 2024년 3월 기준으로 지금까지 45개 모델이 인가되었다.

중국 기업의 디지털 전략에 정통한 노무라종합연구소의 이지혜 전문 컨설턴트는 중국 기업의 생성형 AI를 3가지 유형으로 분류한다. 첫 번째는 '생태계 구축형'으로, 바이두나 알리바바 그룹 등의 빅테크 기업이 포함된다. 바이두는 검색이나 비즈니스 앱, 알리바바 그룹은 이커머스나 광고라고 하는 자사가 기보유한 넓은 생태계가 있다. 그 안에 생성형 AI를 편입해 가는 형태의 비즈니스로, 확장이 쉽다는 장점이 있다.

두 번째는 '인프라 건설형'으로, 주로 개발자를 위한 AI 모델이나 플랫폼을 제공하는 움직임이다. 그는 대표적으로 베이징인공지능연구소BAAI가 개발한 AI 모델 '우다오悟道(오도)'를 들었다. 멀티모달 AI 모델 '우다오 2.0'의 파라미터 수는 1.75조로 오픈AI의 GPT-3 등 미국 기업의 모델을 크게 상회하고 있다. 이미 많은 중국 기업이 이용하는 하이엔드 모델이다. 한편, BAAI는 '우다오 3.0'이라는 보다 규모가 작은 모델도 개발 완료했다. 미국에서 볼 수 있듯 용도에 따라 적재적소 모델을 사용자가 선택할 수 있도록 라인업을 확충하고 있는 것으로 보인다. 이 씨가 꼽은 세 번째 유형은 '업계 특화형'이다. 교육이나 의료, 자동차 등의 특정 업계에만 전용 모델을 제공하는 수법을 가리킨다.

AI 모델의 발흥과 병행하여, AI 개발 플랫폼의 정비도 진행되고 있다. 바이두와 알리바바, 텐센트 3개 사는 각 사의 클라우드상에서 AI 모델을 커스터마이징할 수 있는 서비스를 개시했다. 이 서비스는 미국에서 아마존 웹 서비스나 마이크로소프트, 구글 등의 클라우드 대기업이 제공하고 있는 것과 동종의 서비스로 자리매김하고 있다.

예를 들어 인터넷 검색 대기업이자 클라우드 서비스도 제공하는 바이두를 보자. 이 회사는 클라우드상에서 AI 앱을 구축할 수 있는 플랫폼 '첸판千帆'을 제공한다. 자사가 보유한 대규모 언어 모델 '문심일언'이나 이미지 생성형 AI '문심일격' 등을 비롯한 '문심 패밀리'에 더해, 메타의 라마 2Llama 2를 비롯한 오픈 소스 모델까지도 라인업에 추가되고 있다. 바이두는 인터넷 검색과 클라우드 서비스를 동시에 선보이며 AI 개발 플랫폼을 제공하고 있다는 점에서 구글과 유사점이 많은 기업이라 할 수 있을 것이다.

사용자는 라인업에서 AI 모델을 골라 바이두 클라우드상에서 학습 데이터 작성과 모델 추가 훈련, 성능 평가 등을 수행할 수 있다. 구글의 버텍스 AIVertex AI에 가까운 서비스다. AI 칩 등 계산 리소스도 클라우드에서 제공한다.

4 GOLD RUSH AI 4소룡의 비밀 중국

그럼 중국이 어느 분야에 특허 출원하고 있는지를 분석해 보자. 다음 표는 특허 분류별 출원 상황을 나타낸 것이다. 세로축이 분류, 가로축이 출원 연도로 색이 짙을수록 출원 건수가 많은 것이다.

특허 분류 G06N3(생물학적 모델에 기초한 컴퓨터 시스템)에 다수 출원이 몰려 있는 점은 미국과 같다. 한편, 중국에서 특징적이었던 것은 2022년경부터 G06V10(이미지·영상 인식·해석 장치) 분류의 출원 건수가 단번에 뛰어오르고 있다는 점이다. 이는 미국, 한국, 일본 어디에서도 찾아볼 수 없는 추세다.

	2014	2015	2016	2017	2018	2019	2020	2021	2022	2023
생물학적 모델에 기초한 컴퓨터 시스템	12	35	107	491	1092	2193	4164	5906	6073	5498
인쇄 혹은 손글씨 문자, 패턴의 인식 장치	19	32	105	377	721	1437	2581	3391	1229	0
이미지·영상 인식·해석 장치	0	0	1	7	2	11	141	1359	4073	3659
이미지 분석	3	4	17	91	238	473	981	1444	1576	1228
정보 검색, 데이터베이스 구조, 파일 시스템 구조	0	0	1	20	112	423	744	904	942	966
이미지 개선 혹은 복원	3	1	7	50	132	278	637	922	946	801
자연어 데이터 처리	1	1	1	7	34	172	699	875	930	865
장면이나 특정 요소	0	0	0	0	1	4	45	421	1195	1219
평면 이미지에 대한 기하학적 변환	2	0	8	45	85	188	395	586	649	518
생체 인증 패턴, 인간 및 동물 관련 패턴 인식	0	0	1	2	0	6	31	288	793	543

중국 특허 분류별 출원 건수 추이

출처: 닛케이 크로스테크, 패턴트필드

노무라종합연구소의 이지혜 컨설턴트는 이 수치를 "중국이 생성형 AI의 이미지·영상 생성에서 강점을 가지고 있는 것과 연관된 것"이라고 분석한다. 중국에서 주목받는 AI 스타트업들, 'AI 4소룡'으로 불리는 4개 사(클라우드워크, 이투, 메그비, 센스타임)는 모두 이미지 및 영상 영역을 본업으로 하고 있다. "중국은 텍스트 생성이 아니라 이미지 생성이야말로 강점이라고 인식하고 있다."

반면에 텍스트 등을 생성하는 LLM에 대해서는 미국에 비해 늦어지고 있다는 지적도 있다. 중국 상하이에서 일하는 한 소프트웨어 엔지니어는 "우리도 챗GPT를 쓰고 싶다는 게 속내"라고 털어놓는다. 전술한 바와 같이, 중국 정부는 챗GPT나 구글 'Gemini(제미나이)' 등 미국 생성형 AI 서비스의 이용을 금지하고 있다. 이지혜 컨설턴트에 따르면, "학습하기 위한 데이터가 중국어에 국한된다는 점에서 중국 LLM의 성능에는 한계가 있다. 특히 첨단 분야의 연구 논문 등은 영어로 쓰이는 경우가 압도적으로 많다"고 지적했다. 특허 출원 건수에서는 압도적인 차이를 보인 중국이지만 독자적인 생태계를 형성하고 있기 때문에, 그 실력을 알기 위해서는 특허의 내용 등을 잘 살펴둘 필요가 있다.

또한 "중국 기업의 특기는 '구현 능력'"이라는 것이 이 컨설턴트의 평가다. AI 모델 자체의 우열이 아니라, 각 업계나 개별 기업이 서비스 등에 AI를 투입하는 속도가 '압도적으로 빠르기' 때문이다. 현재 AI의 경쟁 축이 모델로부터 앱으로 이동하고 있는 만큼, 중국 기업의 대두는 지금부터가 실전이라고도 말할 수 있을 것이다.

중국 화웨이 부활, 미국은 초조하다

"믿을 수 없을 정도로 우려해야 할 문제입니다." 2023년 10월, 미국 연방의회의 공청회에서 지나 레이몬도Gina Raimondo 미국 상무장관은 이런 발언으로 위기감을 드러냈다. 초조함의 끝은 중국의 통신기기 대기업, 화웨이華爲에서 앞선 8월에 발매한 최신 스마트폰 'Mate60 Pro'였다. 공교롭게 그 상무장관이 방중하고 있던 시기였기 때문에, 그는 불쾌감을 표시한 것이다.

왜 이 스마트폰은 우려해야 할 문제인가? 이야기의 시작은 5년 전으로 거슬러 올라간다. 미국은 트럼프 행정부 때인 2019년에 중국 정부에의 정보 유출을 근심하여 화웨이 제재를 단행했다. 그해 5월에 소프트웨어 분야에서 화웨이와 미국 기업 간 거래를 사실상 금지하고, 이듬해인 2020년 5월에는 미국의 기술을 이용해 제조한 반도체의 수출을 금지했다. 이 제재는 제3국을 경유한 무역까지도 금지하고 있어, 화웨이는 삼성전자나 대만 TSMC 등이 제조한 반도체도 수입할 수 없게 된 셈이었다. 중국 기업에 대한 하이테크 부품 금수 조치는 '미국이 가진 최강의 카드'였으며, 화웨이 제재는 트럼프 행정부가 추진하는 '디커플링(경제분단)'의 상징이었다. 상세한 내용은 후술하겠으나, 바이든 행정부가 들어선 후에도 미국은 기본적으로 중국에 대한 수출 규제를 지속·강화하고 있다.

실제로 이 규제는 효과적으로 작용했다. TSMC는 화웨이에 대한 공급을 중단했다. 그 결과 고성능 스마트폰 제조에 곤란을 겪게 된 화웨이는 2019년 당시 17.6%로 삼성전자에 이어 세계 2위였던 스마트폰 세계 점유율(출하 대수 기준)이 2021년에는 5%대로 급락하는 사태를 맞았다.

그런데 2023년 8월, 화웨이가 출시한 최신 스마트폰 기종(앞서 언급한 'Mate60 Pro')이 화웨이 부활의 신호탄을 쏘아 올렸다. 이 스마트폰의 반도체에는 7나노미터 프로세스의 첨단 칩을 탑재했다. 반도체는 프로세스가 미세화될수록 성능이 증가한다. 미국 애플Apple의 최신 아이폰에 탑재된

3나노미터 칩에 비하면 세대는 오래되었지만, 미국이 수출 규제 기준으로 삼고 있던 14나노미터를 크게 앞지른 것이었다.

이는 "중국의 반도체 기술을 7~8년 늦추려 한(미국 기업의 한 반도체 엔지니어)" 미국의 의도를 배신하고, 7나노미터의 탑재가 3~4년밖에 늦지 않았다는 뜻이다. "수출 규제가 기능하지 않는 것일까?" 미국 내에서는 이런 우려가 확산되었다. 심지어 미국 조사회사 테크인사이트가 이 스마트폰을 분해하여 조사했더니, 7나노미터 프로세스의 반도체를 이용한 'Kirin 9000S'는 화웨이의 반도체 설계 자회사인 하이실리콘(해사반도체)이 자체 개발하여, 중국 최대 반도체 제조업체인 중심국제집성전로제조SMIC가 제조한 것이었다.

'Mate60 Pro'의 재고는 몇 시간 만에 소진되었고 상품 평가도 높았지만, 중국 국내에서는 더욱 큰 맥락에서 '미국 규제에 대해 거둔 중국의 승리'로 회자되었다. 이를 풍자하기 위해 레이몬도 미국 상무장관을 화웨이의 브랜드 홍보대사로 임명하고 그와 화웨이 스마트폰을 합성한 이미지가 중국 내에서 순식간에 확산되었다.

스마트폰에 탑재된 칩을 둘러싼 화웨이의 부활을 이 책에서 다루는 이유는, 반도체의 지정학이 생성형 AI의 맥락에서도 빼놓을 수 없는 조각이기 때문이다. 저서 『칩 워Chip War』에서 글로벌하게 뒤얽힌 공급망을 읽어내어, 석유를 능가하는 '세계 최대 중요 자원'으로 반도체를 부상하게 한 크리스 밀러Chris Miller는 다음과 같이 말했다.

"생성형 AI에 의해 최첨단 반도체라고 하는 컴퓨팅 자원에의 접근이 중요한 요소로 부상했습니다. 누가 그것을 손에 넣느냐가, 지정학적으로 중요한 문제의 열쇠가 됩니다. 최첨단 반도체의 대부분이 미국에서 설계되어 대만과 한국에서 제조됩니다. 이 플레이어들이 컴퓨팅 자원에의 접근에 대해 상당한 영향력을 갖게 됩니다."

생성형 AI를 둘러싸고 벌어지는 국가 간 경쟁을 읽어내는 데 있어, 반도체 공급망이라는 지정학적 맥락은 간과할 수 없다. 밀러의 말 대로 AI로 중요한 데이터 처리를 실시하는 '로직 반도체' 중 최첨단 프로세스 칩의 대부분은 미국과 영국에서 설계되며, 그중 약 90%는 대만이, 나머지 10%는 한국이 제조한다. 반도체 제조에는 다양한 재료와 공정별로 세분화된 제조장치가 쓰이며, 재료·장치 제조업체 없이는 이것들을 제조할 수 없다. 당연히 각 제조업체마다 다른 특기가 있으며, 그 소재도 세계 각국에 흩어져 있다. 이것이 공급망을 복잡하게 만드는 원인이다.

예를 들어 최첨단 로직 반도체 제조에 필수 불가결인 EUV 노광 장치는 네덜란드의 ASML이 독점하고 있다. 2장에서 본 바와 같이 일본 기업들도 웨이퍼 프로버나 그라인더 등의 제조장치, 패키지용 소재, 몰드(금형)와 같은 반도체 재료에서 세계 최상위 점유율을 가지고 있다. 공급망이 1개의 나라에서 완결되지 않기 때문에, 수출 규제에는 국가 간 제휴가 필요하게 된다.

앞서 언급했듯, 반도체에서 선수를 친 것은 트럼프 행정부 시절 미국이었다. 바이든 행정부 역시 그 노선을 계승하고 있다. 국가에 의한 반도체 전략은 공급망을 고려한 '3P'가 기본이다. 하나는 Protect(보호)로서, 주요 기술을 유출시키지 않기 위한 규제를 말한다. 바이든 행정부는 2022년 10월, 반도체 규제의 대상을 14나노미터, 16나노미터의 로직 반도체로 확대했으며 AI나 슈퍼컴퓨터에 연결되는 반도체 제품이나 소프트웨어도 규제 대상에 추가했다. 중국에서 첨단 반도체 개발에 미국인이 관여하는 것도 금지하면서, 사물과 인간 양면에서 규제를 강화한 셈이다.

또 다른 P는 Partner(파트너)다. ASML과 일본의 제조장치 업체를 염두에 두고, 동맹국인 네덜란드와 미국이 미국의 요청에 따라 수출 규제에 동참했다.

6 GOLD RUSH 중국이 발견한 미국 수출 규제의 샛길 미국·중국

그러나 이러한 규제 강화 속에서도 화웨이는 7나노미터 프로세스의 반도체를 스마트폰에 탑재하는 데 성공했다. 미국 내에서는 규제의 실효성에 대한 의심이 확산되어, "미중 기술 냉전이 신국면에 들어섰다"는 언론 보도가 뒤따랐다. 정부는 규제의 시급한 재검토 압박을 받게 되었다.

어떻게 화웨이는 최첨단 반도체를 제조할 수 있었을까? 미국 의회 자문기구 '미중 경제안보 조사위원회'가 이 문제를 서둘러 조사하여 작성한 보고서에 힌트가 있다. 2022년의 규제 강화를 통해 미국은 14나노미터의 최첨단 반도체를 생산할 것을 목적으로 하는 미국제 제조장치의 수출을 금지했다. 한편, 보고서에 따르면 중국 제조업체일지라도 여전히 비교적 낡은 세대의 반도체를 제조한다고 신청한다면 제조장치를 수입할 수 있는 케이스가 있었다고 한다.

또 보고서는 화웨이의 칩을 제조한 SMIC가 2022년 10월 이전에 첨단 반도체 제조장치를 이미 구매했을 가능성과, 미국이 규제를 단행한 이후 네덜란드와 일본이 이를 뒤따를 때까지의 시간차를 이용했을 가능성도 언급했다. 실제로 미국의 규제를 시행한 것은 2022년 10월이지만, 일본은 이듬해인 2023년 7월, 네덜란드는 2023년 9월로 각각 9개월, 11개월의 시차가 있었다. 2023년 1~8월에 중국이 네덜란드로부터 수입한 반도체 제조장치의 총액이 전년도 동기간과 비교해 약 2배로 증가해 있었다고 보고서는 지적하고 있다.

이러한 지적을 받은 미국 정부는 2023년 10월, 새로운 규제 강화를 단행했다. 중국과 관계가 가까운 아랍에미리트 등 45개 국가와 세계 각지의 중국 기업 자회사를 규제 대상에 추가하여, 제3국 경유라는 샛길을 막은 것이다. 나아가 GPU 등 AI 반도체에 대해서도 기준을 강화했다. 엔비디아는 2022년 10월의 규제 기준을 회피하여 성능을 떨어뜨린 GPU H800 등을 중국에 수출하고 있었는데, 이러한 움직임도 규제하게 되었다. 물리적으로는 중국에의 첨단 반도체 공급이 거의 모두 멈춘 셈이었다.

이어 미국 정부는 "또 다른 샛길"로 여겨졌던 공급 루트도 차단할 계획이다. 확실히 규제 강화로 인해, 중국의 반도체 제조는 큰 타격을 입었다. 한편으로 이 미중 냉전에 임하는 미국의 근본적인 목적은 '중국 기술의 약체화'에 있었다. 첨단 반도체가 국내에서 공급되지 않게 되었다고 해도, 계산 자원을 이용할 수만 있으면 중국의 AI 개발은 멈추지 않는다. 그 방법이 바로 3장에서 다룬 클라우드였다. 클라우드를 통해 GPU 등을 이용한다면 물리적인 AI 반도체 없이도 AI 학습이 가능하기 때문이다.

미국 상무부는 2024년 1월, 미국의 클라우드 서비스 제공 기업에 대해 AI 관련 해외 고객의 보고를 의무화하는 제도를 공표했다. 해당 제도는 5

월 이후에 최종 확정될 전망이다. 해외 고객의 이름과 IP 주소의 제출을 요구하는 것은 중국 기업을 염두에 둔 조치임이 분명하다. 미국 정부는 모든 고객이 아니라, 대규모 AI 모델을 개발하고 있는 경우 등으로 대상을 좁힐 생각이다.

제도안이 중국 등 해외 기업에 클라우드 서비스 제공을 완전 금지하는 것은 아니다. 다만 미국 정부는 이 제도를 통해 해외 기업의 클라우드 이용 실태를 파악할 수 있으며, 안보상 위협으로 판단되는 경우에는 거래 중단 등을 요청할 것으로 보인다. 클라우드 제공 기업으로서 AWS나 마이크로소프트, 구글 등이 이 제도의 대상이 될 전망이다. 미국 역외에서 미국 기업의 대리로서 서비스를 제공하고 있는 사업자도 제도 적용 대상이다.

미국 반도체 전략의 세 번째 P는 Promote(촉진)이다. 자국 반도체 산업의 재강화를 의미하며, 2022년 8월에 성립된 'CHIPS법'이 그 근간이 된다. 2장에서 본 대로 미국은 첨단 반도체 선두를 달리지만 GPU로 독주하는 엔비디아도, 독자 반도체를 개발하는 구글과 AWS 같은 빅테크 기업도 모두 자사 공장 없이 TSMC 등에 제조를 위탁하는 '팹리스fabless' 기업이다. 최종 조립을 외국에 의존한다면, 대만의 상황 등에 따라 공급이 혼란스러워질 위험이 항상 남아 있다. CHIPS법을 통해 미국 정부는 국내 생산에 500억 달러를 투입할 예정이며, 민간기업에도 5,000억 달러의 추가 투자를 요청한다. 반도체 제조의 해외 의존을 리스크로 보고 정부는 국내 회귀의 깃발을 흔들고 있다.

"AI 시대를 응시한 세계 최초의 시스템 파운드리가 되는 미국 인텔에 전례 없는 기회가 다가오고 있습니다." 2024년 2월, 미국 반도체 대기업 인텔Intel이 캘리포니아주 새너제이에서 개최한 이벤트에서 팻 겔싱어Pat Gelsinger CEO는 이렇게 말했다. 이 이벤트에서 인텔은 파운드리(반도체 제조 수탁) 강화를 내세우며, 2030년까지 세계 2위 파운드리 기업이 되겠다는 큰 목표를 제시했다. 사업을 크게 제조사업 부문(인텔 파운드리)과 제품사업 부문으로 나누어, 인텔 파운드리는 자사 설계에 국한하지 않고 널리 반도체 제조를 수탁할 방침이라고 한다. 이 '제조 회귀'의 흐름은 미국 정부의 방침에 따른 것이기도 하다.

미국 정부는 3월, 인텔에 최대 85억 달러의 보조금을 지급한다고 발표했다. 이 보조금은 CHIPS법에 의해 조성된 500억 달러의 보조금 예산에서 출연한다. 이미 미국 마이크로칩 테크놀로지Microchip Technology 등에 대한 보조금도 발표했지만, 인텔에 지급되는 액수가 월등히 크다. 여기에 최대 110억 달러의 대출도 추가 실행할 전망이다.

이후 미국 정부는 삼성전자에는 최대 64억 달러, TSMC에는 최대 66억 달러의 보조금 지급도 발표했다. 모두 미국에서의 공장 건설에 대해 지급하는 것이다. 바이든 미국 대통령은 "2030년까지 세계 최첨단 반도체 20%가 미국에서 생산될 것"이라며 반도체 설계뿐 아니라 생산까지 언급했다. 미국 내에서의 생산을 강화하기 위함으로, 공장 등의 이전도 촉구한다. 보조금을 받는 기업에는 중국에서의 반도체 제조와 관련된 증산 투자를 향후 10년간 일정 정도로 제한하는 조건을 부과한다.

7 GOLD RUSH 대두하는 중국판 엔비디아 : 중국

그렇다면 2015년에 발표한 '중국제조2025'에서, 반도체의 자국 생산율을 2035년까지 75%로 끌어올리겠다는 목표를 내세운 중국은 어떨까? 마찬가지로 국가 예산을 투입해 자국 산업을 육성하고 TSMC 등 외자 기업도 유치하고 있는데 미국 반도체 시장 조사업체 IC 인사이트IC Insights에 따르면, 2021년의 중국 반도체 자급률은 16.7%에 그친다. 그나마도 내역을 보면 외자기업이 10.1%로, 중국 기업은 6.6%에 불과하다. 한국 반도체 회사 소속으로 중국에 파견되어 있는 한 엔지니어는 "중국에서 5나노미터 이하의 반도체를 설계, 제조하는 것은 불가능"하다고 본다.

가장 큰 이유는 5나노미터 이하에서는 필수로 여겨지는 ASML의 EUV 노광 장치다. 중국 최대 반도체 제조업체인 SMIC는 금수 조치된 EUV가 아니라, 이전 기술인 DUV(심자외선) 장치를 사용하고 있다. 이는 "몇 년 만에 돌파하기는 어려운 정도"의 장애물이라고 한다.

2023년 10월 미국이 추가 규제를 단행할 때까지, 중국의 대형 클라우드와 AI 모델 개발 기업은 엔비디아가 규제 기준에 부합하도록 성능을 떨어뜨린 GPU, 'H800'을 대량으로 사들였다. 노무라종합연구소의 이지혜 컨설턴트는 향후 중국 기업이 취할 첨단 반도체 전략을 다음과 같이 전망한다. "계산 자원은 반도체의 '질×양'으로 결정됩니다. 선택지는 두 가지인데, 하나는 질에서는 떨어지는 반도체를 양으로 커버하는 것. 이 경우 최첨단은 아니겠지만 자본을 투입한다면 양은 모을 수 있습니다. 또 하나는 질을 높이기 위한 대체품을 개발하는 것입니다. 화웨이 등의 플레이어가 중심이 될 겁니다."

H800 수출도 금지된 엔비디아는 중국용 제품 개발을 서두르고 있는 것으로 알려졌다. 2024년 3월 자사 행사에서 기자회견을 연 젠슨 황Jenson Hwang CEO는 "중국에 최적화하기 위해 최선을 다하고 있습니다"라 말했지만, 구체적인 스펙의 언급은 피했다. 미국 정부가 2023년 10월 추가 수출 규제를 단행하기 이전 엔비디아 데이터센터 매출의 20~25%가 중국이었고, 그 거대한 시장은 이 회사의 생명줄이기도 했다. 이 사실은 추가 규제 이후 2023년 11월부터 이듬해 1월까지의 매출이 5% 정도로 급락하고 있는 것에서도 알 수 있다.

엔비디아의 콜레트 크레스Kress Colette CFO(최고재무책임자)는 2024년 2월에 열린 결산 설명회에서 "당사는 아직 규제 대상 제품을 중국에 수출하기 위한 허가를 미국 정부로부터 취득하진 않았지만, 허가가 필요 없는 대체 제품의 수출은 개시했습니다"고 말했다. 노무라종합연구소의 이지혜 컨설턴트가 지적하듯, 국가 예산 등을 투입하여 이러한 엔비디아제 GPU를 대량으로 구입하는 움직임이 향후에도 퍼질 것이다.

대체품 개발에서는 '중국판 GPU'가 주목받고 있다. 이러한 GPU 스타트업의 필두가 바로 무어 스레드(마얼선정도능과기)다. 엔비디아에서 글로벌 부사장 등을 지낸 장젠중張建中이 2020년 10월에 창업한 GPU 제조업체로, 2023년 12월에는 AI 전용 GPU 'MTTS4000'과 AI 학습 등을 담당하는 플랫폼을 발표했다. 가장 큰 특징은 엔비디아 CUDA(쿠다)와의 호환성이다. CUDA는 2장에서 소개한 엔비디아제 GPU를 움직이기 위한 프로그램으로, 전 세계 AI 개발자들이 이용하고 있다. 중국도 예외는 아니다.

무어 스레드의 플랫폼은 CUDA와 호환되기 때문에, 지금가지 엔비디아제 GPU로 AI를 학습시키기 위해 CUDA로 작성했던 프로그램 코드를 거의 그대로 무어 스레드제 GPU용 코드로 쉽게 이행할 수 있다고 한다. 미국의 한 반도체 전문지는 무어 스레드의 기술력을 "2020년 당시 엔비디아의 아키텍처에는 미치지 못하지만, 어느 정도의 LLM 트레이닝에서는 이용할 수 있다"고 평가하고 있다.

중국 GPU 스타트업 필두에 있는 무어 스레드

출처: 무어 스레드

'중국판 엔비디아'라는 별명을 가진 캄브리콘(중과한무기과기)도 AI 반도체를 개발하고 있다. 2021년에 개발한 '쓰위안思元 370'은 7나노미터 프로세스를 채용했으며, 제조사에 따르면 최대 연산 능력은 256 TOPS로 엔비디아의 'A800'을 상회한다고 한다. 바이렌(벽도지능과기)도 마찬가지로 AI 칩 제조업체로 주목을 받아 이미 1조 원 이상을 조달했다.

물론 7나노미터 프로세스의 스마트폰 칩을 실용화한 화웨이도 AI 반도체의 가장 큰 회사다. 화웨이가 개발한 AI칩 '성텅昇騰 910B'는 엔비디아의 'A100'과 동등한 성능을 가졌다고 여겨진다. 해외 언론에서 바이두 등의 중국 테크 대기업이 엔비디아제 GPU의 대체품으로 '성텅'을 이용하기 시작했다고 보도하는 등, 엄격한 수출 규제하에서 이러한 움직임은 가속화될 듯하다.

지금까지 살펴본 기술 혹은 공급망을 둘러싼 수출 규제 외에도, 국가 간 경쟁에는 또 하나의 축이 있다. 바로 기술을 규제하는 룰 마련이다. AI 규제를 통해 각국은 주권 다툼을 벌이고 있다.

"규제에 대해서는 '이퀄 푸팅'을 중시하면 좋겠습니다. 그러지 않으면 타국에서 펼치고 있는 서비스를 귀국에서는 제공할 수 없어, 소비자의 편의성이 저하되고 말 겁니다." 이는 미국 빅테크 기업이 로비에서 사용하는 상투적인 문장이다. '이퀄 푸팅Equal Footing'이란, 조건의 동일화를 가리킨다. 상품이나 서비스에 대한 규제를 타국과 맞추는 것이 소비자의 이익이 된다는 것이 빅테크 기업의 논리다. 각 나라와 지역의 생성형 AI를 규제를 둘러싼 논의에서도, 복수 미국 기업의 교섭 담당자는 "빅테크 각 사는 이 방침을 바꾸지 않았습니다"라고 증언한다. 지역마다 규제가 달라지면, 현지화와 추가 규제 준수가 필요해져 기업에 추가 비용이 발생한다. 이를 피하고 싶은 것이 빅테크의 속셈이며 규제 로비의 철칙이라 할 수 있다.

반대로 말하면 규제라는 룰에 의해 거대 기업이 가진 플랫폼의 힘을 깎아낼 수 있는 것이다. 이것이 각국이 룰 만들기에서 주도권 경쟁을 벌이고 있는 이유 중 하나다. AI 규제에 대해서는 생성형 AI가 폭발적으로 유행한 1년 정도 만에 세계적인 공통 경향이 뚜렷해졌다. 그중 하나는 규제 당국이 인식하는 리스크의 범위가 넓어진 것이다. 생성형 AI 이전부터 AI의 차별적인 행동이나 사생활 침해 등은 리스크였지만, 생성형 AI의 등장을 계기로 '인류에 대한 위험성'이 새로운 리스크 요인으로 추가되었다. AI 모델이 점점 빠르게 진화하면서 인간을 뛰어넘는 지성에 관한 막연한 불안감이 확산되고 있기 때문이다. 즉, AI가 '안보상 위협'으로 인식되게 시작했다.

또 다른 하나는 규제 수법의 변화다. 생성형 AI 이전에는 쉽게 말해 "법 규제를 하느냐 마느냐"라는 이원론이 각 규제 당국에서도 뿌리 깊게 자리 잡고 있었다. 그것이 미국이나 일본을 중심으로 퍼져온 '자주적인 가이드라인'으로서 행동 규범을 촉구하는, 유연성 있는 규제 수법이었다.

이 두 가지 경향은 생성형 AI의 개발 속도가 다른 차원에 있음을 상징하는 것이다. 경제산업성에서 디지털 플랫폼 거래 투명화법의 제정 등에 관여하고, 현재는 미국 로버스트 인텔리전스Robust Intelligence에서 정책 기획을 담당하는 사쿠마 히로아키佐久間弘는 "룰을 만드는 규제 담당자로서는 일주일 단위로 진화하는 기술 같은 주제를 다루는 것은 처음"이라고 이야기한다. 기술의 발전 속도가 빨라진 만큼 규제당국도, 더욱 유연하고 폭넓은 대응을 요구받게 된 것이다.

이러한 변화 속에서 각국과 지역은 저마다의 의도를 갖고 AI 규제에 임하고 있다. 각 지역의 전략을 살펴보자.

가장 엄격한 규제를 마련하고 있는 곳은 유럽연합EU이다. EU 입법기관인 유럽의회는 2024년 3월 세계 최초로 AI를 포괄적으로 규제하는 'AI 법AI Act'을 다수 찬성으로 가결시켰다. 해당 법안은 2024년 전반기에 성립하여, 2026년에는 발효될 전망이다. AI 법은 EU 법체계에서 '통일 룰(이차법)' 규칙에 해당되어 가맹 각국 의회의 논의를 기다리지 않고 필수로 비준되어야 하므로, 가맹국 전체에 전면 적용된다. 'EU 일반 데이터 보호 규칙GDPR'과 같은 취급이다.

이는 하드 로우에 속하는 엄격한 규제로서, 가장 큰 특징은 개별 활용 사례나 서비스를 규제 대상으로 삼는다는 점에 있다. AI에 의한 리스크를 '허용할 수 없는 위험', '고위험', '한정위험', '최소위험'의 4가지로 분류하고, 그에 따라 금지 사항이나 의무를 정했다. 가장 엄격한 '허용할 수 없는 위험' 분류에는 잠재의식에 대한 조작이나 사회적 스코어링*, 얼굴인증에 의한 데이터베이스화 등이 포함되었으며, 예외 없이 전면적으로 금지된다. 두 번째로 엄격한 '고위험' 분류에 속하는 주요 인프라 관리와 교육, 고용 등 특정 분야의 AI 시스템에 대해서는 사전 적합성 평가를 의무화한다. EU 시장에 AI를 도입하는 제공자가 대상인데, 서비스 제공 과정에서 AI를 이용하는 경우에도 적용 대상이 되므로 주의가 필요할 것이다.

GDPR과 마찬가지로 제재금도 고액이다. '허용할 수 없는 리스크'에 대한 위반에는 4천만 유로 또는 전 세계 매출액의 7%, '고위험'에 대한 위반

* 개인의 사회적 행동이나 활동을 평가하고 점수화하는 시스템을 의미한다. 즉, 개인이 사회에서 하는 다양한 행동을 점수로 환산해 그들의 신뢰도나 평판을 평가하는 방식이다.

에는 2천만 유로 또는 전 세계 매출액의 4% 제재금이 부과된다. "개별 서비스를 대상으로 하므로, 예를 들어 일본 기업이 챗GPT를 뒤에서 이용해 EU에서 서비스를 제공하는 경우라도 AI 법의 적용을 받습니다." PwC 컨설팅의 우에스기 켄지上杉謙二 디렉터의 해설이다. 즉 외부 AI 모델을 이용하고 있는데, 그 모델에서 미비점이 발견된다고 하면 서비스 제공자의 책임이 되는 것이다.

EU가 이렇게까지 엄격한 규제를 부과하는 배경에는 무엇이 있는 것일까? 로버스트 인텔리전스Robust Intelligence의 사쿠마는 "3개 층으로 생각하지 않으면 본질이 보이지 않는다"라 말한다. 그 3개 층이란 인권 의식, 지역 내에서의 AI에 의한 사고나 트러블의 영향, 지정학적 전략이다.

EU는 출범 때부터 유럽 단일시장을 안전하게 형성한다는 미션을 갖고 있다. PwC 일본 법인 소속으로 디지털 거버넌스 등을 전문으로 하는 미야무라 카즈야宮村和谷 집행역에 따르면, "EU는 나치의 등 다양한 문제의 반성으로부터 태어났기 때문에, 민주주의를 수호하고자 하는 사상이 저변에 깔려 있습니다." 인권 의식은 본래 강하고, 그것이 개인 정보 보호를 엄격히 규정한 GDPR 등에도 연결되고 있다. EU 내에서도 AI에 의한 프로파일링 등의 문제가 발생하고 있어, AI가 미칠 악영향에 대한 경계심도 강하다고 한다.

게다가 사쿠마는 "지정학적인 맥락이 큽니다. 한발 앞서 플랫폼을 규제

함으로써 국제 기준을 먼저 만들어, 이들의 존재감을 약화시키려는 의도가 AI 맥락에서도 들여다보이죠. 성공 경험이 있기 때문입니다"라고 지적한다. 이 성공 경험 중 하나가 GDPR이다. 2016년 제정 이후 전 세계 기업이 규제에 대응하기 위해 데이터 수집과 보존 등의 활동에 압박을 받았다. 기업뿐 아니라 더 나아가 세계 각국의 정책 결정 과정에도 영향을 미쳤으며, 실질적인 표준으로 거듭났다. 이러한 영향력의 행사는, EU 본부가 위치한 도시명을 따서 '브뤼셀 효과'라 명명하게 되었다.

"EU는 AI의 리더가 되고 싶어 합니다." EU 집행기관인 유럽위원회에서 주미 디지털 상급 특사를 맡고 있는 제럴드 드 그라프Gerald De Graft는 AI 법의 목적을 다음과 같이 설명한다. "EU는 몇 가지 기술 분야에서 '소비자'가 되고 있습니다. 그 대부분은 미국에서 제공되는 기술입니다. 우리는 그런 상황을 원하지 않습니다. AI에 대해서도 마찬가지입니다. EU는 타국 기술의 소비자가 되고 싶지 않은 겁니다." AI 법이 플랫폼에 대한 견제임은 분명해 보인다.

그라프 특사는 규제가 혁신으로 이어진다는 인식도 드러냈다. 그는 "왜 규제에 대해 사람들은 항상 부정적인 시각을 가질까요? 그들은 곧바로 '혁신을 저해한다'고 말하더군요. 미국 캘리포니아주에는 엄격한 배기가스 기준이 있습니다만, 그로 인해 산업계에서 무슨 일이 일어났나요? 배기가스에 관한 커다란 (긍정적인) 기술 혁신이 있었지요. EU의 규제는 대부분 개방적이며, (기업을) 속박하는 것이 아닙니다"라고 주장했다.

10 GOLD RUSH 미국은 규제를 중단했는가? 미국·일본

한편 GAFAM 등의 플랫폼을 자국 내에 보유하고 있는 미국에서도, 생성형 AI의 개발에 일정한 제동을 걸려는 움직임이 있다. 바이든 대통령은 2023년 10월에 AI의 안전성 확보에 관한 대통령령을 발령했다. 다만 벌칙은 보류되어 EU와 달리 개별 서비스에 대한 규제까지는 들어가지 않았다. '소프트 로우'라 불리는 비교적 약한 규제로서 기업에 대한 배려를 표했다. 그 내용도, 미국 내 주요 AI 개발사 15곳과 합의한 자주적인 룰이 중심이다. 전체적으로 AI 분야 선두를 달리는 미국 기업의 패권 다툼을 지원하기 위해 연계한 모양새다.

"변호사를 37년 동안 했는데, 100쪽짜리 대통령령은 본 적이 없습니다." 미국 로펌 모건 루이스Morgan Lewis의 조반나 M. 치넬리Giovanna M. Cinelli의 말처럼, 이 대통령령에는 규제뿐 아니라 AI 인력의 비자 발급 완화와 프로그램 개발 등의 교육 촉진 방안도 대거 포함되어 있다. 구체적인 개별 서비스에 대한 규제 지침의 경우, 미국 상무부의 국립표준기술연구소NIST가 정리한 AI 기술의 리스크 관리를 위한 가이드 「AI 리스크 관리 프레임워크AIRMF」에서 제시하고 있다.

다만 미국 정보의 플랫폼에 대한 태도가 응원 일색인 것은 아니다. 미국 사법부와 연방거래위원회FTC는 플랫폼 규제 태세를 굳히고 있으며, 2023년 이후로 구글, 아마존, 애플을 각각 반독점법 위반으로 기소하고 있다. 게다가 소송 대상은 인터넷 광고, 인터넷 통신판매, 아이폰이라고 하는 각 기업의 핵심 사업이다. 마이크로소프트가 행한 오픈AI에의 출자를 둘러싸고, 반독점법에 저촉될 가능성이 있는지 여부를 FTC가 예비 조사하고 있다는 보도도 있다. 역사적으로 테크 기업의 확장을 허용해온 미국 정부이지만 점차 경계를 굳히고 있으며, 생성형 AI에 대해서도 규제당국이 눈을 번뜩이고 있다.

일본의 경우, 2023년 주요 7개국 정상회의G7의 주최국으로서 '히로시마 AI 프로세스'를 시작하여 생성형 AI의 리스크에 대해 대처할 것을 목표하는 국제적인 골조인 '포괄적 정책 골조'를 정리했다. 다만 중국, EU, 미국에 비해 일본 국내 AI 규제는 아직 확실히 정리되지 않았다.

경제산업성과 총무성은 지금까지 사업자용으로 존재했던 3가지 가이드라인을 통합하여, 2024년 4월 「AI 사업자 가이드라인(제1.0판)」으로 공개했다. 이를 내각부의 AI 전략 회의에 보고함으로써 정식 가이드라인을 마련하긴 했으나, 생성형 AI에 특화한 움직임은 다른 나라, 지역과 비교해 약하다. 법 규제에 관해서는 "데이터의 안전한 취급이 국제적인 안전 보장 논의에 들어가기 위한 조건이 된다"는 견해도 나와 있어, 자민당이 생성형 AI로 대상을 좁힌 기본법의 검토를 진행시키고 있다.

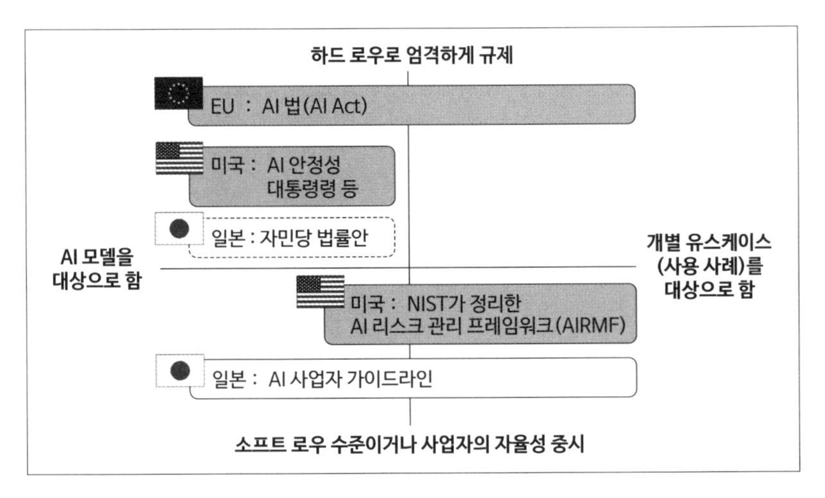

각국 지역의 AI 규제 특징. EU가 하드 로우로 서비스까지 폭넓게 규제하는 데 비해, 미국은 자율적인 가이드라인으로 행동 규범을 제시하고 있다.

출처: 로버스트 인텔리전스 자료에 필자가 가필

유럽, 미국, 일본 그리고 중국의 AI 규제를 정리하면, 유럽이 가장 엄격하게 모델과 서비스의 쌍방을 묶고 있으며 미국과 일본은 모델은 법 규제로, 서비스는 자율에 맡긴 가이드라인이나 프레임워크로 규율하고 있다. 중국은 이전에 설명한 바와 같이, 주로 국내 사업자를 포착하는 수직형 규제를 펴고 있다.

PwC의 우에스기에 따르면 EU의 기대대로 "일본과 미국 기준으로 서비스를 전개하려고 하면, EU에서의 시장 투입이 어려워지는 상태"인 까닭에, GAFAM 등의 서비스 제공자 입장에서는 EU용 현지화 수행이 필요하게 된다. 다만 우에스기는 "GDPR 케이스에서는 몇몇 포털 사이트가 EU에서 철수했습니다. 같은 움직임이 나와도 이상하지 않습니다"라 본다. 룰에 의해서 영향력을 행사하는 수법은 허들의 높이를 높이므로, 역내 서비스 품질의 저하를 초래할 우려도 있다. AI 규제로 인한 패권 다툼의 결론은 아직 나지 않았다.

한편, 보안이나 거버넌스 등은 "일본 기업의 특기 분야(로버스트 인텔리전스 사쿠마의 말)"이기도 하다. 일본 국내 소프트웨어 개발 회사의 한 엔지니어는 "앞으로는, AI 거버넌스를 담보하는 제삼자 인증과 같은 움직임이 나올 것"이라 전망한다. 거버넌스 인증이 없는 기업과는 거래하지 않는 상관습이 당연해질지도 모른다. 사쿠마는 "안전한 개발, 구현이 특기인 일본 기업이 거버넌스를 무기로 국제로 진출할 수 있는 가능성은 있습니다"라 말한다.

2024년 4월 미일 정상회담에 맞추어 잇따른 미국 대기업들의 대일 투자도 호기일 것이다. 마이크로소프트는 향후 2년간 4,400억 엔을 투자해 AI와 클라우드를 강화한다. 구글은 1,500억 엔을 투자하는 미일 간 광섬유 케이블 신설 계획을 밝혔으며, 오라클은 2,000억 엔을 사용해 향후 10년에 걸쳐 클라우드 플랫폼의 강화를 진행키로 했다. 『칩 워』 저자인 크리스 밀러가 "컴퓨팅 자원을 누가 손에 쥐느냐가 관건"이라고 말한 대로, 반도체와 클라우드 플랫폼은 생성형 AI에 있어 필수적인 요소다. 실질적으로 그 2가지를 해외 기업에 의지하는 일본으로서는, 우선 미일 관계 강화에 의한 공동 전선 구축이 현실적인 선택지일 것이다.

AI 규제에 대해서는 종래의 룰로는 대응할 수 없다는 주장이 뿌리 깊다. EU의 AI 법이 미칠 영향을 주시하는 한편, 혁신을 저해하지 않는 형태의 유연한 규제를 할 필요성이 있다. 정부뿐 아니라 기업이나 개인 등의 이해관계자가 임기응변적으로 제도나 구조를 개선하는 '애자일 거버넌스Agile Governance'의 사고방식이 불가결할 것이다.

누가 컴퓨팅 자원을 손에 쥐는지가 생성형 AI 이후의 반도체 전쟁이다

『칩 워』 저자, 미국 터프츠대학교 플레처법률외교대학원 국제역사학 준교수
크리스 밀러Chris Miller

반도체 패권 다툼의 전모를 각국의 경제정책과 글로벌 공급망으로부터 밝혀내 베스트셀러가 된 『칩 워Chip War』. 초판 출간은 2022년 10월(한국 초판 출간은 2023년 5월 19일)로, 생성형 AI가 반도체의 지정학에 미치는 영향은 다뤄져 있지 않다. 수출 규제 응수와 미국의 제조 회귀 움직임, 중국의 첨단 칩 제조 능력을 어떻게 보는가? 저자 크리스 밀러에게 생성형 AI 시대의 경쟁 원리를 물었다.

Q 생성형 AI의 등장이 반도체 지정학에 어떤 영향을 줄 것으로 보십니까.

A 두 가지를 말할 수 있겠지요. 하나는 AI 학습에 있어 컴퓨팅 자원에 제한이 생기고 있다는 것입니다. 아시다시피 AI 플랫폼과 AI 모델의 훈련에 드는 비용은 몇천만 달러에서 몇억 달러에 이릅니다. 그래도 엔비디아제 GPU나 고대역폭 메모리 공급은 2023년 이래로는 계속 부족한 형편이죠. 이렇게 자원이 제한되는 세계에서는, 누가 그 힘을 손에 넣느냐 하는 문제가 매우 중요해집니다.
두 번째는 영향력이 집중되어 있다는 것입니다. 세계에 존재하는 하이엔드 컴퓨팅 자원의 거의 전부가 미국 기업에 의해 설계되어 대만과 한국에서 제조되고 있습니다. 즉, 이 세 지역은 '누가 컴퓨팅 자원을 손에 넣는가'란 문제를 푸는 데 상당한 영향력을 갖게 됩니다. 미국은 실질적으로 중국의 컴퓨팅 자원 접근을 막고, 최첨단 칩을 중국 국외에 묶어 두려고 하고 있습니다. 즉, 컴퓨팅 자원을 미국이 통제할 수 있는 상태입니다.

Q 지금 말씀하신 영향은 과거 반도체 지정학의 연장선에 위치하는 것입니까?

아니면 새로운 단계라고 할 수 있을까요?

A 저는 연장선에 있는 것으로 파악하고 있습니다. 처음 '칩'이 발명된 이래 70년간 하이엔드 컴퓨팅 자원에 접근할 권리와 능력은 경제적으로나 기술적으로, 그리고 전략적으로 일을 전진시키는 열쇠였습니다. 그건 바뀌지 않아요. 현재 하이엔드 메모리와 프로세서를 생산할 수 있는 것은 2~3개국 지역밖에 없습니다. 이 '집중'이 지난 20년간의 중요한 트렌드이며, 지금까지의 칩 생산과 크게 다른 점입니다. 그것은 생성형 AI 이후에도 변하지 않았습니다.

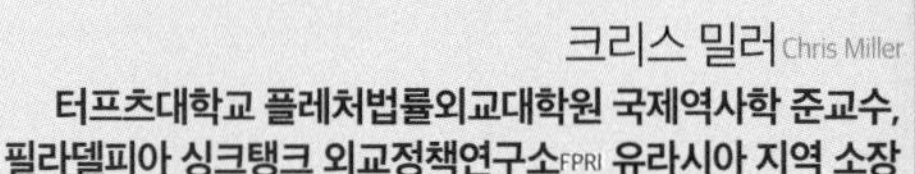

크리스 밀러 Chris Miller
터프츠대학교 플레처법률외교대학원 국제역사학 준교수,
필라델피아 싱크탱크 외교정책연구소FPRI 유라시아 지역 소장

1987년 미국 일리노이주 출생으로, 현재 매사추세츠주 벨몬트에 거주한다. 거시경제 지정학 컨설턴트 회사 그린 맨틀의 이사기도 하다. 뉴욕타임스, 월스트리트저널 등에 기고하며 신선한 시각을 제공하는 역사가다. 하버드 대학 역사학 학사 학위, 예일 대학 역사학 박사 학위를 취득했다.

Q 지금 지적하신 집중에 대해 좀 더 자세히 알려주세요. 지정학적으로는 그 집중을 분산시키려는 움직임이 일어나고 있는 것 같습니다.

A TSMC가 첨단 프로세서의 90%를 제조하고 삼성전자와 SK하이닉스, 마이크론테크놀로지 등 3개 사만 첨단 메모리를 제조할 수 있습니다. 그리고 세계의 하이엔드 노광 장치의 모든 것을 네덜란드의 ASML이 쥐고 있습니다. 말씀하신 대로, 지금 일어나고 있는 것은 이러한 집중을 완화하려는 움직임입니다. 단지 생성형 AI에 의한 것은 아니며, 지정학적인 맥락에서 일어나고 있는 것입니다. AI가 주도하고 있는 것이 아니라 정치적인 프로세스가 움직이고 있는 것이죠. 미국은 대만 주변으로의 제조 능력의 집중을 염려하고 있고, 일본이나 유럽 각

국은 원래 플레이어가 너무 적어 안정적으로 공급되지 않는 것을 염려하고 있습니다. 이것들은 생성형 AI의 붐과 동시에 일어나고 있는 일이지만, AI가 그것을 촉진하고 있지는 않습니다.

엔비디아가 직면한 경쟁

Q 그럼 생성형 AI의 붐으로 변화가 있었던 것은 칩에 대한 수요뿐이라는 이야기입니까?

A 수요가 압도적으로 늘어난 것에 더해, 필요한 칩의 종류가 바뀐 점도 변화로 들 수 있습니다. 현재는 AI 학습이나 애플리케이션용으로 설계된 '액셀러레이터 칩'에 이목이 집중되고 있습니다. 하지만 생성형 AI 이전에는 더 범용적인 프로세서에 수요가 몰렸습니다. 엔비디아의 GPU는 생성형 AI 이전부터 엔비디아에 이익을 가져다주고 있었지만, 그 수요는 생성형 AI 붐을 맞아 단번에 가속되었습니다.

Q 지정학적인 움직임도 포함해, 엔비디아에 사각지대가 있을까요?

A 저는 역사가일 뿐 미래를 내다보는 사람이 아닙니다. 다만 사실을 기반으로 말한다면, 엔비디아는 데이터센터용 GPU에서 매우 강한 포지션을 구축하고 있습니다. 하지만 앞으로 AI 시스템은 데이터센터뿐만 아니라 스마트폰이나 자동차, 컴퓨터 등의 네트워크 엣지에서도 실행될 것입니다. 그러한 엣지 컴퓨팅의 영역에서는 엔비디아제 GPU의 시장 경쟁력이 그다지 높지 않습니다. 엣지 측의 활용 사례와 수요가 늘어날수록 엔비디아는 더 많은 경쟁에 직면하게 될 것입니다.

Q 미국 정부는 엔비디아제 GPU 등의 수출 규제를 계속하고 있으며, 2023년 10월에는 그동안 중국에 판매하던 'H800' 등의 수출도 금지했습니다. 하지만 이 회사에 있어서 중국은 크고 매력적인 시장이기도 합니다. 첨단 반도체의 수출 규제는 앞으로도 계속될 것으로 보십니까?

A 미국은 중국에 대해 장기적이며 전략적인 경쟁을 걸고 있는 것입니다. 대상은 무역뿐만이 아닙니다. 군사도 포함한 전략적인 움직임입니다. 미국은 이렇게도 생각하고 있습니다. "이 경쟁에서 능력을 결정하는 중요한 요인은 기술력"이라고. 미국은 칩을 비롯한 컴퓨팅 자원 공급에서 우위에 있습니다. 미국과 그 파트너들이 현재는 세계 AI 칩의 거의 전부를 생산하고 있지요. 정부는 그 우위성을 자국이나 동맹국이 유리하도록 계속 이용할 것입니다.

Q 중국의 전략은 어떨까요? 중국 국내에 유력한 GPU 제조업체가 존재하지 않으며, '중국제조2025'에서 목표로 하는 반도체 자급률에는 아직 한참 못 미치는 상태입니다. 생성형 AI 영역에서 존재감을 높이려면 무엇이 필요할까요? 첨단 반도체를 자체 제조할 수 있는 가능성은 있을까요?

A 독자적인 칩 제조를 말하자면, '어느 정도는' 가능할 것입니다. 예를 들어 화웨이는 엔비디아제 GPU 성능에 가까운 칩을 만드는 것으로 알려져 있습니다. 다만 문제는 어느 정도 규모인가 하는 점에 있습니다. 공급량 면에서는 미국 등이 압도하고 있습니다. 2025년까지의 중요한 관점은, 중국이 얼마나 많은 칩을 제조할 수 있는지입니다. 미국과 일본 등이 최첨단 제조장치에 중국이 접근할 수 없는 정책을 추진하고 있기 때문에, 중국은 효율적인 대량생산이 어렵다는 과제에 직면해 있습니다.

Q 저서 『칩 워』에서는, 중국이 대만을 침공해 TSMC 등의 공장을 점거할 가능성은 낮다고 예측하셨습니다. 그럼 중국이 다음으로 둘 수 있는 수는 무엇일까요?

A 중국의 외교 정책을 고려하면 자력으로 최첨단 기술을 개발할 수밖에 없습니

다. 중국 정부는 미국뿐만 아니라 대만, 일본, 인도 등 거의 모든 인근 국가·지역과 경쟁한다는 외교 정책을 취하고 있으며, 반대로 그 나라들로부터 기술적인 제약을 받고 있습니다. 관계가 악화되고 있는 인근 국가들은 기술을 제공하지 않습니다.

그러나 자력으로 기술을 개발하기란 매우 곤란할 것입니다. 오늘날 세계를 선도하는 기업들을 살펴보면, 본사가 일본이든 미국이든 대만이든 사실 다른 나라에도 거점을 둔 다국적 기업들이 대부분입니다. 즉, 전 세계의 전문지식으로써 반도체 산업이 성립하고 있는 셈입니다. 그런데 중국만이 이를 거슬러 단독으로 해 나가려고 하고 있는 것이니까요.

Q 글로벌 공급망 내에서, 중국에게 있어 가장 병목이 되는 요소는 무엇인가요?

A 최대의 병목 현상은 ASML이 최고 점유율을 차지한 노광 장치와 같은 제조장치입니다. 남다른 정확도가 요구되는데, 이 분야에서 중국이 지금 가지고 있는 능력은 한정되어 있습니다. 단기간의 개발은 물론이고, 오랜 기간에 걸치더라도 동일한 정확도를 달성하기는 어려울 것입니다.

Q 다음으로 일본에 대해 묻겠습니다. 『칩 워』에는 일본 반도체 산업의 쇠락도 분석되어 있었습니다. 앞으로 AI 시대에 일본은 존재감을 드러낼 수 있을까요? 라피더스 등의 신생 반도체 제조업체가, TSMC 같은 빅테크 기업에 대항할 수 있을까요?

A 일본의 반도체 산업을 볼 때 중요한 지점은 규모보다 비즈니스 모델입니다. 1980년대부터 90년대 초에 걸쳐 일본은 생산량을 폭발적으로 늘려 미국 기업을 능가했습니다. 그러나 어느 기업도 채산을 중시하지 않고, 돈을 벌지도 않았습니다. 이것이 근본적인 문제입니다. 양적으로는 성공했지만 재무적으로 지속 가능하지 않았던 것입니다. 지금 중국은 비즈니스 모델보다 생산량에 초점을 맞추고 있다는 점에서 일본과 같은 실수를 저지르려고 하는 것처럼 보입니다.

일본이 쇠락했다는 지적은 시장 점유율로 보면 일리가 있습니다만, '효과적인 기술을 보유하고 있다'는 점에서는 틀렸습니다. 신에츠화학공업이나 도쿄 일렉트론과 같은 수익성이 매우 높은 기업이 존재하며, 특히 소재와 제조장치 분야에서는 우수합니다. 비즈니스 모델 측면에서는 1980년대보다 훨씬 성공적이라고 할 수 있을 것입니다.

라피더스의 두 가지 내기는 옳다

라피더스에 대해 말해 보자면, 파운드리는 매우 어려운 사업입니다. 규모의 경제가 작동하면서 수익성도 요구되지요. 그것은 역사가 증명해 왔습니다. 그들은 그 규모의 경제가 향후 2~3년 안에 중요도를 잃기 시작한다고 생각하는 것이겠지요. 배경에는 두 가지 이유가 있다고 생각합니다.

하나는, 향후 반도체 기술 혁신의 주요 분야가 칩의 조합과 패키징에 있다는 견해입니다. 아마도 그들은 선진적인 패키징이 지금까지의 구조와는 다른 것이 될 것으로 보고 있을 것입니다. 이것이 그들이 노리는 영역 중 하나겠죠.

또 하나는 최첨단 칩을 원하는 기업은 늘어나더라도, 그 칩을 설계하는 전문지식을 자사에서 보유하는 기업이 꼭 많다고는 할 수 없다는 점에 있습니다. 즉 AI 시대에는 자동차 등 다양한 업계에서 자사 제품 전용의 최첨단 칩이 필요해지지만, 그것을 실제로 설계, 제조하는 전문지식을 갖고 있지는 않습니다. 라피더스와 같은 기업과 긴밀한 파트너십을 유지하면서, 특정 요건에 맞춘 설계와 제조를 지원받아야만 합니다.

정리하면 라피더스는 혁신이 패키징으로 옮겨가는 것 그리고 다종다양한 요구가 발생해 커스터마이징이 필요해지는 것. 이 두 가지에 베팅하고 있는 것입니다. 저는 이 두 가지 내기가 모두 옳다고 생각합니다. 업계가 어떻게 변화할지는 불투명하지만, 그들에게는 효과적인 비즈니스 모델이 있습니다.

Q 생성형 AI의 승자와 패자를 가를 결정적인 한 수를 어떻게 보고 있습니까?

A 일반적으로 볼 때 승자를 정하기엔 아직 이른 단계입니다. 하지만 전제하여 말하면, 독자적인 데이터에 접근 가능하며 그 데이터로부터 배울 수 있는 기업이 승자가 될 것입니다. 현재로서는 빅테크 기업이 승자처럼 보이지만, 그것이 미래영겁으로 지속될지는 알 수 없습니다. 마찬가지로 미국은 지금 단계에서의 승자겠지만, 중국을 배제할 수는 없을 것입니다.

Q 역사를 참조해 본다면, 과거에 승패를 가른 규칙은 존재했을까요?

A 승자가 된 기업은 모두 기술 트렌드를 선점하고 있었습니다. 누구나 최고의 기술을 원하고, 그 다음으로 치는 기술은 저렴해도 아무도 원하지 않습니다. 지금의 엔비디아가 그렇죠. 이 회사가 최고의 GPU를 가지고 있기 때문에 비싸도 수요가 있는 것입니다. 이것이 정말 중요한 포인트로, 어떤 기업이라도 더 이상 혁신을 일으키지 않아 최고의 기술이 아니게 된다면, 그 순간 바로 뒤떨어지게 되며 그 결과 제품은 급격히 버려집니다. 반도체 산업에 있어서 기술 트렌드를 읽는 것은 특히 중요한 일입니다.

*이 인터뷰는 2024년 3월에 이루어졌습니다.

200년에 걸쳐 논의되어 온 인간과 기계의 경쟁. 생성형 AI의 등장으로 패턴화된 정형 업무* 뿐 아니라, 인간의 '성역'으로 여겨온 창조적인 비정형 업무도 경쟁의 땅이 되었다. AI에 고용을 빼앗길 위기감으로 인해 미국에서는 파업이 발발했다. 저작권을 둘러싼 소송이 잇따르는가 하면, 딥페이크나 AI 병기(AI 무기)와 같은 부정적인 문제도 발생하고 있다. AI 개발을 멈출 방법이 없는 상황에서, 악용 등의 문제를 어떻게 다뤄야 할 것인가? AI와 인간의 관계가 새로운 국면에 돌입하는 가운데, 골드러시의 승자와 패자가 보이기 시작했다.

* 매년, 매달 혹은 매일 같은 내용으로 반복되는 업무를 의미한다.

AI 골드러시의 승자와 패자

딥블루

미국 IBM이 개발한 체스 전용 슈퍼컴퓨터. 1초에 2억 수를 읽는 것으로 알려져, 1997년 당시 체스 세계 챔피언인 가리 카스파로프Garry Kasparov를 2승 3무 1패로 꺾었다. 현재는 알고리즘 개량 등을 거쳐 일반 소비자용 체스 소프트웨어도 체스 최고 수준의 플레이어와 비슷한 실력을 갖추게 되었다.

디지털 복제

표정이나 신체를 스캔하여 만든, 인간을 그대로 닮은 복제품을 만드는 것을 의미한다. 생성형 AI를 이용하면 디지털 공간을 자유롭게 움직이는 디지털 복제를 만들 수 있다. 2023년 여름, 미국 할리우드에서는 이러한 기술이 장래 경력과 직업에 미칠 영향에 대한 우려로 파업이 일어났다.

공정 이용

미국 저작권법에서 정의된 '공정 사용Fair Use' 개념을 말한다. 이는 언론 보도나 교육 등 공익적인 목적을 위해 저작물을 복제하거나 사용할 때, 그 행위가 저작권 침해로 간주되지 않는 경우를 가리킨다. 공정 이용 여부는 저작물의 성격, 사용 목적, 저작권 가치에 미치는 영향 등을 종합적으로 고려해 판단된다. 저작권을 둘러싼 소송에서 피고 측이 공정 이용을 주장하며 방어하는 경우가 흔하다.

딥페이크

인물의 음성이나 동영상을 인공적으로 합성하는 처리 기술이다. 일반적으로 가짜 이미지, 가짜 동영상 자체를 가리키는 경우가 많다. 유명인이 마치, 실제로 발언하거나 움직이는 것으로 보이기 때문에 상대를 속이는 수법으로 대두되었다. 개인을 대상으로 사기 치는 것에 사용되는 건 물론이고, 동영상 공유 사이트에 업로드해 여론을 조작하는 수법으로도 이용되고 있다. 최근에는 사이버 보안상의 새로운 위협으로도 이목을 모으고 있다.

AI 병기

AI를 탑재한 무기로, 특히 기계 스스로가 판단해 구동하는 무기를 지칭하는 경우가 많다. 치명적자율무기 LAWs라고도 불리며, 현실의 전쟁, 분쟁에서 쓰일 가능성도 높아지고 있다. 아직 국제적으로 이를 금지하는 법적인 장치는 마련되어 있지 않다.

싱귤래리티singularity

미국의 미래학자 레이 커즈와일Ray Kurzweil이 제창한 개념으로, '기술적 특이점'을 말한다. 여러 해석이 있지만, 일반적으로는 "AI가 인간보다 더 똑똑해지는 시점"을 일컫는 경우가 많다. 커즈와일은 이 시점이 2045년경에 도래할 것으로 예상했지만, 생성형 AI의 부상으로 특정 영역에 한정한다면 이미 싱귤래리티가 도래하고 있다는 의견도 있다.

1 AI에 패배한 체스 챔피언

1996년 2월, 사상 최강 체스 플레이어 중 하나로 꼽히는 가리 카스파로프Garry Kasparov는 '인류 대표'가 되어 안절부절못하며 체스판 앞에 걸터앉았다. 상대는 인간이 아니다. 미국 IBM이 개발한 체스 전용 슈퍼컴퓨터 딥 블루Deep Blue다. 카스파로프는 후에 열린 한 이벤트에서 연단에 올라 당시의 심경을 다음과 같이 털어놓았다. "금세 지금의 다른 경기와는 다르다고 느꼈습니다. 그것은 진정되지 않는 무언가였어요. 여러분이 자율주행차를 탈 때나 컴퓨터 상사로부터 업무 지시를 받을 때, 비슷한 느낌을 받을 수도 있습니다."

사상 최강의 체스 플레이어 중 1명이었던 가리 카스파로프. 1997년 미국 IBM의 체스 전용 슈퍼컴퓨터 '딥 블루'에 패배했다.

사진: 미국 IBM 제공

카스파로프는 그해 슈퍼컴퓨터와의 대국을 3승 1패 2무로 승리했지만, 다음 해인 1997년의 재시합에서는 보다 고속의 하드웨어를 탑재한 딥 블루에 1승 2패 3무로 패배했다. 체스 세계 챔피언이 컴퓨터에 패배하는 것은 사상 처음이었다. "인간의 사고 능력을 상징하는 게임"이라고 인정받는 체스에서 일어난 카스파로프의 패배는, '인류의 패배'로서 충격적으로 보도되었다.

기계와 인간은 항상 경쟁의 맥락에서 이야기되어 왔다. 특히 체스나 바둑, 장기 등 일대일 지적 경기는 알기 쉬운 활용 사례로서 여러 회사가 앞다투어 개발해 온 역사가 있다. 딥 블루가 카스파로프를 처음 이겼을 때는 컴퓨터가 모든 측면에서 인간을 추월할 날도 머지않았다는 전망도 있었다. 다만 25년이 흐른 오늘날, 그런 일은 일어나지 않았다. 딥 블루는 대량의 프로그램 코드를 인간이 손으로 입력하여, 효과가 있다고 생각되는 모든 수를 찾아내 평가한다는 '역기*'를 통해 1초에 2억 수를 읽었다. 그러나 이 방법은 2장에서 설명했던 대로 한계를 맞았고, AI가 스스로 지식을 획득하는 머신러닝, 특히 딥러닝으로 대체되었다.

2016년에는 '최후의 목표'로 불렸던 바둑에서도 인간이 패배했다. 바둑은 19×19 넓이의 반면을 사용하며, 거기서부터 가능한 수의 가짓수가 10의 360승이나 있고, 그 분기는 우주에 존재하는 원자의 수보다 많다고 여겨진다. 체스나 장기보다 훨씬 복잡하다. AI 전문가 사이에서도 "바둑에서 AI가 승리하려면 아직 한참 남았다"라는 견해가 중론이었다. 그 바둑에서,

* 여기서 말하는 '역기'는 일반적인 단어가 아니라, 문맥상 '역산'이나 '역방향 탐색'과 같은 계산 기법을 의미한다. 딥 블루는 체스에서 가능한 모든 수를 읽고 평가하는데, 이는 기본적으로 기계적인 탐색과 평가 과정이다. 이러한 탐색은 트리 구조를 따라가면서 가능한 수를 찾고, 각 수가 가져올 결과를 예측하는 과정이다. 딥 블루는 인간의 전략이나 직관에 의존하는 것이 아니라, 수학적 알고리즘과 연산 능력으로 가능한 모든 수를 역추적(백트래킹, backtracking)하면서 수를 평가한 것이다.

세계 정상급 기사인 한국의 이세돌 9단이 미국 구글 산하의 영국 딥마인드DeepMind가 개발한 AI 알파고AlphaGo에 패한 것이다.

이는 기존처럼 방대한 조합을 두고 논리적으로 수를 정하는 '룰 기반'이 아니라, '승리하는 패턴'을 AI가 학습한 성과였다. 알파고의 소프트웨어는 실은 바둑의 규칙조차 모른다. 과거 이루어진 대국의 기보를 바탕으로 훈련한 것 외에는, AI끼리 대국시키는 강화학습에 의해 단련했다. AI끼리의 대국은 실로 수천만 회. 패배한 결과로부터 최선의 수가 아니었음을 스스로 학습하고, 같은 국면에서 다른 수를 두어 가는 방식이었다.

바둑 이후에도 딥러닝은 인간과의 승부에서 계속해서 획기적인 성과를 거두어 왔다. '불완전 정보 게임'이라고 불리는 영역에서 말이다. 체스나 장기, 바둑 등은 반면의 정보가 전부로, 플레이어는 게임의 정보를 완전히 파악할 수 있다. 이러한 게임을 '완전 정보 게임'이라고 부른다. 반면 불완전 정보 게임이란, 상대의 손패가 보이지 않거나 다음으로 뽑을 카드의 내용을 알 수 없거나 하는 등, 정보가 숨겨진 게임을 가리킨다. 포커나 마작 등이 그 예다. 포커에서는 상대의 표정을 읽는 등의 흥정술이 필요하며, 블러핑*에 의해 상대를 현혹시키는 기술도 있다. 그 복잡성만으로도 난이도를 측정할 수가 없어, 완전 정보 게임과는 다른 척도가 필요하다. 이런 이유로 오랫동안 "AI가 인간을 이기기는 어렵지 않겠느냐" 하는 의견도 있던 게임이었다.

하지만 이런 조건들에도 불구하고, 2017년에는 미국 카네기멜런 대학

* 블러핑(bluffing)은 자신이 가진 패가 실제로는 강하지 않음에도 불구하고, 강한 패를 가진 것처럼 상대를 속이는 전략이다. 이 전략은 상대방이 자신의 패가 좋다고 믿고 게임을 포기하게 만드려는 목적을 가지고 있다.

이 개발한 AI가 포커의 일종인 '텍사스 홀덤'의 일대일 대전에서 세계 챔피언을 상대로 승리했다. 블러핑을 비롯한 인간의 기술까지도 학습을 통해 극복한 것이었다. 현재, 게임에서 인간과 기계의 경쟁은 불완전 정보 게임 중에서도 숨겨진 정보의 양이 많은 마작 등을 두고 벌어지고 있다. 불확정 정보가 많을수록, 상황은 현실 세계에서 인간이 의사 결정하는 장면과 가까워진다. 게임에서의 경쟁이 비즈니스에 가까운 지점에까지 도달하고 있다.

2 GOLD RUSH 현실화된 AI 실업 충격

게임만이 아니다. 인간과 기계의 경쟁은 산업혁명기부터 "기계가 인간의 일을 빼앗는다"라는 소문과 함께 200년 넘도록 논란의 대상이 되어 왔다. 2011년 미국 매사추세츠 공과대학의 연구자 2명이 출판한 책 『기계와의 경쟁Race Against the Machine』(2013년, 티움출판)은 2008년의 리먼 쇼크 이후에 고용이 회복되지 않고 실업률이 고공행진하고 있는 이유를, 폴 크루그먼Paul Krugman이 주창하는 '경기 순환설', 타일러 코웬Tyler Cowen이 주장하는 '혁신 정체설'도 아닌 "기술의 발전 속도가 너무 빨라 일자리를 감소시키고 있다"라는 신설로 설명해 베스트셀러가 되었다.

이 책의 공동 저자인 에릭 브린욜프슨Erik Brynjolfsson, 앤드루 맥아피Andrew McAfee 두 사람은 기계가 인간의 일자리를 빼앗는 속도가 인간이 일자리를 만드는 속도를 능가한다고 설파했다. 말하자면 인간과 기계의 경쟁에서 인간이 지기 시작했다고 주장한 것이다.

두 사람은 이 책에서 생성형 AI의 등장을 예언하지는 않았다. 그러나 단순 작업을 해내는 기계가 아닌, 창의성을 발휘하며 '창작'의 영역으로 파고든 AI의 등장은 인간과 기계의 경쟁을 더욱 복잡하게 만들고 있다. 이전에는 기계에 빼앗기는 일은 패턴화된 정형 업무일 뿐, 화이트칼라가 가치를 생산하는 비정형 업무는 '성역'일 거라고 말해져 왔다. 이제 그 상식은 무너지고 있다.

2023년 7월, 미국 할리우드에 위치한 넷플릭스와 아마존닷컴의 스튜디오 앞에는 검은 티셔츠를 입은 시위대가 가득 찼다. 이들이 든 플래카드에는 노란 글씨로 '파업'이라고 적혀 있었다. 16만 명의 배우와 관련자가 가입해 있는 전미영화배우조합이 AI를 사용한 영화 제작 등의 조건에서 제작사와 이견을 보이며 파업에 돌입한 것이다. "AI에 일자리를 빼앗긴다"는 위기감이 행동을 재촉한 결과였다. 5월에 이미 각본가들의 조합이 파업에 들어가 있었기 때문에, 63년 만의 양 조합 동시 파업 사태가 되었다.

제작사가 배우의 표정이나 목소리 등을 데이터로 수집해 AI에 학습시키면, 그 배우를 쏙 빼닮은 '디지털 복제'가 이론상 만들어질 수 있다. 게다가 고도로 발달한 동영상 생성형 AI가 등장하면서, 미래에는 텍스트 지시만으로 그 분신이 작품을 자유자재로 돌아다니는 날이 올지도 모른다. 그렇게 되면 배우의 일자리를 빼앗길 뿐 아니라, 정체성마저 잃어버리게 될 듯하다. 그 위기감은 상당한 것이었다. 조합과 제작사 간의 교섭은 수차례 결렬되었는데, 그 주된 이유는 AI에 관한 조건에 있었다.

파업은 100일 이상 지속되었다. 결국 제작사 측은 결국 각본가조합에는 "AI가 생성한 각본을 저작물로 간주하지 말 것", 배우조합에는 "디지털 복제를 생성할 때는 설명과 동의informed content 그리고 보수가 필요함"이라는 타협안을 제시했고, 투쟁은 종결되었다. 디지털 복제에 관해서는 엑스트라 역시도 동일 조건을 쟁취하여 여러 명의 얼굴 등을 소스로 삼아 인간을 본떠서 생성하는 경우에는, 전원의 동의가 필요하다는 조건도 붙일 수 있었다. 제작사 입장에서는 상당히 까다로운 조건이라고 할 수 있다. 일본의 한 동영상 제작사 엔지니어에 따르면 "누군가의 일부분을 사용해 가공인물을 만드는 일은 실질적으로 불가능하다고 할 정도의 조건"이라고 한다.

할리우드 배우들이 우려하던 'AI 실업'은 이미 시작되었다. 미국 재취업 지원업체 챌린저, 그레이 & 크리스마스Challenger, Gray & Christmas, Inc.는 2023년, 정기적으로 발표하는 감원보고서Challenger Jog Cuts에 'AI로 인한 해고' 항목을 처음으로 추가했다. "2023년 한 해에만 4,247명이 감원된 직접적인 이유가 AI였다. 이는 주목할 만하다." 이 회사의 앤드루 챌린저Andrew Challenger 수석 부사장은 이렇게 분석했다.

2023년 4월 전체 종업원의 16%에 해당하는 500명의 레이오프Lay off(일시해고)*를 발표한 드롭박스Dropbox가 그 예다. 드류 휴스턴Drew Houston CEO는 정리해고 시기에 성명을 발표하고, 그 이유가 AI에 있다고 밝혔다. 그는 AI 시대의 도래로 "우리 눈앞에 있는 기회는 그 어느 때보다 커지고 있습니다"라며, "그것을 잡기 위해서 긴급히 행동할 필요가 있는 겁니다"라 설명했다. AI 제품 개발을 위해 전문적인 인재가 필요하며, 이는 'AI에 의한 대체'라기보다 AI를 사용한 비즈니스를 확대하기 위한 차원에서 필요한 인

* 대규모 인력 감축 등 구조조정의 일환으로, 나중에 재고용할 것을 약속하고 기업이 경영 부진으로 종업원을 일시적으로 해고하는 일을 카리키는 단어이다.

력 교체라는 것이다.

미국 맥킨지 앤 컴퍼니McKinsey & Company는 2023년 6월 발표한 보고서에서 생성형 AI나 관련 기술이 기존 종업원(고용인)이 하는 작업의 60~70%를 자동화할 가능성이 있다고 추정했다. 이전 예측에서는 50% 정도를 이야기했었지만, 생성형 AI의 등장으로 그 비율을 상향한 것이다. 더욱이 생성형 AI는 자연어에 의한 일을 대체하기 때문에 "임금이나 교육 요건이 높은 지적 노동에 큰 영향을 줄 것"이라 분석되고 있다. 보고서는 그동안 기계와의 경쟁에서 영향을 받기 쉬웠던 것은 블루칼라였지만, 이번에는 과거 기술 혁신과 정반대의 대체가 일어남으로써 "오랜 세월에 걸친 학위 취득 노력이 헛수고로 돌아갈 가능성이 있다"라고 지적했다.

AI가 인간을 대신해 업무를 해낸다. 이 미래도 현실이 되어가고 있다. 미국에서 개발을 진행하고 있는 AI 에이전트 앱 '페이맨Payman'의 캐치프레이즈는 "인간에게 보수를 지불하는 AI"다. AI 능력을 뛰어넘는 작업을 해내기 위해 숙련된 인간 전문가를 네트워크화하고, 작업을 위해 전문가가 AI를 보조하게 할 것이라고 한다. 그렇게 협력한 전문가에게 보수를 지불하는 서비스를 염두에 두고 있다. 예를 들어, 영업 분야에서는 AI가 세운 판매 전략을 인간이 실행한다. 디자인 분야에서는 인간이 피드백을 제공함에 따라 AI가 제품을 더 잘 디자인할 수 있게 된다. 아직 개발 단계이긴 하지만, 프로젝트 팀이 그리는 미래에서는 인간과 AI의 입장이 역전되고 있는 것처럼 보인다.

3 GOLD RUSH ‘AI 모델은 무임승차자’라 주장하는 미국 언론

‘대對 AI’라는 맥락에서, 인간의 권리와 그 대가를 지키는 움직임도 활발히 일어나고 있다. 대표적인 예가 잇따르는 저작권 소송이다(다음 표 참조). 1장에서 설명했던 것처럼, 생성형 AI 모델은 방대한 데이터로 훈련되고 있다. 공개된 인터넷 정보를 바탕으로 학습하는 것이 일반적이지만, 그 안에 저작권법으로 보호받고 있는 콘텐츠가 포함될 가능성도 있다. 자신이 그린 일러스트나 작성한 문장과 흡사한 콘텐츠가 생산된다면, 인간의 직능 상실로 이어질 수 있다.

2022~2023년 초에는 이미지 생성형 AI의 대두도 있어서, 사진가나 아티스트, 사진 스톡 서비스 등이 원고가 되어 이미지 생성형 AI를 취급하는 영국 스태빌리티 AIStability AI 등을 고소하는 움직임이 눈에 띄었다. 한편 2023년 이후에는 챗GPT 등 텍스트 AI에 대한 소송이 잇따르고 있다. 그 상징적인 사례가 뉴욕타임스가 제기한 오픈AI와 마이크로소프트에 대한 소송이다. 2천여 개의 북미 매체가 가입한 단체가 뉴욕타임스를 지지하는 한편, 오픈AI가 공식 웹사이트에서 반론을 펼치고 있어 전면 대결 양상을 드러내고 있다.

뉴욕타임스의 제소는 2023년 12월. 뉴욕타임스는 오픈AI와 마이크로소프트가 뉴욕타임스의 기사를 AI 학습에 허가 없이 사용했고, 저작권을 침해하는 행위라고 주장했다. 1장에서 본 바와 같이 생성형 AI의 핵심 기술인 대규모 언어 모델 등 AI 모델은 대량의 학습 데이터를 사용해 그 정밀도를 향상시킨다. 그 학습 데이터에 뉴욕타임스의 기사가 무단으로 이용되고 있는 것을 문제로 본 셈이다.

2023년 여름 뉴욕타임스는 이용규약을 개정해, 콘텐츠를 허가 없이 AI 학습에 사용하는 것을 금지했다. 생성형 AI에 대해 단호한 태도를 취한 것이다. 그 후 오픈AI 및 마이크로소프트와 협상하여 "기사 이용에 대한 공정한 대가를 요구"했지만 합의에 이르지 못했다고 한다.

소장에서 뉴욕타임스가 주장한 것은 크게 두 가지다. 하나는 자사 기사를 무단으로 이용당한 것에 따른 폐해다. 허가 없이 수백만 편의 기사가 학습에 이용되고 있으며, 대가를 치르지 않고 콘텐츠를 이용하는 행위는 '무임승차'에 해당한다고 주장했다. 생성형 AI가 이 회사의 기사 요약을 제공한다는 점에서, 사용자는 구독료를 지불하지 않고 콘텐츠를 읽을 수 있다는 점을 문제 삼았다. 소장은 마이크로소프트의 검색엔진 빙Bing에 대해서도 뉴욕타임스 웹사이트에서 인용한 결과를 게재하고 있다고 주장하고 있다.

소송 시기	원고	피고	제소 내용
2023년 1월	아티스트, 사진가 3인(11월까지 총 10명)	미드저니, 스태빌리티 AI 등	피고 기업의 이미지 생성형 AI가 저작권 보호 콘텐츠를 동의 없이 학습에 사용했다.
2023년 1, 2월	게티 이미지	스태빌리티 AI	스톡 서비스인 원고가 보유한 콘텐츠의 지적 재산권을 피고가 침해했다.
2023년 6월	집단 소송	오픈AI	피고인 오픈AI가 생성형 AI를 학습하기 위해 이용한 데이터셋이 무수히 많은 사람의 저작권과 사생활을 침해한다.
2023년 6월	소설가 2인	오픈AI	원고 소설가 2인의 저작권이 보호되고 있는 소설이 오픈AI에 의해 허가 없이 학습에 이용되었다.
2023년 7월	코미디언 3인	오픈AI, 메타	인터넷상에 있는 해적판 서적을 데이터 세트로 사용하여 오픈AI와 메타가 생성형 AI를 학습시켰다.
2023년 9월	작가 등 5인	오픈AI, 메타	오픈AI와 마이크로소프트가 자신들의 작품을 무단으로 생성형 AI 학습에 이용했다.
2023년 9월	전미작가협회	오픈AI	인터넷상의 해적판을 생성형 AI 학습에 이용했다.
2023년 10월	작가 등 5인	메타, 마이크로소프트, 블룸버그 등	대규모 언어 모델 'Llama 2'를 개발한 메타 등 4개 AI 개발 기업·단체가 해적판을 포함한 데이터를 통해 작품을 무단으로 학습에 이용했다.
2023년 10월	유니버설 뮤직 등 3사	앤트로픽	음악 제공사 3사가 자신이 저작권을 가진 악곡을 무단으로 AI 학습에 이용했다며 앤트로픽을 제소했다.
2023년 12월	뉴욕타임스	오픈AI, 마이크로소프트	자사가 작성한 기사가 AI 학습에 무단으로 이용되고 있으며, 생성형 AI가 기사의 요약을 생성함으로써 소비자가 무료로 (유료) 콘텐츠를 읽을 수 있게 된다.

생성형 AI에 관련된 주요 저작권 소송 일람

출처: 필자 작성

또한 뉴욕타임스는 오픈AI에 대해, 부정하게 취득한 데이터를 통해 AI 모델의 정확도를 높임으로써 기업 가치를 높이고 있으며 "저작권 침해를 기본으로 한 사업 모델"이라 비판했다. 그리고 무단으로 수집한 학습 데이터와 그 데이터를 사용해 학습한 AI 모델의 파기를 요구하고 있다. 뉴욕타임스는 제소에 맞춰 낸 성명에서 "보도 기관이 높은 비용을 들여 취재와 편집을 실시해, 철저하게 사실 확인을 거친 정보에 의존하고 있다"라고 비난하면서, 무단 사용에 의한 손해가 수십억 달러에 이른다고 했다.

두 번째 문제는 생성형 AI에 의해 생성되는 문장이 뉴욕타임스의 평판을 낮출 수 있다는 점이다. AI는 뉴욕타임스의 기사를 반복적으로 요약하고 있는데, 그중에는 스타일을 모방하는 것도 있다고 지적했다. 소장을 보면, 뉴욕타임스는 오픈AI 모델 'GPT-4'가 실제 생성한 문장이 자사 과거 기사와 완전히 같거나 흡사한 예를 열거하고 있다. 또한 존재하지 않는 기사를 "뉴욕타임스에 의하면"이라며 잘못 소개하는 경우도 있어, 이러한 할루시네이션이 자사의 신뢰성을 훼손할 위험성이 있다고 주장했다.

오픈AI는 제소 후 약 2주 만에 이 주장들에 대한 반론을 공표했다. 뉴욕타임스가 지적한 '자사 콘텐츠를 생성하는 문제'는 "드물게 발생하는 버그"라면서, 동일 출력을 방지하기 위한 조치를 강구하고 있다고 설명했다. 기사 복제에 대해서는 "(뉴욕타임스 측이) 의도적으로 프롬프트를 조작해, 긴 발췌를 포함시킴으로써 모델에 (기사의) 재이용을 시키고 있는 듯하다"라 지적했다. 뉴욕타임스가 편리한 출력만을 주장 근거로 이용하고 있다는 것이었다.

쟁점은 공정 이용인가, 아닌가에 달려있다

최대 쟁점은 기사 등 콘텐츠를 AI 학습에 이용하는 것이 저작권자의 사용 허락 없이 합법적으로 사용할 수 있는 '공정 이용Fair Use'에 해당하는지 여부에 있다. 공정 이용은 미국 저작권법에 명문화돼 있는 개념이다. 저작물을 이용하려면 저작권자로부터 허락을 받는 것이 전제이지만, 비평이나 보도, 교육 등의 목적으로 콘텐츠를 복제하거나, 연구나 조사 목적으로 콘텐츠를 이용하는 경우에는 허락이 없어도 저작권 침해에는 해당하지 않는다고 규정하고 있다. (한국의 경우, 한국의 저작권법 제35조에서 '공표된 저작물의 이용'이라는 제목으로 저작권자의 허락 없이도 특정한 조건에서 저작물을 이용할 수 있는 경우를 명시하고 있다. 학술, 연구, 비평, 보도 등의 비영리 목적의 인용이거나 교육 목적, 개인이 사적인 용도로 저작물을 복제하는 경우도 제한적으로 허용된다.)

공정 이용인지 아닌지는 최종적으로는 법원 판단의 몫이지만, 넓게 4가지 판단 기준이 제시되어 있다. 첫 번째는 사용 목적으로, 상업적 이용이라면 인정받기 어렵다. 두 번째는 콘텐츠의 성질로, 사실에 기반한 콘텐츠 쪽이 필요성이 높아 인정받기 쉽다. 세 번째는 이용되는 콘텐츠의 양이며, 네 번째는 잠재적으로 시장에 미칠 영향이다. 더불어 저작권자가 불이익을 받는 경우에는 인정되기 어렵다고 한다. 대체로, 공공성이 높고 저작권자가 불리하지 않은 조건에서만 공정 이용이 인정되게 된다.

오픈AI는 뉴욕타임스에 대한 반박에서 AI 학습이 '공정 이용'에 해당한다고 주장했다. "일반적으로 이용 가능한 인터넷상의 자료를 사용해 AI 모델을 훈련시키는 것은, 오랜 세월에 걸쳐 널리 받아들여져 온 공정 이용이다", "그 원칙은 지식인 등 광범위한 사람들로부터 지지받고 있다"라는 것이다. 한편으로는 학습에 이용되지 않도록 사이트에의 접근을 막는 방법을 매체에 제공하고 있다고도 해명했다.

AI에 의한 정치적 문제를 전문으로 하는 미국의 센터 포 데이터 이노베이션Center for Data Innovation의 아스윈 프라버커Aswin Prabhakar 애널리스트는 "인터넷상에 공개된 콘텐츠를 이용한 학습은 공정 이용 원칙하에 있습니다. LLM이 단지 콘텐츠를 복제하는 것에 불과하다는 뉴욕타임스의 주장은, AI 모델의 복잡한 메커니즘을 지나치게 단순화한 것입니다"라고 분석했다. 또한 AI는 평판에 오른 저널리즘이 제공하는 뉘앙스나 분석의 깊이를 완전히 재현하지 못하는 만큼 "뉴욕타임스의 신뢰성과 권위 있는 보도는 현 상황에서 AI가 도전할 수 없는 것"이라며 이 제소는 과도한 반응이라는 인식을 내비쳤다.

2024년 4월, 이번에는 미국 타블로이드지 「데일리뉴스Daily News」를 비롯해 신문사 8곳이 연합해 오픈AI와 마이크로소프트를 저작권 침해로 제소했다. 이처럼 AI 개발사들에 저작권 대응을 요구하는 움직임이 퍼지고 있다. 반면 독일 미디어 대기업 악셀 슈프링어Axel Springer나 영국 「파이낸셜 타임스Financial Times, FT」처럼 오픈AI와의 제휴를 발표하는 매체들도 있어, 미디어 업계의 대응은 상반되고 있다.

이러한 소송에서 공정 이용이 인정받는다 하더라도, 적정한 대가라는 문제는 남는다. 오픈AI도 미디어와 상생의 길을 모색한다. 다른 AI 모델 개발 기업의 간부는 "소송에서 오픈AI가 이기더라도 얻을 수 있는 것은 적습니다. 콘텐츠를 학습에 이용할 수 있는 상태를 지속 가능케 하려면, 쌍방 이익을 찾을 필요가 있습니다"라고 말한다. 음악 업계에서도 위법 스트리밍을 둘러싸고 저작권자와 기술 제공 기업이 다투었던 전적이 있다. 지금도 찬반양론이 있지만, 스웨덴의 스포티파이Spotify가 개척한 음악 스트리밍 서비스는 권리와 이익을 일정 정도 양립시켰다는 점에서 기존 산업에도 메리트를 가져왔다. AI 분야에서도 이러한 길을 모색해야 할 것이다.

5 여론 조작, 해킹, AI 병기

AI의 악용도 현실이 되고 있다. 당장 한국이 이미 중국에 의한 'AI 여론 조작 대상'이 된 것을 모르는 독자도 많지 않은가.

2024년 한국의 총선을 앞두고, 마이크로소프트는 지난 5월 발표한 「같은 표적, 새로운 전술: 동아시아 위협 행위자들이 독특한 방법을 사용하다」는 제목의 보고서에서 중국이 한국을 포함하여 미국, 인도 등에 선거와 관련해 자국에 유리한 내용의 AI 기반 콘텐츠를 만들고 퍼뜨릴 것이라고 분석했다. 이러한 AI 기반 활동은 카카오스토리, 티스토리, 블로그 같은 한국의 소셜 미디어 사이트를 포함한 여러 플랫폼과 웹사이트에 한국어로 수백 개의 게시물이 게재되는 모습으로 나타날 것이라고 경고했다. AI 기반 콘텐츠는 주로 소셜 미디어를 통해 유포되며, 선거 결과에 직접적인 영향을 미치기보다는 사회적 분열을 조장하는 데 중점을 두고 있다고 한다.

중국 AI에 의한 여론 조작은 광범위한 영향을 미치고 있다. 2024년 1월의 대만 총통 선거에서는, 중국발 여론 조작용 AI 콘텐츠가 급증했다. 후보자였던 테리 고우Terry Gou의 음성을 합성해, 테리 고우가 다른 후보자를 지지한다는 가짜 동영상을 퍼뜨렸고 중국에 대해 강경한 태세를 취해온 윌리엄 라이William Lai를 대상으로는 횡령 등 가짜 뉴스를 확산시켰다. MATC는 이런 여론 조작 콘텐츠가 “현재로서 여론에 준 영향은 낮다”라 선은 그었지만, 중국이 미국 국내의 분열에도 손을 뻗고 있어 “미국 대통령 선거를 앞두고, 주요 투표자의 정보를 수집해 정밀도를 높이고 있을 가능성이 있다”고도 지적했다.

생성형 AI의 등장으로 인물의 동영상과 음성 등을 인공적으로 합성하는 최신 AI 처리 기술인 딥페이크Deepfake는 더욱 간단해지고 있다. 마이크로소프트의 실증 실험에서는 이미 존재하는 기술을 단돈 20달러를 들여 사용하는 것만으로, 대상 인물이 실제로 이야기하고 있는 듯한 동영상을 제작할 수 있었다고 한다. 음성과 입술의 움직임을 맞춤으로써 (그 언어를 전혀 모르는 사람이) 스페인어나 중국어로 말하는 딥페이크 동영상을 간단히 만들 수 있음도 실증되고 있다.

중국이 제작했다고 여겨지는 가짜 영상들. 동영상 공유 사이트나 유튜브, SNS 등에 게재되었다.

출처: 미국 마이크로소프트

미국 뉴햄프셔주 예비 경선 과정에서 바이든 대통령의 목소리를 합성해 유권자들에게 음성 통화를 걸었던 일이나, 영국 리시 수낙Rishi Sunak 총리의 딥페이크 영상이 확산되었던 사건은 지금도 기억에 생생하다. 2024년은 미국 대선을 비롯해 전 세계적으로 복수의 국정 선거가 예정되어 있어 AI가 악용될 위험성이 커지고 있다. 생성형 AI에 악의적인 메일 문구를 작성하게 하는 등, 해킹 수법도 교묘해지고 있다.

군사 무기에 AI를 응용하는 것도 현실화되었다. AI의 이용은 화약, 핵무기에 이은 '제3의 혁명'이라고도 불린다. 우크라이나군은 이미 드론에 AI를 탑재한 것으로 알려졌으며, 이스라엘군은 가자 침공에서 AI 시스템을 탑재한 카메라로 표적을 식별하고 있는 것으로 보인다.

우리는 일자리를 빼앗는 리스크나 악용, 군사 목적용과 같은 AI의 부정적인 측면에도 눈을 둘 필요가 있다. 그렇더라도 인류는 AI 개발을 멈출 수 없을 것이다. 2023년에는 고도의 AI 개발을 일시 정지하도록 요구하는 서명 운동이 미국에서 확산되었다. 미국 비영리업체 퓨처오브라이프 인스티튜트Future of Life Institute가 발표한 "GPT-4보다 강력한 AI 시스템 훈련을 최소 반년간 정지해야 한다"는 서한에는 전문가를 포함해 1천 명 이상의 서명이 모였다. 그러나 이 공개서한이 AI 개발의 정지로 이어지지는 않았다. 모든 AI 개발자로 하여금 개발을 멈추게 할 물리적인 수단은 존재하지 않는다. 이미 분야를 한정한다면 싱귤래리티가 도달하고 있다는 의견도 있지만, 얻을 수 있는 혜택의 크기를 생각한다면 개발을 중단할 이유는 없을 것이다.

"민주주의, 고용, 사생활, 공정성. 우리가 이 기술의 응용을 제대로 관리하지 않으면 (생성형 AI는) 파멸적인 사회 리스크가 될 가능성이 있습니다." 인간 중심의 AI라는 개념을 제창하고 그 길을 계속 모색해 온 AI 연구의 일인자, 페이페이 리Fei-Fei Li는 2024년 3월에 미국 캘리포니아주 새너제이에서 열린 이벤트에 등단해 이렇게 말했다. 리는 스탠퍼드 대학교수로, 바이든 정권이 발족한 'AI 태스크포스'의 멤버이기도 하다. 리스크의 가능성을 언급한 다음, 그녀는 다음과 같이 말했다. 청중에게 호소하는 듯한 그 발언에 회장으로부터 많은 박수가 일어났다.

"기계가 인간을 대체하느냐는 것은 위험한 질문입니다. 왜냐하면 문명이 시작된 이래 우리 조상이 하는 일은 기본적으로 기계에 의해 행해지거나 기계와의 공동 작업이었기 때문입니다. 움직이는 것, 나는 것, 계산하는 것도 그렇습니다. 제가 느끼고 있는 것은, '일'의 정의란 무엇인가 하는 것입니다. 개별 '작업'이 대체된다면 이해할 수 있습니다. 무언가를 잡거나 오믈렛을 굽는 것은 기계로도 할 수 있어요. 그러나 일이란 우리의 창의성을 정의하는 부분이고, 우리의 배려를 정의하는 부분이며, 우리의 타자와의 감정적 연결을 정의하는 부분이고, 우리 개개인이 사회에 대해 가질 수 있는 독특한 공헌입니다. 그것이 완전히 대체되지는 않습니다. 작업을 더 잘할 수 있게 되더라도 일을 근본적으로 대체할 수는 없습니다. 인간은 인간을 필요로 하고, 인간과 인간의 상호작용은 계산과 역학을 초월합니다."

사상 최강의 체스 플레이어이자 슈퍼컴퓨터에 패배한 인간이기도 한 가리 카스파로프의 이야기는 계속되고 있다. 그는 패배 후 체스에 대한 새로운 생각을 모색했다. 그리고 도달한 하나의 답이 "컴퓨터와의 공동작업"으로서의 체스였다. 그는 1998년에 체스 소프트웨어를 이용해 프로기사끼리 대전하는 '어드밴스드 체스' 대국에 참가했다. 2005년에는 스스로 주최자 중 1인이 되어, 사람이든 컴퓨터든 원하는 상대와 팀을 짜서 맞붙는 프리스타일 형태의 세계대회를 개최하기도 했다.

컴퓨터로만 출전한 팀, 아마추어와 컴퓨터가 조합된 팀 등 다양한 팀이 참가한 가운데, 많은 관객과 전문가는 '슈퍼컴퓨터와 짝을 이룬 전 세계 챔피언'의 우승을 예상했다. 강한 인간과 높은 능력을 가진 컴퓨터의 조합이 이기리란 것은 타당한 예측일 것이다. 그러나 토너먼트를 제패한 것은 다크호스였다. 3대의 컴퓨터를 사용한 아마추어 체스 플레이어 2명이 우승한 것이다. 그들은 결승에서, 2,600명의 체스 플레이어에게 온라인으로 조언받는 세계 챔피언팀을 상대로 압승했다.

왜 아마추어가 승리했을까? 이들은 체스 소프트웨어의 사용법을 숙지하고 있었고, 소프트웨어가 악수라고 판단하더라도 상대를 놀라게 하는 의미로서 필요하다면 굳이 그 악수를 고른다는 전략을 구사했다. 인간과 컴퓨터의 시너지가 생긴 것이다. 카스파로프는 훗날 이렇게 돌아보았다. "약한 인간과 컴퓨터의 훌륭한 프로세스는 강한 컴퓨터보다 낫고, 강한 인간과 컴퓨터의 뒤떨어지는 프로세스보다도 우수합니다."

이 놀라운 결과가 시사하는 바는 크다. 강한 존재의 조합이 이기는 게 아니라, 그 파트너십의 능수능란함이 강함이다. 인간과 AI의 관계에서도 마찬가지일 것이다. AI와 인간의 이항 대립이라는 사고방식은 시대에 뒤처진 것이며, 인간과 AI가 어떻게 파트너십을 이룰 수 있을지를 생각해야 하는 시대인 것이다.

GOLD RUSH 5곳의 패권 전쟁을 제압하는 자

이 책에서는 생성형 AI를 둘러싼 패권 다툼을 5개 영역으로 나누어 유력 플레이어에 의한 판도나 붐 이후 일어난 산업구조의 변화 그리고 자국 기업의 승산 등을 취재에 근거한 팩트를 베이스로 그려 왔다. 마지막으로 그 골자를 되새기면서 필자의 사견을 섞은 머지않은 미래를 살펴보자.

1장에서는 생성형 AI의 핵심 기술인 'AI 모델'을 두고, 오픈AI와 구글이라는 선두 2개 사를 중심으로 어지럽게 움직이는 기술 개발의 최전선을 그렸다. 이를 요약하면 다음과 같다.

- 기술 개발의 큰 경쟁 축은 '규모의 경쟁'이며, 최근 모델의 거대화가 진행되었다. 앞서가는 오픈AI와 위기감을 가지고 맹추격하는 구글의 구도를, 양사의 기술 개발 경위를 기반으로 해설했다.
- 독자적인 분석을 통해 지금까지 특허 취득에 적극적이지 않았던 것으로 알려진 오픈AI가 2024년 1월 이후, 연달아 특허를 취득하고 있다는 사실이 밝혀졌다.
- 오픈AI에 출자함으로써 AI 선도 기업으로 변신한 마이크로소프트의 의사 결정과 기술적 우위에 대해 인터뷰 등을 통해 분석했다.
- 미국 앤트로픽Anthropic을 비롯해 유력 AI 모델 개발 스타트업을 소개하고, 이미 그 명암이 엇갈리고 있는 현상을 그렸다.
- 한국과 일본 LLM의 유력 기업을 소개하고, 그 승리 플랜으로서 자국의 언어 특화나 본국어 지식 획득에 의한 메리트를 정리했다.

2장에서는 생성형 AI의 주요 자원인 반도체를 둘러싼 패권 다툼에서 홀로 연전연승하고 있는 미국 엔비디아NVIDIA를 해부하고, GPU(그래픽처리장치)의 사각지대도 알아보았다.

- 엔비디아 밀착 취재로 AI 붐을 선점할 수 있었던 이유와, 하드웨어뿐만 아니라 생태계를 구축해 낸 방법을 밝혔다.
- 생성형 AI로 인한 전례 없는 반도체 수요로 2023년 봄경부터 GPU가 고갈되고 있는 상황을 짚었다.
- 구글이나 마이크로소프트, 아마존닷컴 등 빅테크 기업이 AI 반도체 개발에 나선 이유를 설명했다.

- AI 반도체의 또 한 명의 승자인 미국 슈퍼 마이크로 컴퓨터SuperMicro Computer의 실력을 분석하고, 서버 제조업체의 상품 기술에 대해 해설했다.
- GPU의 사각지대를 3가지 주제로 해설하고, 삼성전자와 라피더스를 비롯한 한국과 일본 반도체 (관련) 기업의 나아갈 길을 모색했다.

3장에서는 생성형 AI 애플리케이션을 개발하는 '플랫폼'의 판도를 취재하여 각각의 특징을 정리했다. 주로 다룬 것은 다음 3가지였다.

- 오픈AI와의 제휴를 무기로 플랫폼에서도 마이크로소프트가 고객을 확보하고 있으며, 이미 생성형 AI의 수익화도 시작되었다.
- 클라우드 세계 최대 기업인 미국 아마존 웹 서비스Amazon Web Services, AWS와 세계 3위 구글 역시 잇달아 기능을 확장하고 있으며, 서비스 측면에서 그 격차가 거의 사라지고 있다.
- GPU를 무기로 엔비디아도 클라우드 서비스에 진입했다. 단, 클라우드 대기업 3사는 이 회사의 대형 고객이기도 하여 직접적인 경합이 되지 않도록 안배가 계속되고 있다.

4장의 테마는 국가 간 경쟁이었다. 독자 분석을 통해 각국의 실력을 분명히 밝히고, AI 규제나 무역 정책 등에 의한 생성형 AI의 지정학을 해설했다.

- 특허 출원 수에서는 중국이 압도하고 있다. 디지털 영역에서 쇄국을 선택한 중국은 생성형 AI에서도 독자적인 생태계를 구축하고 있으며, 미국과 마찬가지로 AI 개발 기업과 플랫폼이 등장하고 있다.
- 미국의 반도체 수출 규제가 중국에 미친 영향은 컸으며, GPU를 비롯한 AI 반도체의 입수가 곤란한 상황이 이어지고 있다. 미국은 동맹국과의 협력관계를 통해 완제품뿐 아니라 공급망 자체의 차단을 노리며, 일부 샛길이 있긴 하지만 효과적으로 작동하고 있다.

- 규제 면에서 '사실상의 표준'을 노리는 유럽연합은 'AI 법'을 가결했다. 생성형 AI 등장으로 규제의 개념이나 수법에도 큰 변화가 보이며, 중국이나 EU는 엄격한 규제를, 미국이나 일본은 행동 규범 등 유연한 규범을 마련하고 있다.

5장은 인간과 기계의 경쟁을 주제로 AI의 부정적 측면에 주목했다.

- AI 실업은 이미 시작되었고, 2023년에는 미국에서만 4천 명의 일자리가 사라졌다. 다만 현재로서는 AI에 의한 인간 대체가 아니라 AI를 이용한 서비스 개발 등 AI 인재로의 대체가 진행되고 있다.
- 중국 등은 AI를 사용한 여론 조작을 개시하고 있는 것으로 보이며, 많은 선거가 있었던 2024년은 딥페이크 등 AI 악용도 본격화할 것으로 전망된다. 우크라이나와 이스라엘에 의한 AI 무기의 채택도 진행되고 있다.
- 일자리를 빼앗는 리스크나 악용, 군사 이용이라는 AI의 부정적인 측면에도 주의를 기울일 필요가 있는 한편, '인간 대 AI'가 아닌 어떻게 파트너십을 구축할 것인가 하는 생각의 전환이 필요하다.

7 생성형 AI 골드러시의 진정한 승자

생성형 AI라는 혁신적인 기술은 이제 막 태동한지라, 산업 구조에 미치는 영향은 아직 다 헤아릴 수 없다. 하지만 각 장에서 보았던 대로 산업 분야별 승자는 이미 보이기 시작했다. 대규모 언어 모델을 중심으로 한 AI 모델은 거대 자본에 의한 일부 범용 모델의 과점화가 진행되는 한편, 언어별·용도별 전용 모델이 다수 생겨날 것 같다. 거대화와 적재적소가 병립하여 각각 발전해 갈 미래가 예상된다. 범용·전용 어느 쪽이든 전 세계 개발자 커뮤니티에 의해 떠받쳐지는 오픈 소스 모델이 일정한 존재감을 나타낼 것임은 틀림없으리라.

반도체는 GPU 1강이 향후 몇 년은 지속될 것으로 보이지만, 생성형 AI의 단계가 학습에서 추론으로 넘어가는 가운데 추론 특화형 AI 반도체가 GPU의 아성 일부를 무너뜨릴 가능성이 높다. 현재는 데이터센터용 공급이 대세이지만 PC나 스마트폰, 나아가 AI 웨어러블 기기 등 단말기 쪽에서 LLM을 움직이는 시대가 되면 기기에 최적화된 칩 개발이 진행될 수밖에 없다.

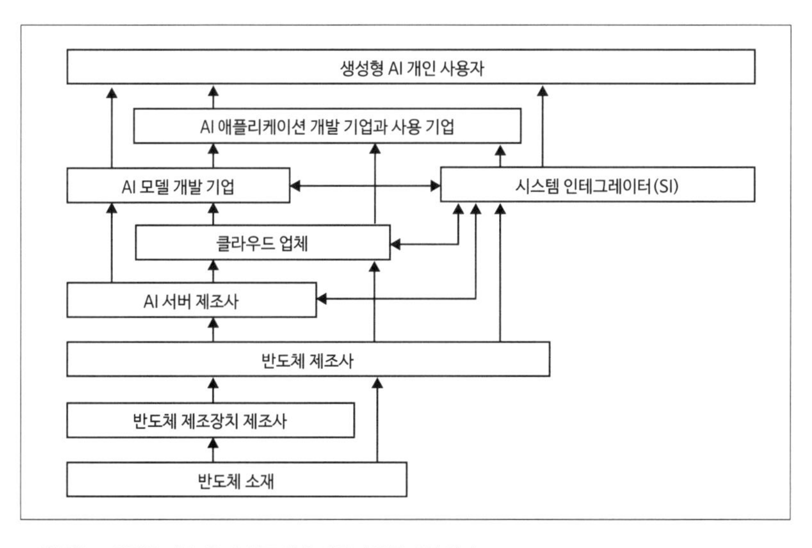

생성형 AI 공급망 개요. 현재, 반도체에 이익이 집중되어 있다.

출처: 라쿠텐 증권 자료를 바탕으로 필자 작성

AI 개발 플랫폼의 주류는 클라우드로, 대기업 3강의 우위는 무너질 것 같지 않다. 다만 모델 평가나 라우팅 같은 개별 서비스에서는 스타트업이 대두할 가능성이 있어 보인다. 지정학을 내다보기는 어렵지만, 우선은 '중국이 고성능 AI 반도체를 자체적으로 얼마나 설계·제조할 수 있을지'가 초점이 된다. 만약 미국에 필적하는 양을 제조할 수 있다면, 하이테크 제품의 수출 규제를 위주로 하는 각국·지역의 경제 안보 정책은 재고를 강요받을 것이다. 한편 AI의 부정적 측면에 관해서도 일정한 룰을 마련하는 논의가 시작되고 있음은 틀림없다.

향후 승산은 어디에 있는가? 일본 AI 연구의 일인자인 도쿄대학 대학원 공학계 연구과의 마츠오 유타카松尾豊 교수는 다음과 같이 강하게 설파한다. "디지털 영역에서 일본은 지고 있습니다. 예를 들어 장기에서 지고 있다면, '이기는 수' 같은 것은 없습니다. 그 자리에서 '최선의 수'를 계속 두어 나가다가, 상대가 악수를 두어 형국이 바뀔 것 같은 타이밍에 단번에 공격할 필요가 있지요. 다행히 일본은 AI에 관해서는 2023년부터 GPU에 투자하는 등 최선을 다하고 있습니다."

공급망으로 눈을 돌리면, "현재는 반도체에 수혜가 집중된 상황입니다." 라쿠텐 증권경제연구소의 선임 분석가 이마나카 요시오今中能夫는 이렇게 본다. 현재의 판도는 "회사가 생성형 AI에서의 생산성 향상과 서비스를 모색한다→클라우드 등 플랫폼을 통해 생성형 AI 모델을 이용한다→플랫폼은 AI 반도체를 자사 데이터센터에 배치하여 AI 모델을 움직인다→GPU를 비롯한 AI 반도체 증산이 필요하다"는 도식을 이루고 있다.

미국 투자회사 알티미터 캐피털Altimeter Capital에서 테크 기업 투자를 담당하는 아돌프 아그라왈Adolf Agrawal은 자신의 블로그에서 생성형 AI의 산업 구조를 반도체, 인프라, 앱의 3계층으로 분류하여, 생성형 AI 매출액의 83%, 이익의 88%가 반도체에 집중되어 있다고 시험 계산했다. 한편 이미 20년의 역사가 있는 클라우드의 산업 구조는 이와 반대로, 앱 계층 쪽이 매출액,

이익 모두 압도적으로 크다. 아그라왈은 "AWS가 클라우드를 서비스하기 시작한 것은 2004년이지만, 최초 고객을 획득한 것은 2010~12년의 일이었습니다"라면서, 클라우드도 여명기에는 반도체에만 혜택이 집중되어 있었음을 지적했다. 생성형 AI도 마찬가지로 10년 주기로 보면 앱 계층이 거대해질 것으로 전망된다.

키를 잡는 것은 생성형 AI를 이용한 킬러 앱, 킬러 콘텐츠일 것이다. 산업구조론을 꺼낼 것까지도 없이, 사용자에 가까운 서비스 제공자에게 일정 정도의 이익이 발생하지 않으면 그 산업은 성립되지 않는다. 일본 아마존 웹 서비스의 코세 야스히로巨勢泰宏 집행임원 기술통괄본부장은 "최종 사용자의 이익을 생각하며 비즈니스를 하는 것이 중요합니다. 한 군데, 한 회사만이 돈을 버는 상황은 절대로 잘되지 않습니다"라고 이야기한다.

AI 데이터 분석 플랫폼을 서비스하는 미국 데이터브릭스Databricks의 알리 고드시Ali Ghodsi CEO는 "1980년대 인터넷이라는 개념이 퍼졌을 때는, 구글도 페이스북도 전자상거래EC도 없었다. 아무도 예상하지 못했다"라 말한다. 애플리케이션이 생기려면 시간이 걸릴 것이라는 의견이다. 미국 가트너Gartner가 제창한 '하이프 사이클Hype Cycle'을 보면 신기술이 등장하면 관심을 모으기 시작하다가, '과도한 기대(버블)'의 정점을 맞은 뒤, 구현에서 성과가 나오지 않으면 차차 관심이 희미해지고 '환멸기'로 접어드는 모습이 보인다. AI는 이 사이클을 여러 차례 반복해 오고 있다.

골드러시를 예로 들어 말하자면, 생성형 AI는 현재 도구는 이미 갖추어져 있으며 각 하위 분야에서는 승자와 패자가 가려지고 있다. 골드러시 당시에는 금을 캐려 하기보다 대신 삽과 곡괭이 등 채굴용 도구를 판매한 회사에 이익이 집중되었으며, 금맥을 찾아 일확천금을 손에 넣은 것은 한 줌도 안 되는 사람들뿐이었다. 그렇게 된 이유는 금이 유한했기 때문이다. 생성형 AI 분야에서 '금'에 상당하는 것은 AI를 활용한 서비스나 앱일 것이다. 거기에는 무한한 가능성이 있다고 믿고 있다.

매사추세츠 공과대학의 이시이 히로시石井裕 교수는 생성형 AI 등 신기술에 의해 패러다임 전환이 일변하는 '불연속적인 변혁기'에는, "스스로의 레종 데트르(존재 의의)를 생각해 내는 것"이 무엇보다 중요하다고 말한다. 그동안의 승리 패턴이나 틀에 얽매이지 말고, 자사가 존재하는 의의를 다시금 고찰해 바로잡아야 그 변화에 대응할 수 있을 것이다. 돈이 없으면 진정한 승자는 존재하지 않는다. 손으로 도구를 사용하여 금맥을 발견한 사람이야말로, 생성형 AI 골드러시의 승자가 될 것이다.

'독창성을 이어 나갈 힘'이 인간의 가치, 존재 의의를 계속 물어가자

매사추세츠 공과대학 교수·미디어 랩 부소장
이시이 히로시石井裕

"점심을 먹으려고 생각하고 있었는데, 접시 위에 있어야 할 요리가 없어진 것을 발견했다."

미국 매사추세츠 공과대학MIT 미디어 랩에서 부소장을 맡아 기술 최전선에 있는 이시이 히로시石井裕 교수는, 인터넷이나 모바일, 클라우드 컴퓨팅 등의 기술에 의해 일어난 패러다임 전환을 이렇게 표현한다. 생성형 AI의 등장 또한 우리에게 패러다임 전환을 재촉한다. '불연속' 변화가 일어나는 현대에서, 기업이나 개인은 어떻게 대응해야 할 것인가? 이시이 교수는 생성형 AI는 할 수 없는 '독창성을 계속 이어 나가는 것'이 중요하다고 말한다.

이시이 히로시石井裕

미국 매사추세츠 공학대학MIT 교수, 미디어 랩 부소장

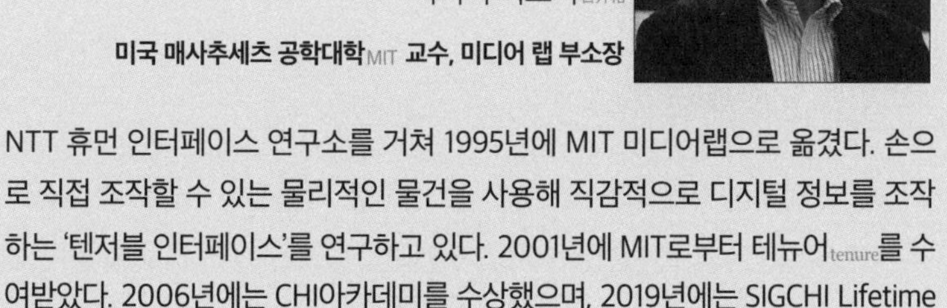

NTT 휴먼 인터페이스 연구소를 거쳐 1995년에 MIT 미디어랩으로 옮겼다. 손으로 직접 조작할 수 있는 물리적인 물건을 사용해 직감적으로 디지털 정보를 조작하는 '텐저블 인터페이스'를 연구하고 있다. 2001년에 MIT로부터 테뉴어tenure를 수여받았다. 2006년에는 CHI아카데미를 수상했으며, 2019년에는 SIGCHI Lifetime Resarch Award(평생연구상)을 수상했다. 2022년에는 ACM 펠로우에 선출되었다.

Q 이시이 교수는 이전에 현대를 '불연속 변혁 시대'로 규정하셨던 적이 있지요. 불연속적인 변혁이란, 구체적으로 어떤 현상인가요?

A 계기는 스위스의 민간 싱크탱크 로마 클럽Club of Rome의 보고서 「성장의 한계」였지요. MIT에서 교수를 지낸 제이 포레스터Jay Forrester 등이 개발한 '시스템 역학'에 의한 비선형 시뮬레이션 기법을 사용해서, 1972년 "장래에 지구상의 성장은 한계에 다다를 것이다"라 보고했습니다. 이 세계에 돌연 생각도 못 했던 형태로 거대한 변혁이 찾아오는 모습을 그린 것입니다.

사람들은 선형적으로 예측하기 쉽습니다. '오늘과 내일은 연속적으로 연결되어 있고, 천재지변은 일어나지 않을 것이다'라고 말이죠. 오늘과 어제라는 연속적인 시간선으로 만사를 생각해 버려요. 그러나 현실 세계는 그렇지 않습니다. 상당히 위태로운 균형으로 이루어져 있고, 생각지도 못한 갑작스러운 변동이 여기저기서 일어나고 있습니다.

"last straw"라는 영어 표현이 있습니다. 직역하면 '마지막 볏짚'이 되는데요, "마침내 견딜 수 없는 한계를 맞다"라는 뜻입니다. 짚을 싣고 가다 보면, 언젠가는 한계가 와서 무너집니다. 마지막 한 줄기로 확 균형이 바뀌기 때문이죠. 그런 비선형성을 예측하기란 매우 어렵습니다.

저도 당신도 안경을 쓰고 있지만, 우리에게는 미래를 보기 위한 '안경'이 필요할 거예요. 컴퓨팅으로 세계를 모델링하고, 시뮬레이션합니다. 지금은 데이터가 유행하고 있지만, 세계를 이해하기 위해서는 데이터만으로는 부족해요. 인과관계를 이해하고 모형화할 필요가 있습니다.

데이터를 바탕으로 세계를 모형화하여 현상을 이해한다. 이렇게 말로 하면 간단합니다만, 지극히 어려운 일입니다. 인과의 연쇄가 너무나도 복잡하며, 거기에는 정치적인 문제도 내포되어 있습니다. 지구온난화 예측이 어려운 것도 이런 이유 때문일 것입니다.

그럼 예측이 어려울 때는 어떻게 해야 할까요? 저는 "세계가 연속적으로 변화한다는 가정은 틀렸다"는 전제 위에서 논의함이 옳다고 생각합니다. 다양한 방안을 취했을 때 각각의 미래가 어떻게 될지, 그 시나리오에 대해 시뮬레이션을 도입해 철저히 논의하자. 이것이 제 제안입니다.

미디어가 지금 일어나고 있는 일을 기사화해 전하는 행위는 가치 있는 일입니다. 하지만 그것만으로는 부족합니다. "이 방향으로 나아가면 어떤 일이 인과 연쇄의 끝에 일어날 수 있을 것인가", "우리 사회 그리고 지구 환경은 어떻게 진화해야 하는가"를 과학적으로 생각해야만 합니다.

"옛 전쟁에서 승리한 장군이 다음 전쟁을 지휘하면 비참하다"

Q 불연속적인 변혁이 기술에 의해 일어날 수도 있나요?

A 말씀하신 대로군요. 다만 신기술로 무슨 일이 일어나게 될지 예측하는 일 역시도 어려운 것입니다. AI도 그렇겠죠. 당연히 악용하는 사람도 나올 거예요. AI에 의한 주가 예측이 연쇄적으로 파괴적인 영향을 받을 가능성도 있습니다.
신기술에 의해 패러다임 전환이 일어난 사례는 적지 않습니다. 얼마 전에는, 인터넷 기술을 통해 물건의 '개인 소유'로부터 '사회에서의 공유'라는 패러다임 전환이 일어났습니다. 미국 우버 테크놀로지스Uber Technologies와 에어비앤비Airbnb 등이 핵심 플레이어였죠.

이전 패러다임에서는 자동차를 소유하고 주말에 자가용으로 놀러 가는 일이 당연했어요. 하지만 우버나 다른 차량 공유 서비스에 의해서, 자동차를 필요에 따라 빌리는 것이 일반적인 일이 되었습니다. 주차장 본연의 자세도 바뀌었고, 이동에 관한 사람들의 의식마저 바꿔 버렸습니다. 패러다임이 확 바뀐 셈입니다.

통신도 그렇습니다. 저는 NTT에서 근무한 경험이 있습니다만, 옛날부터 통신 업계에서는 "최고의 통화 품질을 보증한다"가 절대적인 모토였습니다. 이를 위해 중앙 집중 제어 형태의 통신 아키텍처를 구축했지요.

인터넷의 발상은 전혀 다릅니다. 이른바 '베스트 에포트Best Effort'*로, 말하자면 "열심히 하고 있으니까 봐줘"라는 발상이죠. 인터넷은 '영구 베타판'이라고 볼 수 있는 사상으로 만들어져 있습니다. 실제로 인터넷 세계에서는 품질 보증이 없는 서비스나 계약이 주류가 됩니다. 이건 오래전부터 이어져 온 통신 업계의 관념에서는 있을 수 없었던 일입니다. "품질을 보증하는 만큼 고객으로부터 요금을 받는 일"이 당연했으니까요.

전시의 '거함거포주의'**도 마찬가지일 것입니다. 러일 전쟁에서 일본의 연합 함대가 러시아의 발틱 함대를 물리쳤습니다. 이 승리의 경험이 나중에 거대 전함에 국운을 건다는 오판으로 이어지고 말았습니다. 저는 대학 강의 때 이런 얘기를 많이 합니다. "역사에서는, 옛 전쟁에서 이긴 장군이 다음 전쟁을 지휘하면 비참하다." 왜냐하면 패러다임의 변화를 이해할 수 없고, 이해하고 싶어 하지도 않기 때문입니다.

가령 미국 애플의 아이폰이 등장했을 때도, 통신 업계에서는 "이런 게 잘 팔릴 리가 없어"라 생각한 사람이 많았습니다. 이렇듯 패러다임은 모르는 사이에 바뀌어 가는 것입니다. 점심을 먹으려 했는데, 접시에서 요리가 사라진 것처럼요. 잠시 눈을 떼는 사이에 방법론도 가치관도 달라지는 것입니다. 스마트폰이 얼마나 많이 세상을 바꾸었습니까? 클라우드 컴퓨팅이 데이터 본연의 자세를 또 얼마나 바꾸었습니까? 패러다임 전환의 임팩트는 그런 것입니다.

* 인터넷 통신 분야에서 사용하는 용어로, 최선의 서비스 제공을 보장하지만, 품질을 보장하지는 않는 방식을 의미한다. 즉, 서비스 제공자가 최대한의 노력을 다하지만, 특정한 품질이나 속도를 보증하지 않는다는 개념이다.

** 대구경(大口徑)의 포(砲)를 장비한 큰 군함만이 해전에서 승리할 수 있다는 전략사상

AI든, 양자 컴퓨터든 패러다임은 분명 바뀔 것입니다. 어떻게 변할지, 무엇을 파괴할지. 이 질문들을 생각하는 것이 무엇보다도 중요해질 겁니다.

Q 과거의 전술을 고집하면 반드시 패배에 이르는 상황에서, 기업은 어떻게 해야 할까요?

A 자신들만의 레종 데트르(존재 의의)를 생각해 내야 합니다. 예를 들어 구글은 "전 세계의 정보를 정리해 보편적으로 접근 가능하고 유용하게 만든다"는 미션을 내걸고 있습니다. 이것이 그들의 단적인 존재 의의인 셈입니다. 검색 엔진은 이 미션에 직결되는 알기 쉬운 기술이겠지만, 그건 단지 '수단'인 것이죠.

챗GPT 등 대화형 AI가 나와도 그 지향점은 변하지 않습니다. 그것이야말로 미션이자 비전입니다. 그것이 흔들리지 않기 때문에 곧바로 따라갈 수 있습니다. 앞의 예로 말하자면, 통신 기업에 있어서 "더 좋은 커뮤니케이션을 제공한다"는 보편적인 미션이 될 수 있을 것입니다. 그에 반해 '전화'는 하나의 수단에 불과합니다. 인터넷도 마찬가지입니다. ISDN에 천착할 필요도, ADSL을 고수할 필요도 없습니다.

더 말하자면, 품질도 필요조건 중 하나일 뿐입니다. 쾌적하게 커뮤니케이션하기 위한 한 가지 요소에 지나지 않지요. 비록, 명료하지 않은 문자 통신이더라도 시간이나 행간을 상대에게 상상하게 함으로써 깊이 전해지는 경우도 있습니다. 일본의 하이쿠나 한국의 시조가 그 훌륭한 예입니다.

제조업에서도 마찬가지입니다. 얇은 철판을 높은 정밀도로 실현하는 기술을 가지고 있다고 합시다. 그렇지만 그건 "쾌적하게 탈 수 있는 자동차를 만든다"는 목적에서 보면 하나의 필요조건일 뿐입니다. 충분조건은 될 수 없습니다.

다음에 어떤 파괴적인 패러다임 전환이 일어날지는 알 수 없습니다. 흑선黑船이 왔을 때 "어떻게 놓치지 않을 것인가"라는 '플랜B'가 아니라, "자신의 레종 데트르에 근거해 새로운 지각 변동을 스스로 일으켜 리드한다"는 '플랜A'를 지향해야 할 것입니다.

저는 MIT에서 그런 문제의식을 가지고 30년 가까이 연구를 계속하고 있습니다. 직접 디지털 정보를 만지고 조작할 수 있는 'TUI tangible user interface'는 다음 시대의 패러다임이 될 수 있다고 생각합니다. 우리는 불연속적인 변화를 스스로 만들어내고자 합니다.

"LLM이 새로운 비전을 낳을 수는 없다"

Q 생성형 AI가 등장하면서, 말 그대로 AI가 텍스트나 이미지 등을 생성하는 시대가 오고 있습니다. 인간에게 요구되는 역할도 바뀌게 될까요?

A 저는 옛날부터 인간에게 가장 중요한 것은 '독창성'이라고 계속 말해 왔습니다. 그건 바뀌지 않습니다. 대규모 언어 모델도 데이터 주도로 데이터를 참조하고 있는 것입니다. 즉 방대한 과거 데이터로부터 배우고 있는 것이며, 따라서 완전히 새로운 개념이나 비전은 만들어낼 수가 없습니다. 선례가 되는 데이터가 전무하기 때문입니다. 이것이 중요한 포인트입니다.

좋은 동료나 존경할 수 있는 인물과의 관계를 소중히 생각하며 함께 창조하는 일, '협력과 창조'도 중요할 것입니다. 또 지고 싶지 않다는 마음으로 다른 사람과 선의의 경쟁을 하며 각자 절차탁마하는, 이른바 '경쟁과 창조'의 관점도 필요합니다.

엔진이 되어주는 것은 '독창성'입니다. 앞으로 더욱더 중요해지는 것은 '독창성을 계속 이어 나가는 일'입니다. 인간이 발명한 것도, 일단 공개되어 데이터가 쌓이면 AI가 바로 쫓아 배워 나갑니다. AI는 데이터를 먹고 자신의 것으로 만드는 괴물이며, 그 괴물을 뒤에 둔 우리는 계속 새로운 것을 만들어 나가는 수밖에 없습니다. 독창적으로 AI와 협력하여 창조하고, AI와 경쟁하며 창조하면서 계속 앞으로 달려나가야 합니다. 저는 절대로 따라 잡히지 않으리란 자신감을 갖고 있습니다. 패러다임이 바뀌어도 계속 달리는 자세. 그것이 지금 요구되고 있는 최선이라고 생각합니다.

마지막으로, 가장 좋아하는 다카무라 코타로高村光太의 시집 『도정道程』에서 한 구절을 소개해 드릴까 합니다.
"내 앞에 길은 없다. 내 뒤로 길이 생긴다."
(僕の前に道はない。僕の後ろに道は出来る)

*이 인터뷰는 2023년 7월에 이루어졌습니다.

마치며 반전되는 가치

"말도 안 되는 시기에 실리콘밸리에 부임했는지도 모르겠네요." 2022년 가을, 동료 기자에게 이런 말을 들은 기억이 납니다. 지금 생각하면 의외일지도 모르지만, 그건 생성형 AI의 발흥을 가리키는 말은 아니었습니다. 같은 해 10월에 실리콘밸리 지국에 막 이동한 제게 있어, 당시의 주된 취재 주제는 경기 침체였습니다.

'달러박스'라 불리던 미국 빅테크 기업의 클라우드 부문조차 경기 역풍을 맞아 성장이 둔화되었고 감원 바람이 불었습니다. 이른바 GAFAM만 보아도 2022년 말부터 불과 몇 개월 사이에 5만 명 규모의 레이오프를 실시하면서, 코로나19 특수로 불어난 인원을 한꺼번에 정리하는 움직임이 잇따랐습니다. 급격한 사업 확대의 왜곡이 드러나 투자는 얼어붙으려 하고 있었습니다. 원격 근무의 침투로 이미 테크 업계에서는 탈 실리콘밸리가 진행되는 등, 확실히 무엇인가가 무너져 가는 느낌을 받고 있었습니다.

"2022년은 리세션*(경기 후퇴)의 해가 됩니다. 테크 업계에서도 챕터 일레븐(미 연방 파산법 11조)이 잇따를 가능성이 있으므로 주시하고 싶습니다." 편집장과의 상담에서 당시 저는 이렇게 말했습니다. 불과 1년 반 전의 일입니다.

그러나 그 이면에서는 더욱 큰 지각변동이 일어나고 있었습니다. 모두가 알다시피 미국 오픈AI가 2022년 11월 챗GPT를 세상에 내놓으면서, 2023년 초부터 세계적인 생성형 AI 붐이 발흥했습니다. 부끄럽지만 제가 처음 생성형 AI 기사를 쓴 것은 붐 이후인 2023년 1월 26일. 닛케이 비즈니스 온라인에 게재된 "거짓말을 하는 AI를 사용할 수 있는가"라는 제목의 기사였습니다. 출시 일주일 만에 이용자 백만 명을 돌파하며 폭발적으로 확산되는 서비스를 바라보며, 당시의 저는 의구심을 떨칠 수가 없었습니다.

2023년 3월 실리콘밸리 은행(SVB)이 파산하긴 했지만 리세션은 지금까지 일어나지 않았고, 빅테크는 급속한 AI 전환을 진행해 이미 수익화 단계에 이르렀습니다. 제 취재 대상의 거의 전부가 생성형 AI와 그것을 지탱하는 클라우드, 반도체 일색이 되었지요. 이 역동성이야말로 기술의 성지라 불리는 실리콘밸리의 특성일 겁니다. 동료가 당시 했던 "말도 안 되는 시기에 부임했다"는 말은 결과적으로 옳았던 셈입니다.

이 책은 제가 실리콘밸리에서 취재한 내용을 베이스로 하고 있습니다. 그렇다고는 해도 지금까지 닛케이 크로스테크나 닛케이 비즈니스에 투고

* 경기 후퇴 초기국면에 나타나는 침체

한 기사의 대부분을 그대로 포함시킬 수는 없었습니다. "일주일마다 혁신이 일어나고 있다"라 할 정도로 혁신 속도가 너무나 빨라 많은 기사가 이미 늦어 버렸기 때문입니다. 그 바람에 많은 취재원에게 다시 시간을 내달라 요청하여 재취재해야만 했습니다. 시간을 내주신 모든 분께 감사드립니다. 저는 혁신이 계속되는 기술의 최전선을 해설하는 동시에, 당장은 낡지 않을 본질을 그리고자 노력했습니다.

그런데, '생성하는' 주체로 돌연 모습을 드러낸 AI에 대해 우리는 어떻게 대응해야 할까요? 기존 AI에 비해 '더 인간다운 영역'을 생성형 AI가 침범하는 가운데, '가치의 반전'이 일어날 것입니다. 과거 불가침으로 여겨졌던 단편적인 정보를 이어 붙여 무언가를 창조하려는 행위야말로 AI의 특기가 되며, 오히려 지적 노동이 도태되거나 대체될 것이라는, 기존의 예측과는 반대되는 의견도 있습니다. AI가 운영체제 혹은 애플리케이션을 횡단하는 오케스트라의 지휘자와 같은 존재로 나타나게 되면, 기존 플랫폼의 가치는 퇴색되고 그 새로운 레이어 자체가 가치를 창출하게 되는 미래도 있을 수 있겠지요.

우리가 할 수 있는 일은 이러한 반전을 맞고서도 흔들리지 않는 가치를 계속 찾아 나가는 겁니다. 컴퓨터에 진 체스 플레이어 가리 카스파로프가 그랬듯이, 인간과 컴퓨터의 협동이야말로 탐색의 실마리가 될 겁니다.

이 격동기에 저널리스트로서 실리콘밸리에서 취재할 수 있음에 감사하면서 앞으로도 독자 여러분께 조금이라도 깨달음을 전할 수 있는 기사로 찾아뵙고 싶습니다.

시마즈 쇼島津翔

찾아보기

ABC

가나다

AI 골드러시, 돈을 버는 자는 누구인가

초판 1쇄 2024년 10월 30일

지은이 시마즈 쇼(島津 翔)
옮긴이 안동현
발행인 최홍석

발행처 (주)프리렉
출판신고 2000년 3월 7일 제 13-634호
주소 경기도 부천시 길주로 77번길 19 세진프라자 201호
전화 032-326-7282(代) **팩스** 032-326-5866
URL www.freelec.co.kr

편　집 서선영, 박영주
표지디자인 황인옥
본문디자인 김미선

ISBN 978-89-6540-398-2

이 책에 대한 의견이나 오탈자, 잘못된 내용의 수정 정보 등은 프리렉 홈페이지(freelec.co.kr) 또는 이메일(webmaster@freelec.co.kr)로 연락 바랍니다.